Sociedade movediça

FUNDAÇÃO EDITORA DA UNESP

Presidente do Conselho Curador
Marcos Macari

Diretor-Presidente
José Castilho Marques Neto

Editor Executivo
Jézio Hernani Bomfim Gutierre

Assessor Editorial
João Luís C. T. Ceccantini

Conselho Editorial Acadêmico
Antonio Celso Ferreira
Cláudio Antonio Rabello Coelho
Elizabeth Berwerth Stucchi
Kester Carrara
Maria do Rosário Longo Mortatti
Maria Encarnação Beltrão Sposito
Maria Heloísa Martins Dias
Mario Fernando Bolognesi
Paulo José Brando Santilli
Roberto André Kraenkel

Editora Assistente
Denise Katchuian Dognini

DENISE A. SOARES DE MOURA

Sociedade movediça

Economia, cultura e relações sociais em São Paulo – 1808-1850

© 2005 Editora UNESP

Direitos de publicação reservados à:
Fundação Editora da UNESP (FEU)
Praça da Sé, 108
01001-900 – São Paulo – SP
Tel.: (0xx11) 3242-7171
Fax: (0xx11) 3242-7172
www.editoraunesp.com.br
feu@editora.unesp.br

CIP – Brasil. Catalogação na fonte
Sindicato Nacional dos Editores de Livros, RJ

M885s
  Moura, Denise A. Soares de
  Sociedade movediça: economia, cultura e relações sociais em São Paulo, 1808-1850 / Denise A. Soares de Moura. – São Paulo: Editora UNESP, 2005. il.

  Anexos
  Inclui bibliografia
  ISBN 85-7139-617-5

  1. São Paulo (SP) – História – Século XIX. 2. São Paulo (SP) – Condições econômicas. 3. São Paulo (SP) – Condições sociais. I. Título.

05-2599
                                      CDD 981.611
                                      CDU 94(815.61)

Este livro é publicado pelo projeto Edição de Textos de Docentes e Pós-Graduados da UNESP – Pró-Reitoria de Pós-Graduação e Pesquisa da UNESP (PROPP) / Fundação Editora da UNESP (FEU)

Editora afiliada:

Asociación de Editoriales Universitarias de América Latina y el Caribe

Associação Brasileira de Editoras Universitárias

Ao Antonio Carlos, meu marido.

Agradecimentos

Esta é uma versão revisada da tese de doutorado defendida no Departamento de História da USP em abril de 2002. Ao longo da pesquisa e entre o período de três anos que separam a defesa e a publicação contei com a colaboração de familiares, amigos, colegas e instituições que não posso deixar de agradecer neste momento.

Agradeço à professora Esmeralda Blanco Bolsonaro pela confiança depositada em minhas potencialidades de pesquisa desde a graduação. A ela devo toda minha formação de historiadora. Sou muito grata às orientações de leitura, críticas e sugestões da assessora científica da Fapesp que acompanhou este trabalho.

À Fapesp devo muito mais do que este doutorado, devo toda minha formação acadêmica, desde a Iniciação Científica, quando pude contar com os recursos financeiros necessários para pesquisar, participar de reuniões científicas no país e no exterior, adquirir materiais e dispor de um tempo exclusivo para dedicação à pesquisa e redação da tese.

Com a professora Suely Robles Reis de Queiróz, com quem tenho a feliz sorte da amizade, não só com seu apoio, mas aprendi muito com nossas diferenças, com a sua postura intelectual segura, séria, rigorosa e com as muitas conversas nas quais ela muito mais falava e eu ouvia atentamente. Poucos, mas decisivos e fecundos, foram os contatos com a professora Maria Odila Leite da Silva Dias, pessoalmente, em cursos e palestras. Muito das minhas reflexões se esforçaram por seguir seus fundamentais ensinamentos para o entendimento da sociedade brasileira.

Nos rápidos, mas provocantes contatos com o professor Murilo Marx, pude amadurecer melhor minhas idéias sobre a dinâmica da cidade de São Paulo na primeira metade do século XIX. Com a professora Marlyse Meyer encontrei importantes orientações sobre as cavalhadas e as festas, temas que quase foram o principal do trabalho. As leituras e discussões sobre a família no Brasil, realizadas numa disciplina de Pós-Graduação ministrada pela professora Eni de Mesquita Samara, me permitiram entender melhor o sentido das relações sociais no Brasil.

As leituras de Maria Cristina Cortez Wissenbach e Hebe Maria Mattos, na ocasião do exame de qualificação, foram muito importantes, pelas questões, críticas e indicações bibliográficas. Posteriormente, na defesa da tese, estas contribuições somaram-se às do prof. John Monteiro e à profa. Eni de Mesquita Samara, cujas críticas de ordem formal e de conteúdo foram muito importantes para que este trabalho amadurecesse um pouco mais.

Meu sincero reconhecimento ao trabalho dos funcionários do Departamento de História da USP, por viabilizarem nosso estudo e pesquisa nas esferas burocráticas, especialmente ao Oswaldo, Cida e Vilma.

Nos arquivos e bibliotecas que percorri ao longo destes cinco anos de doutoramento, sempre contei com a boa vontade de funcionários e bibliotecários. Agradeço com sincero reconhecimento os funcionários do CAPH – Centro de Apoio à Pesquisa em História –, da biblioteca do Departamento de História da USP, do IEB – especialmente à Flora e à Maritália, mas também aos outros. Também acumulei dívidas morais e afetivas com os funcionários da Biblioteca Nacional e do Arquivo Nacional, no Rio de Janeiro, que nem devem mais se lembrar de mim, de tanta gente que recebem diariamente.

No arquivo Histórico Municipal de São Paulo, na Biblioteca da Faculdade de Direito do Largo São Francisco e na Biblioteca Mário de Andrade também encontrei funcionários e bibliotecárias extremamente amáveis e prontos para atender os pesquisadores. No Instituto Histórico e Geográfico de São Paulo encontrei amigos e amantes da cidade, que tornaram momentos desta pesquisa mais ricos e felizes, nas pessoas do Bráz, do Adauri, nas indicações do Dr. Délio e na nostalgia do Sr. Sinésio. Minha gratidão também a todos os funcionários do Arquivo Histórico do Estado de São Paulo, no qual tenho passado anos de minha vida vasculhando a história de São Paulo.

Agradeço, em memória, ao Sr. Dorival Rodrigues Alves, superintendente geral da Bolsa de Mercadorias & Futuros, pela gentileza e prontidão no atendimento da solicitação do magistral livro de iconografias produzido por Pedro Corrêa do Lago e patrocinado por esta instituição. De onde está, ele já deve ter visto o quanto este livro foi importante e decisivo para as reflexões deste trabalho.

À Sra. Guita e ao Sr. José Mindlin agradeço a permissão e liberdade para pesquisar em sua biblioteca. Ao Sr. Mindlin, em especial, devo indicações de documentos valiosos e às suas bibliotecárias, Cristina Antunes, Elisa e Rosana Gonçalves fica a minha gratidão pela ajuda atenciosa e preocupada.

Os amigos são muitos para agradecer e se alguns não aparecerem nestas linhas, é só cansaço de final de tese. Com cada um deles, ao longo de uma jornada de formação, que não se restringe ao período do doutorado, aprendi muito em termos intelectuais e humanos. Um abraço agradecido para o Marco Cabral, para o Cláudio Hiro, para o Janes, para o João Caldeira, Marli, Chiquinho, à Eliane Lopes, ao Paulo Koguruma, ao Carlos José Ferreira, ao Valter Martins e à Liane, de Campinas. Marco Antonio Silveira, que partiu para as Minas, demonstrou-me sua amizade sincera quando ainda no salão nobre, sob o torpor das argüições de banca, me deu o exemplar de sua tese que acabara de ser defendida. A ele um agradecimento com sabor de saudade. Luís Cantarino e Alédio, mais uma vez me socorreram nas armadilhas do computador, principalmente na reprodução das iconografias.

Agradeço à colaboração dos Srs. João Moreira Garcez e João da Cruz Vicente de Azevedo, na ocasião da publicação deste livro e a todos os envolvidos no PROPP (Projeto Edição de Textos de Docentes e Pós-Graduados da UNESP).

A família é sem dúvida o suporte decisivo e sem ele tudo teria ficado muito mais difícil e talvez nem mesmo se concretizasse. Meus pais, Dirceu e Dalva, aos quais já dediquei um livro, acompanharam mais um trabalho que pareceu nunca terminar. Terminei...e contei novamente com apoio. Em meus irmãos, Demetrius, Dalmo e Dênis e minha cunhada Carla, envolvidos com coisas totalmente diferentes das minhas, sempre tive ajuda fraterna e entusiasmo, em momentos difíceis, tristes e de alegrias.

No meu marido, Antonio Carlos, encontrei paciência, compreensão, apoio e incentivo. Devo-lhe as viagens, que têm sido uma descoberta do Brasil e muito das idéias aqui discutidas, nascidas em horas de conversa sobre a cultura brasileira e as condições do país. A ele e a Sofia, companheira incondicional, dedico este trabalho.

Sumário

Lista de abreviaturas   13

Introdução   15

1 Sociedade movediça   27

2 Economia de trocados e andanças   79

3 Do alvará à lei   121

4 Leitores e espectadores   153

5 Viver sempre junto   183

6 Fardas, ofícios e serviços   215

7 Convivência na sociedade movediça   245

Considerações finais   295

Anexos   301

Referências bibliográficas   309

Lista de abreviaturas

Atas da Câmara (ACa)
Autos-Cíveis (ACi)
Autos-Crimes (AC)
Documentos Encadernados (DE)
Documentos Interessantes (DI)
O Farol Paulistano (FP)
Governista (G)
História Geral da Civilização Brasileira (HGCB)
Juízes de Paz (JP)
Livro de Correições (LC)
Livro de Aferições e Medidas (LAM)
O Novo Farol Paulistano (NFP)
O Observador Constitucional (Oco)
Ofícios da Capital (OC)
Papéis Avulsos (PA)
Poder Judiciário (PJ)
Polícia (P)
Querelas (Q)
Registro Geral da Câmara (RGC)
Revista da Sociedade Philomathica (RSP)

Introdução

A característica movediça e tumultuária da cidade de São Paulo já era perceptível entre 1808 e 1850, não sendo resultado exclusivo da modernização promovida pela expansão da produção agroexportadora do café, a partir da segunda metade do século XIX. Paulo Prado, em *Paulística*, obra-prima publicada em 1925, ainda hoje influencia este tipo de periodização da história de São Paulo, que enxerga uma fase de decadência, pobreza e isolamento no período que vai do século XVIII até o advento das estradas de ferro, da plantação intensiva do café e dos movimentos imigratórios massiços, subsidiados pelo Estado.

Os festejos e as inúmeras publicações no aniversário de 450 anos da cidade demonstraram o enraizamento desta visão. No meio acadêmico, embora venham surgindo questionamentos sobre ela, fundamentados em pesquisa arquivística, ainda existem resistências e certa insistência em abordar a sociedade paulista deste período por meio de argumentos mais adequados para explicar realidades socioeconômicas mais sólidas e historicamente integradas ao mercado atlântico.

A noção de pobreza paulista para o século XVIII e a primeira metade do século XIX é explicada pela interrupção da ligação direta com as zonas auríferas, devida à obra "antipaulista" do filho de

Fernão Dias Paes, o Caminho Novo, que ligava o Rio de Janeiro a Minas, concluído em 1725.

A perda da autonomia administrativa em 1748, somente recuperada em 1765, em virtude da reorientação político-administrativa do Estado português sob a atuação do marquês de Pombal (1750-1777), é outro argumento que miniminiza ainda a autonomia dos poderes das elites locais do Brasil Colônia, mesmo em regiões deslocadas dos circuitos mercantis atlânticos.

Mesmo com a integração ao mercado externo graças à lavoura da cana-de-açúcar, desenvolvida a partir do governo do Morgado de Mateus (1765-1775) até 1850, ainda prevaleceu o argumento da pobreza, apoiado no volume de exportação de outras realidades agroexportadoras, nos índices populacionais, nos vazios das ruas e na modéstia arquitetônica transformados em imagens pelos artistas que passaram pela cidade. Coube ao Instituto Histórico e Geográfico de São Paulo sublimar o argumento da pobreza com a imagem da valentia indomável do bandeirante (Ferreira, 2002).

Do final do século XIX até a década de 1930, ocorreu a glorificação do antigo paulista pela reconstrução heroicizada do passado de Piratininga, berço de fecundação de uma nova raça, o mameluco – fruto do amasiamento do ibérico com o indígena –, cuja missão histórica foi internar-se destemidamente pelo território em busca de índios e metais preciosos, ampliando os domínios do Império português e simultaneamente preparando as condições para a conquista futura da unidade nacional. Interpretações como essas foram elaboradas no contexto histórico da Primeira República, com o objetivo de estabelecer um suporte ideológico para a ambicionada hegemonia política paulista.

No final desse período, Alcântara Machado, em *Vida e morte do Bandeirante* (1980), em investigação pioneira da vida material paulista colonial que dá continuidade à metodologia crítica de Paulo Prado em relação às genealogias heroicizantes de paulistas ilustres, contribuiu para uma visão mais humanizada do bandeirante, ressaltando-o nos seus êxitos e derrotas, pois entendia que reduzir o estudo do passado à biografia dos homens ilustres e a narrativa dos feitos retumbantes seria absurdo tão desmedido ... conflitos externos, querelas de facções, atos de governo estão longe de constituir a verdadeira trama da vida nacional. (ibidem, p.29)

O ambiente psicológico aberto pela crise econômica de 1929, que ruiu grandes fortunas cafeeiras paulistas, não dava mais lugar para o bandeirante altivo, sugerindo o autor que se passasse a dar maior atenção ao "esforço permanente dos humildes, a silenciosa elaboração dos anônimos, as idéias e sentimentos das multidões" (ibidem).

O contexto colonial, que até então traduzia os elementos psicológicos legitimadores da civilização do café e seu esforço para a conquista de hegemonia econômico-política, passou a expressar, através da pena de Alcântara Machado, um campo de forças no qual combatiam vida e morte, decadência e ruptura, misturando o sabor que se esvaía da robustez e da audácia do sertanista com o gosto proeminente da pobreza material.[1]

Entre 1930 e 1945, a historiografia enfatizou a imagem do isolamento auto-suficiente do planalto, com sua gente desamarrada das peias do poder metropolitano, sobrevivendo com rebeldia e autonomia. Ainda na década de 1940, no entanto, prenunciando esforços futuros de pesquisa, a abordagem marxista de Caio Prado Jr. apontou realidade diversa, ou seja, a economia paulista voltada para a produção de gêneros alimentícios – milho, mandioca, feijão, trigo – para abastecimento interno da colônia (Prado Jr., 1942).

---

[1] Na Introdução de *Vida e morte do bandeirante* (Machado, 1980), Sérgio Milliet afirma que "Alcântara Machado tira dos documentos um bandeirante pobre e analfabeto, grosseiro de modos e de haveres parcos, vivendo quase na indigência ... em luta permanente contra dificuldades de toda a espécie, amante apavorado do sertão e por todas essas razões naturais ... capaz de arrancadas maravilhas, que não se lhe apresentavam como oportunidades de glória, mas sim como solução de inexorável urgência". A busca descomedida pelas pedras preciosas teria desprendido o paulista da lavoura de mantimentos, fazendo-o retornar à condição de pobreza com o esgotamento das gerais. Assim, do final do século XVIII até o advento da grande lavoura cafeeira, a partir do final dos anos 1840, a província teria se despovoado, o fatalismo tomado o lugar do entusiasmo.

Nas décadas de 1950, 1960 e 1970, com inspiração nos estudos cepalinos e da sociologia e atenção à problemática do desenvolvimento/subdesenvolvimento, alguns temas passaram a ser priorizados, como escravidão negra, economia agroexportadora, poder local e relações de dependência pessoal, messianismo, oligarquias regionais. Logo regiões voltadas para os circuitos comerciais internos de abastecimento, como São Paulo, ficaram relegadas a segundo plano.

Mas desde o final do século XIX a história da cidade foi continuamente contemplada com a publicação de obras de cunho memorialístico, ligadas ao Instituto Histórico e Geográfico de São Paulo – como a de Affonso de Freitas – ou à tradicional Faculdade de Direito do Largo São Francisco – como a Spencer Vampré e Almeida Nogueira. Jornalistas, diletantes ou enraizados em antigas cepas familiares também escreveram sobre a cidade, como Nuto Sant'Anna, Aluísio de Almeida e Maria Paes de Barros.

Animados por suas memórias e pelas histórias de seus pais e avós, esses escritores não desenvolveram propriamente uma interpretação histórica, por meio de pesquisa empírica e referenciais teóricometodológicos específicos. Seus livros tornaram-se guardiões de um passado bucólico, transformado pela nova realidade demográfica, urbana e técnica do início do século XX.

Como ouvintes e observadores atentos, esses memorialistas incumbiram-se da dupla missão de preservar um passado mitificado e caracterizar a cidade de São Paulo como metrópole moderna e cosmopolita (Brefe, 1996). Descreviam assim o traçado secular, as sociabilidades e sonoridades tradicionais da paulicéia do passado, como forma de delimitar com nitidez a metamorfose da cidade em "movimentada e requintada 'metrópole', cujo ambiente cada vez mais cosmopolita preenchia de orgulho e satisfação o espírito de ordem e de progresso das elites dominantes da jovem república" (Koguruma, 2001).

Affonso d'Escragnolle Taunay e Ernani da Silva Bruno dedicaram-se a intensa pesquisa empírica em diversos documentos da Câmara de São Paulo, amplamente utilizados nas pesquisas atuais, como atas, registros, papéis avulsos, almanaques e jornais. A ausência de um referencial teórico específico, no entanto, tornou seus trabalhos mais descritivos que interpretativos.

Esses autores, contudo, influenciaram fortemente as visões sobre a cidade do século XVIII e da primeira metade do século XIX, principalmente pelos epítetos que cunharam. Bruno a definiu como "burgo de estudantes", pois concebia a instalação do curso jurídico no velho convento franciscano como um marco na linha evolutiva da cidade, livrando-a da condição de arraial de sertanistas e entreposto comercial e elevando-a à categoria de "burgo", cidade de estudantes.

Assim, Bruno acredita que a intensificação da vida socioeconômica-cultural da cidade, a partir de 1828, foi condicionada à "pressão da existência de um curso de Direito, à presença de estudantes numerosos do Rio de Janeiro e outras províncias" (1991, p.445).

A nota preliminar da famosa trilogia *História e tradições da cidade de São Paulo*, de Silva Bruno, enfeixa uma série de imagens que, em certa medida, encontraram e ainda encontram eco, principalmente no que diz respeito a discussões sobre a dinâmica socioeconômica da cidade. Nas páginas desta obra, Bruno reafirmou a paralisação das atividades agropastoris no planalto devido à imigração descomedida para as zonas auríferas.

Ressaltou que a cidade se ressentiu, até o primeiro quartel do século XIX, do "longo período de decadência e de empobrecimento em que estivera mergulhado o 'país' dos paulistas durante uma grande porção dos tempos coloniais" (ibidem, p.94), cabendo, em grande medida, ao Curso Jurídico a missão de fecundar condições de mudança, animadas, posteriormente, pelos lucros da lavoura cafeeira, de modo que o "arraial de sertanistas" deu lugar à "metrópole do café".

Para Silva Bruno, entre 1808 e 1850 a cidade viveu um período de passagem da situação de entreposto comercial para a de burgo de estudantes, quando passaram a vigorar forças capazes de desarticular costumes e tradições.

Em certa medida, a abordagem de Richard Morse (1970) tem afinidade com a de Silva Bruno. Ambos os livros são originalmente de 1954. Em Silva Bruno a cronologia da história da cidade de São Paulo começava no "arraial de sertanistas" e terminava na "metrópole do café". Com Richard Morse a "comunidade" desembocava na "metrópole".

Ao longo dessa linha evolutiva, Morse acompanhou as etapas de desenvolvimento da vila à cidade, analisando as forças de mudança desencadeadas no contexto da independência e que geraram a metrópole. Como sua análise associa riqueza e dinamismo de uma região ao seu nível de articulação com o mercado europeu, concebe que São Paulo superou a condição de estagnação e decadência apenas com o advento da lavoura cafeeira.

O emprego da expressão "comunidade" fez que Morse reforçasse visões que se tornariam senso comum sobre a cidade, como a idéia de isolamento, cotidiano pacato, provincianismo, pobre economia de subsistência. Persistindo nas conclusões de Silva Bruno, tributaria ainda a mudança da "comunidade introvertida" e a desarticulação do que chamou de "estreitos padrões da vida provinciana" à Academia Jurídica, considerada "agente de cosmopolitização". A imagem de introversão da cidade não combina com a condição natural de feixe de caminhos fluviais e terrestres identificada por Caio Prado Jr. (1972).

A Academia Jurídica, embora tenha representado concretamente um elemento novo no quadro das forças de mudança na capital, perdeu o caráter decisivo e central atribuído por Bruno e Morse após o texto "São Paulo", de Sérgio Buarque de Holanda (1995).

Num contexto acadêmico e político fortemente permeado pela problemática do desenvolvimento/subdesenvolvimento, focado nas regiões agroexportadoras e escravistas do país, visando explicar a dinâmica da constituição do capitalismo em zonas periféricas, Sérgio Buarque desviou suas pesquisas e seus questionamentos para a São Paulo do início do século XIX, um organismo socioeconômico voltado para a economia comercial e de abastecimento e minimamente inserido no circuito atlântico com a produção da cana-de-açúcar.

Uma inquietação que incomodou o autor na ocasião da elaboração deste texto – ainda não solucionada pela historiografia – diz respeito à pouca compreensão do enraizamento de interesses político-econômicos em São Paulo, tendo em vista seu relevante papel no processo de independência e instauração de uma nova ordem política no Brasil. Essa constatação inquietadora foi importante para questionar alguns estereótipos sobre a história paulista, como a inexistência de importância político-econômica no período anterior à expansão cafeeira e a excessiva importância atribuída à Academia Jurídica no processo de expansão e mudanças socioeconômicas na cidade.

Outros estudos também surgiram e se preocuparam em questionar esses estereótipos por meio de novas metodologias – como a história demográfica –, caso da pesquisa de Maria Luiza Marcílio, que demonstrou a existência de um crescimento demográfico em São Paulo no século XVIII, não creditando as mudanças na economia paulista ao advento da produção agroexportadora da cana-de-açúcar.[2]

Algumas pesquisas também começaram a deter-se na complexidade social, na formação histórica e na inserção específica de São Paulo no organismo Metrópole–Colônia. Marco deste tipo de preocupação, apoiado em pesquisa empírica arquivística e nos referenciais teóricos da história social da cultura recém-introduzidos no Brasil nos anos 80, foi *Quotidiano e poder* (Dias, 1995), que desvendou o universo das práticas de mulheres pobres, forras, escravas e livres na cidade paulista oitocentista.

Pesquisas que enfocaram o processo de transformação nos domicílios e no dote também foram fundamentais para a apreensão do processo de mudanças socioeconômicas que ocorriam na cidade de São Paulo na primeira metade do século XIX (Kuznesof, 1986; Naz-

---

2 "A gradual mas crescente monetarização da capitania, realizada particularmente com o ciclo da mineração, desenvolvendo o comércio interno a longas distâncias, propiciou um esboço de integração intra-regional no território paulista. Para que a integração se fizesse e o comércio se desenvolvesse, estenderam-se os caminhos internos da capitania. Muitas das velhas e estreitas trilhas herdadas dos índios viram-se largadas; já não eram somente os homens a pé que por elas passavam; os animais (vacum, cavalar, muar) exigiam caminhos mais largos e mais bem cuidados para o seu trânsito. A abertura de novos caminhos e o alargamento e conservação dos velhos organizaram a infra-estrutura básica para a integração econômico-sócio-cultural paulista" (Marcílio, 2000, p.149; cf. também Marcílio, 1973).

zari, 2001). Kuznesof mostrou a passagem da economia de subsistência para a de mercado, na sociedade paulista, que implicou o retraimento da família, até então extensa. Esse caráter de economia de subsistência, contudo, foi posteriormente contestado pelas pesquisas de Ilana Blaj (2002) para o final do século XVII e início do século XVIII. Ao acompanhar o declínio do dote, Nazzari apontou a existência de alterações econômicas significativas na cidade, contestando as visões sobre São Paulo que indicam um cenário urbano pacato e de paralisia socioeconômica.

Esses dois estudos, contudo, abordaram tais alterações socioeconômicas sem se deter em suas nuanças, identificando tão-somente a pronta passagem de uma determinada economia comercial e familiar para uma outra, de mercado, não-familiar e orientada por valores individualistas.

Há pouco mais de dez anos alguns estudos vêm procurando documentar a história de São Paulo colonial de modo a criticar noções de autarquia, isolamento, estagnação e a mitificação do bandeirante. John Monteiro (1994) negou a importância atribuída ao tráfico do gentio para o Nordeste açucareiro, mostrando que o apresamento do negro da terra visava dirigi-lo para a própria economia de alimentos do planalto, o que fazia do bandeirante senhor de escravos e plantador de trigo. Ilana Blaj (2002) demonstrou o processo de mercantilização do planalto entre os séculos XVII e XVIII, garantindo-lhe níveis de circulação e acumulação de capitais que especificaram sua inserção no organismo Metrópole–Colônia graças à condição de economia de abastecimento das áreas mineradoras, agroexportadoras e interioranas.

A tese da sangria populacional fundadora de outras povoações, muito empregada para afirmar o esvaziamento populacional do planalto e, portanto, sua anemia econômica, na interpretação de Ilana Blaj significou elemento fecundante para a própria vila,[3] pois as cidades fundadas imediatamente se articularam ao núcleo original

---

3 São Paulo, como sede da capitania de mesmo nome, deixou de ser vila e tornou-se cidade em 11 de julho de 1711 (cf. Queiroz, 1992, p.108).

pelo comércio e através dos vários caminhos. Na dialética povoamento–despovoamento–povoamento, em vez de esvaziamento Blaj percebeu integração e fortalecimento de uma realidade socioeconômica.[4]

Para o período imperial e republicano, outros estudos e pesquisas tributários da abordagem da história social da cultura – inaugurada por *Quotidiano e poder* na investigação de aspectos da história da sociedade paulista – vêm contribuindo para desfazer imagens rigidamente estabelecidas, como a da exclusiva relação de violência e dominação do sistema escravista (Wissenbach, 1998) e a fisionomia moderna, cosmopolita, branca e imigrante da paulicéia (Santos, 1998; Koguruma, 2001).

Esta pesquisa sobre a sociedade paulista da primeira metade do século XIX que o leitor tem em mãos é tributária e também faz parte de um esforço para ampliar os estudos, investigações e interpretações deste amplo e diversificado painel historiográfico, literário e memorialístico.

Retomando uma gama diversificada de documentos – jornais, como *O Farol Paulistano*, ofícios escritos por autoridades policiais, autos-cíveis, autos-crimes, atas, papéis avulsos e registros da Câmara, aquarelas, relatos de viajantes – e problematizando-os por meio da experiência da microanálise, procurei infiltrar-me no tecido social urbano da cidade de São Paulo, entre os anos 1808 e 1850, e compreender outros contextos simultâneos aos da transmigração da família real para o Brasil, da implantação da Corte joanina, do processo de independência, das lutas regenciais e da implantação do Estado.

Esta outra forma de abordagem do social, através da complexa rede de relações e da variedade de contextos, foi o caminho que pare-

---

[4] Blaj fala numa dispersão sedimentadora: "na dispersão/sedimentação do povoamento regional, notamos a estruturação de uma economia mais mercantilizada e a fixação do poder dos grandes clãs parentais, da elite paulista e a criação de mecanismos de acomodação que trazem em si os germes da dominação (2002, p.181).

ceu mais promissor para a compreensão de uma realidade socioeconômica não inserida no mercado atlântico e, portanto, não englobando índices elevados de população ou recursos monetários e portadora de uma cultura material mais modesta.

Essas características socioeconômicas da sociedade paulista exigiam, porém, um procedimento investigativo específico, e que envolvesse o infiltramento na dinâmica da realidade social, apreendendo outras facetas da experiência coletiva, como estratégias individuais de afirmação de posições hierárquicas, identidades estabelecidas provisoriamente para a solução de problemas enfrentados concretamente, práticas de sobrevivência que implicavam uma política cotidiana específica, de cunho familiar e vicinal, o caráter ambivalente – não só tolhedor – das instâncias normativas diante de uma realidade de relações sociais provisórias, mas também contínuas, num perímetro urbano de dimensões reduzidas e fortemente hierárquico, como toda sociedade de formação senhorial-escravista.

A compreensão pormenorizada do social pareceu e de fato mostrou-se mais profícua para matizar rígidas afirmações sobre a pobreza ou a monotonia socioeconômica paulista, que explicavelmente incomodaram o poeta ultra-romântico Álvares de Azevedo, em 1848, e ainda encontram eco em certas manifestações sobre a cidade.

Procurou-se, portanto, "uma descrição mais realista do comportamento humano, empregando um modelo de ação e conflito do comportamento do homem no mundo que reconhece sua – relativa – liberdade além, mas não fora, das limitações dos sistemas normativos prescritos e opressivos". Todas as estratégias sociais percebidas na sociedade de então foram interpretadas como "resultado de uma constante negociação, manipulação, escolhas e decisões do indivíduo, diante de uma realidade normativa que, embora difusa, não obstante oferece muitas possibilidades de interpretações e liberdades pessoais" (Levi, 1992, p.135).

A realidade socioeconômica detectada por meio deste procedimento de pesquisa é marcada pela complexidade e pela diversidade. O capítulo 1 discute o histórico processo de sedimentação dispersiva da cidade, característico de meios fortemente comerciais em meio às mudanças da primeira metade do século XIX, como a intensificação da atividade comercial promovida pela produção da cana-de-açúcar nos municípios vizinhos, pela instalação da Corte no Rio de Janeiro, pela expansão dos processos normativos, através da Câmara e da incipiente institucionalização da polícia. Nota-se que referenciais de movimento são essenciais para explicar a realidade da cidade – e desconsiderá-los favorece estereotipações e conclusões mais apressadas relativas à pobreza e aos vazios demográficos.

O caráter movediço da sociedade paulista influenciou diretamente as estratégias de sobrevivência cotidianas da diversificada população de livres, forros e escravos e seu processo de ocupação do perímetro urbano, que por sua vez, e em virtude da expansão das instâncias normativas num contexto de mudanças na ordem política a partir da Corte, estabeleceu uma complexa relação de negociação e enfrentamento com a Câmara e a polícia.

Esse caráter movediço e a condição de entreposto comercial da cidade favoreceram o fortalecimento de uma economia de trocados, conforme tratado no capítulo 2, que envolvia, na realidade, um modo de vida na cidade permeado por tensões, dado o caráter hierárquico das relações sociais, mas por fortes ligações vicinais, de parentesco e amizade.

Num meio socioeconômico comercial e em expansão, o contexto maior de discussão sobre direitos, próprio da instauração de uma nova ordem política autônoma e constitucional, defrontou-se com contextos específicos de litígios sobre terrenos do perímetro urbano e os impasses colocados para o homem livre de cor, numa sociedade escravista, poder afirmar sua condição de cidadão. Concepções de direitos baseados no uso antigo, familiar, vicinal e de identidades provisórias permearam a passagem do alvará à lei, conforme enfocado no capítulo 3.

O capítulo 4 aborda o contexto dos letrados na cidade e a formação de uma cultura letrada, através dos jornais, do teatro e da dramaturgia. A Academia Jurídica foi o catalisador desta cultura, processando idéias relativas à instauração de uma nova ordem política e à identidade nacional.

Os estudantes do Curso Jurídico foram protagonistas de um contexto à parte e simultaneamente integrado ao universo social dos forros, livres e escravos, pois as fronteiras entre a rede de sociabilidade letrada e as práticas informais das ruas foram bastante fluidas. Assim, a documentação revelou estudantes que se envolviam em relações de negociações e tensões com os segmentos populares. Os teores contraditório, tenso e de negociação entre estes segmentos e na sua relação com as instâncias normativas foram tratados nos capítulos 5, 6 e 7.

O leitor terá diante de si, portanto, uma realidade socioeconômica permeada por vários contextos, protagonizados por indivíduos que forjaram estratégias de sobrevivência e enfrentamento de acordo com heranças, hierarquias, normas costumeiras historicamente elaboradas a partir de suas relações interpessoais e conforme situações concretamente vividas num horizonte histórico de transformações políticas e econômicas como foi a primeira metade do século XIX.

1
SOCIEDADE MOVEDIÇA

Vocação para o movimento

Em texto que se tornou clássico na historiografia paulista, Caio Prado Jr. (1972) advertiu para um aspecto da formação de São Paulo essencial para a definição de uma metodologia de pesquisa sobre essa realidade e para a compreensão de sua economia e da dinâmica de suas relações sociais. Trata-se do movimento estampado no desenho de caminhos fluviais e terrestres que compunham seu perímetro. A sociedade formada na vila, depois cidade, de São Paulo nasceu com vocação para a mobilidade.

Essa condição de eixo de caminhos e confluência de rios importantes, como o Tietê, o Tamanduateí e o Pinheiros, naturalmente a tornou núcleo urbano central, administrativo, religioso e político. O centro original da vila de São Paulo, portanto, nasceu no ponto de encontro dos rios Anhangabaú e Tamanduateí, onde se estabeleceu o Colégio dos jesuítas, que usavam essas vias fluviais, juntamente com o Tietê, para alcançar os aldeamentos indígenas próximos. Assim, os rios foram fundamentais para navegação, alimentação, recreação, deslocamento e, posteriormente, para pouso de tropeiros e tropas em suas margens.

A insistência da Câmara, ao longo de todo o século XIX, em combater o costume dos pescadores de lançar substâncias agressivas nos rios com o intuito de fazer que os peixes boiassem, mortos, facilitando as pescarias, indica sua importância no fornecimento de alimento à população. As instâncias municipais condenavam o lançamento de trovisco, barbasco, timbó, tipos de plantas que envenenavam ou narcotizavam os peixes.

A Câmara denunciava em 1809 que todas essas plantas e substâncias corrompiam rios e lagos (RGC, 5.8.1809), o que evidencia o valor da cidade como sede de uma economia de comércio interno para as bandas de Goiás, Minas Gerais, Rio de Janeiro e Salvador, realizado pelo transporte das mercadorias em lombo de mulas, animais que necessitavam da água dessas vias fluviais para beber, sem falar no abastecimento das tropas.

No mapa da página 30 (Freitas, 1985, p.104-5) nota-se que a ocupação da cidade seguiu a trajetória dos rios, córregos e riachos, concentrando-se, em princípio, entre o Tamanduateí e o Anhangabaú. O Tamanduateí contornava o núcleo à direita, formando uma das regiões estratégicas e mais importantes: a várzea do Carmo.

À esquerda situava-se o Anhangabaú, que desaguava no Tamanduateí e tinha também como afluentes os córregos do Bixiga e do Guacu, onde se estabeleceram muito pasto e pouso de tropa, principalmente no Bixiga e no Lavapés, regiões a partir das quais os animais de transporte e comércio facilmente tomavam o rumo de Santos (Moura, 1999, p.162). A economia dos rios seguia o circuito dos rios, usados para pesca, navegação, abastecimento de água, trabalho e lazer – compreende-se, portanto, a preocupação da Câmara com sua preservação.

No Tamanduateí, antes de sofrer canalização definitiva, existia um porto ao fim da Ladeira Porto Geral, onde atracavam canoas vindas da fazenda São Caetano, do Mosteiro São Bento e de outros lugares próximos, trazendo frutas e cereais (Moura, 1980, p.79-80).

Assim, o primeiro traçado da capital seguiu o curso dos rios e córregos, ampliando-se somente a partir da segunda metade do século XIX, em razão do crescimento populacional. Entre 1808 e 1850

O núcleo urbano compreendia algumas freguesias e muito timidamente avançava para regiões mais afastadas, como Penha, Brás, Tatuapé, Ipiranga, Santo Amaro.

Essas condições físicas que levaram à fixação do núcleo urbano paulista favoreceram os movimentos de população, característicos dessa sociedade desde sua origem. São Paulo foi centro abastecedor, fornecedor de mantimentos e animais para outras vilas, cidades e províncias.[1] Além das condições locais, circunstâncias conjunturais, como o declínio da mineração, a partir de 1750, o desenvolvimento da produção do açúcar em alguns municípios paulistas, a intensificação do comércio de animais e a transformação do Rio de Janeiro em importante mercado consumidor, com a transferência da família real em 1808, amadureceram o tino e a lida comercial dos segmentos sociais da cidade.[2]

---

1 Segundo John Monteiro, existiu uma vital conexão entre escravidão indígena e produção colonial na evolução agrária do planalto. Um dos objetivos explícitos da Coroa era fazer de São Paulo "celeiro do Brasil", com fazendas de trigo organizadas sob os moldes das *haciendas* hispano-americanas, para o abastecimento de minas e cidades. Os primeiros grandes produtores de trigo também deram início às grandes famílias paulistas, como Taques, Pedrozo de Barros e Arzão. Ainda segundo o autor, o crescimento acelerado da economia canavieira a partir de 1580, nas capitanias de Pernambuco, Bahia e em menor dimensão no Rio de Janeiro, animou um "incipiente circuito comercial intercapitanias", mobilizando agricultores, junto com os do sul da Bahia e do Espírito Santo (cf. Monteiro, 1994, p.100 e 102-3).

Essa efervescente economia agrícola mercantil prosseguiu e se intensificou com o advento da mineração, formando uma ativa corrente comercial entre São Paulo e as Gerais, conforme concluiu Mafalda Zemella, para quem as vilas paulistas, neste período, sacrificaram seu próprio abastecimento para vender às minas boiadas, toucinho, aguardente, açúcar, panos, calçados, drogas, trigo, algodão, enxadas, sal, armas, azeite, vinagre, vinho, aguardente do Reino (cf. Zemella, 1990, p.55-65). Esta questão deve ter se estendido pela primeira metade do século XIX, pois na documentação camerária proliferam menções à carestia, à falta de certos gêneros, ao descontentamento popular, à deficiência no abastecimento de alimentos das casinhas – o mercado local – e aos atravessadores que os revendiam em outras praças com valores mais elevados.

2 Em termos comerciais, os paulistas se beneficiaram com a abertura do "caminho novo", no século XVIII, via terrestre que ligava diretamente o Rio de Janei-

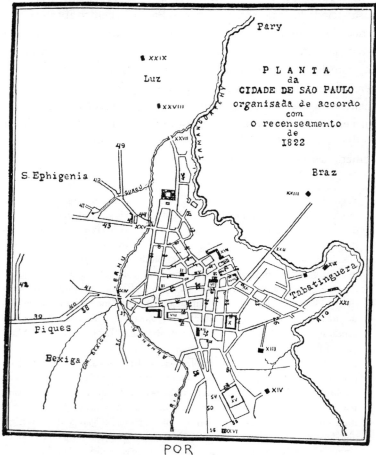

Figura 1 – Mapa de São Paulo em 1822 (Freitas, 1985, p.104-5).

SOCIEDADE MOVEDIÇA   31

RUAS PRINCIPAES
1 — Rua do Commercio (hoje Alvares Penteado)
2 — ,, Direita
3 — ,, de São Bento
4 — ,, do Rosario (hoje 15 de Novembro)
5 — Tavessa das Casinhas (hoje rua do Thesouro)
6 — Becco da Cachaça (hoje inicio da rua da Quitanda)
7 — Rua do Cotovello (hoje rua da Quitanda)
8 — Becco do Inferno (hoje Travessa do Commercio)
9 — Canto do Bom Jesus
10 — Becco da Lapa (hoje Travessa do Grande Hotel)
11 — Pateo de São Bento
12 — Rua de São José (hoje Libero Badaró)
13 — ,, da Boa-Vista
14 — Becco do Barsa ou do Porto Geral (hoje Porto Geral)
15 — Travessa do Collegio (hoje rua Anchieta)
16 — Pateo da Sé (hoje desapparecido p. formação da actual Praça)
17 — Rua q. vae p. Santa Thereza (hoje rua Wencesláu Braz)
18 — ,, de Santa Thereza (hoje do Carmo)
19 — ,, da Fundição (hoje Floriano Peixoto)
20 — ,, Detraz do Santissimo (hoje de Santa Thereza)
21 — ,, do Santissimo (hoje desapparecida: foi por muito tempo chamada da Esperança e, por ultimo, Capitão Salomão
22 — Travessa do Quartel
23 — Rua do Quartel (hoje 11 de Agosto)
24 — ,, Detraz do Quartel (hoje Annita Garibaldi)
25 — ,, das Flores
26 — ,, Detraz da Boa-Morte (hoje da Tabatinguera)
27 — Pateo da Cadeia (hoje Praça João Mendes)
28 — Rua do Principe (hoje Quintino Bocayuva)
29 — ,, da Freira (hoje Senador Feijó)
30 — ,, de São Gonçalo (hoje desapparecida: foi, por muito tempo, chamada do Imperador e, por ultimo, Marechal Deodoro)
31 — Travessa do Jogo da Bola (hoje Benjamin Constant)
32 — Travessa do Padre Capão (hoje rua Barão de Paranapiacaba)
33 — Rua do Ouvidor (hoje de José Bonifacio)
34 — ,, da Casa Santa (hoje do Riachuelo)
35 — Páteo de São Francisco
36 — Rua do Curral (hoje de Santo Amaro)
37 — Pateo do Bexiga (hoje largo do Riachuelo)
38 — Subida do Piques (hoje rua Quirino de Andrade)
39 — Rua do Piques (hoje da Consolação)
40 — ,, do Paredão (hoje Xavier de Toledo)
41 — ,, Nova da Ponte do Lorena (hoje 7 de Abril)
42 — Becco do Mata-fome (hoje Epitacio Pessoa)
43 — Rua de São João Baptista (hoje Av. São João)
44 — ,, do Curvo (hoje rua do Seminario)
45 — ,, do Hospital (hoje Praça do Correio)
46 — ,, da Figueira (hoje Florencio de Abreu)
47 — ,, do Tanque (hoje inicio da rua Visconde do Rio Branco)
48 — ,, de Santa Ephigenia
49 — ,, que vae para a Ponte Grande (hoje Brigadeiro Tobias)
50 — ,, da Polvora (hoje da Liberdade)
51 — ,, do Cemiterio (hoje da Gloria)
52 — ,, Detraz do Cemiterio (hoje Galvão Bueno)
53 — Travessa do Cemiterio (hoje dos Estudantes)
54 — Campo da Forca (hoje Largo da Liberdade)
55 — Rua do Rego (hoje em grande parte desapparecida: rua Carlos Gomes)
56 — Campo da Polvora (hoje Largo da Polvora)

EDIFICIOS PUBLICOS E RESIDENCIAS PARTICULARES

I — Residencia do dr. Campos Vergueiro
II — Igreja da Misericordia
III — Residencia e casa commercial do dr. Costa Carvalho
IV — Residencia e casa commercial do Cel. Francisco Ignacio
V — Residencia e casa commercial do Cap. Pedro Taques
VI — Igreja da Sé
VII — ,, de São Pedro
VIII — Residencia de Diogo Antonio Feijó
IX — ,, do padre Ildefonso Xavier Ferreira
X — Quartel de 1.ª Linha
XI —
XII — Cadeia Publica
XIII — Residencia de Assis Lorena
XIV — ,, de d. Domitila de Castro, posteriormente marqueza de Santos
XV — Cemiterio publico
XVI — Theatro da Opera
XVII — Igreja do Collegio
XVIII — Convento de Santa Thereza
XIX — Chacara da Fonseca
XX — Residencia do bispo d. Matheus
XXI — Ponte do Fonseca
XXII — ,, do Franca
XXIII — Chacara do Ferrão
XXIV — Ponte do Lorena
XXV — ,, do Marechal
XXVI — Casa da Polvora
XXVII — Ponte do Miguel Carlos
XXVIII — Chacara do Miguel Carlos
XXIX — Convento da Luz

Enquanto alguns municípios da província paulista, como Itu, Porto Feliz, Campinas e Santos, tomavam a dianteira como produtores e exportadores de açúcar, ensaiavam a plantação do café e despejavam no mercado interno consideráveis quantidades de milho, arroz, farinha de mandioca, feijão e fumo, a capital funcionava graças à intensa vida social e comercial, sedimentando-se pela ação dispersiva dos segmentos sociais envolvidos nas atividades comerciais.

Assim, a sociedade paulista dos anos 1808-1850 sofreu as influências do complexo contexto de instauração de uma nova ordem política na condição específica de realidade socioeconômica dispersiva, voltada essencialmente para os circuitos internos de comércio.

Sedimentação dispersiva

A metropolização da colônia em 1808 redirecionou suas relações econômicas internacionais para o livre-comércio, desencadeou o processo de emancipação política do Brasil, concluído em 1822, e encetou a crise do sistema escravista, com base nas pressões inglesas sobre o tráfico atlântico.

Desde 27 de junho de 1763, com a mudança da sede administrativa do Brasil Colônia de Salvador para o Rio de Janeiro, em virtude da delicada conjuntura de conflitos no Sul e nas minas (Holanda, 1995, p.427), o Centro-Sul vinha tornando-se novo eixo de interesses político-comerciais.

A condição de capital da Corte renovou a vida urbana do Rio de Janeiro graças a remodelações físicas, culturais e artísticas (Maler-

---

ro a São Paulo. Durante o auge da mineração, Mafalda Zemella sugere que este caminho fez o porto do Rio de Janeiro suplantar o de Santos no papel de entreposto aurífero, com prejuízos econômicos para o planalto, que só não foram maiores porque o caminho se tornou passagem obrigatória para as minas descobertas em Goiás e Mato Grosso (cf. ibidem, p.62-3). É plausível, embora talvez sejam necessárias mais pesquisas para confirmá-lo, que o "caminho novo" tenha favorecido muito a vida comercial do planalto com a nova Corte instalada no Rio de Janeiro.

ba, 2000). A cidade se expandiu fisicamente, burocratizou-se em excesso, recebeu em torno de 15 mil novos habitantes, acompanhantes da família real. Mais de duas dezenas de ruas foram pavimentadas, os serviços de água e iluminação por lampiões a azeite melhoraram, a sociedade refinou-se com tudo o que os estrangeiros trouxeram de fora, nos aspectos culturais, artísticos e de consumo.

Esse processo de "interiorização da metrópole", ao ampliar o mercado consumidor fluminense, refletiu positivamente na economia paulista de animais, açúcar e alimentos. Antonio Prado, depois barão de Iguape, foi um dos grandes fornecedores paulistas de gado de corte para as bandas do Rio de Janeiro (Petrone, 1976). Nessa época, as oportunidades econômicas vicejavam na capitania de São Paulo em torno do comércio de gado eqüino e bovino e da produção de açúcar e mantimentos.

Nos campos de Curitiba e Rio Grande, no extremo sul, extensas eram as áreas produtoras de reses.[3] A procura pelos animais favorecia-se, ainda, com a expansão econômica dos canaviais e cafezais no centro-sul. A famosa feira de Sorocaba, palco dos negócios com animais, atraía senhores de engenho e cafeicultores fluminenses e paulistas, ávidos compradores de bestas para transporte.

Embora muitos historiadores modernos tenham enfatizado a modéstia da capital da província de São Paulo, explicando-a pelo viés da pobreza ou da estagnação econômica, sua arquitetura, sua vida cultural e seu desenho urbano revelam mais o histórico caráter movediço de sua população, regido pelo ritmo do ficar e partir.

Mal puderam se demorar as aptidões ao pé da partitura musical ou no talhe da madeira, como aconteceu no cenário urbano das Gerais. Os homens fixavam-se na semeadura, na colheita e no trato dos animais, para logo em seguida espalhar-se por outras vilas, povoados e cidades.

---

3 O que já ocorria desde o tempo áureo da mineração, com habitantes do planalto dirigindo-se para os campos de Curitiba para abrir fazendas de criação de gado, sabedores da insaciável sede de carne e animais de montaria ou tração das Gerais (cf. ibidem, p.59).

A observação de algumas iconografias, auxiliada pela leitura de alguns documentos escritos oficiais, possibilita uma visão da cidade de São Paulo na primeira metade do século XIX. A vista panorâmica tomada pela aquarela de Charles Landseer, em 1826, indica a maneira como o artista via seu traçado urbano e arquitetônico. As várias igrejas representadas não significam que a sociedade fosse fervorosamente religiosa.

De fato, o corpo eclesiástico era considerável, conforme Satã – personagem da mente visionária de Álvares de Azevedo (s.d.) – alertou Macário. Havia um total de treze instituições religiosas, com oito igrejas, três conventos de frades e um de freiras, quase tudo construído de taipa, inclusive as casas e o hospital (Beyer, 1907, p.287).

Conventos como o de São Bento chegavam a ter posses significativas, como 71 moradas de casas alugadas, quatro fazendas, uma olaria e 107 escravos. Recolhimentos de recursos menores, como os da Luz e Santa Thereza, viviam, em boa parte, dos rendimentos de suas casas de aluguel e de seus escravos em serviços na cidade (Estatística da Imperial Província de São Paulo, 1827; *O Farol Paulistano*, 21.3.1827).

O organismo social da cidade, contudo, não funcionava como uma comunidade religiosa introspectiva, em virtude do próprio legado ibérico, que permeava toda a sociedade brasileira (Holanda, 1991), fazendo da devoção algo festivo, intensamente sociável e pouco meditativo.

Adros, pátios, interiores de igrejas e cerimônias religiosas eram locais de relações sociais, a ponto de um número elevado de igrejas numa cidade revelar mais seus níveis de sociabilidade do que sua religiosidade.

Na aquarela de Landseer chama a atenção também a arquitetura colonial. A capital estampava essa fisionomia, associada, explicavelmente, por muitos memorialistas a pobreza, indolência social e população rarefeita. O registro de ruas completamente despovoadas reforçava tais argumentos. Contudo, os referenciais modernos e europeus de contemporâneos e memorialistas os impediram de perceber uma sociedade mais complexa por trás da taipa e da estreiteza das ruas.

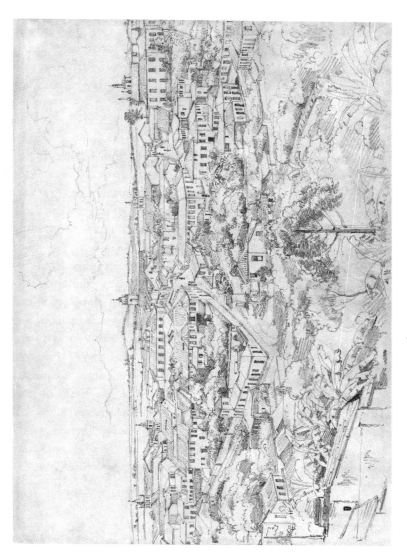

Figura 2 – *Cidade de São Paulo* (c.1826), Charles Landseer (Álbum Highcleffe/Acervo Instituto Moreira Salles).

A capital repousava num morro, abraçado por campos e prados, regados e cortados por pequenos rios que no tempo das chuvas se uniam ao Tietê, formando uma ilha (Beyer, 1907, p.286). Nasceu, portanto, no local hoje conhecido como Pátio do Colégio. Naquele tempo era Pátio do Palácio, ponto de reunião das disparidades sociais em movimento, principalmente por ser tão próximo da várzea do Carmo, uma das entradas principais de tropas e tropeiros, cada vez mais assíduos na cidade.

O pintor e desenhista francês Jean-Baptiste Debret, que veio ao Brasil em 1816, em missão artística, foi um dos poucos a deixar saltar de sua pena os vários tipos populares que transitavam diariamente pelo então Pátio do Palácio. Foi um dos artistas mais atentos e interessados na vida cotidiana, nas cenas da rua e na movimentação popular. À diferença de outros desenhistas e pintores que passaram pela capital, em certa medida carregou nas tintas para retratar a presença dos segmentos sociais.

Ele percebeu que defronte ao Palácio do Governo e à antiga Igreja dos jesuítas passavam caboclos e caçadores e negociantes de animais, enquanto tropeiros chegavam e cruzavam com lavadeiras, possivelmente vindas da várzea do Carmo, assim como com quitandeiras, com seus tabuleiros (ao fundo). Todos espectadores do entra-e-sai em forma da guarda.

Na praça do Palácio aconteciam as paradas em homenagens reais e depois imperiais (OC, ordem 874, 1.12.1837). Extra-oficialmente, pelo pátio da Sé e do Palácio, "gentes de todas as classes" se reuniam para acompanhar a música do toque de recolher das guardas (P, ordem 2440, 1844), sob as vistas cada vez mais atentas das autoridades policiais ao convívio muito próxima das diferentes camadas sociais.[4]

---

4 O período 1808-1850 enfeixava condições extremamente favoráveis para a emergência do descontentamento e da revolta popular. Os quartéis de todas as províncias ferviam em motins provocados principalmente pelo grosso da tropa – composta em sua maioria de negros livres, mestiços, brancos pobres. Em centros urbanos de alta concentração populacional, explodiram aquelas que fica-

Figura 3 – *Palácio do Governo em São Paulo* (1827), Jean-Baptiste Debret (Coleção Aluízio Rebelo de Araújo e Ana Helena Americano de Araújo).

Persistindo na profícua condição de economia de abastecimento (Blaj, 2002), a capital da província de São Paulo se ajustaria ao contexto da emancipação e da unidade nacional como ativo pólo comercial, estimulado pela lavoura do açúcar, pelo comércio de animais e por um setor comercial de retaguarda interno à cidade.

Desde o final do século XVIII, já se insinuavam na capital forças mais profundas de mudança que durante o século XIX se fortaleceram e propagaram-se, como aconteceu com a introdução da imprensa. Em 7 de dezembro de 1827 passou a circular o primeiro periódico, *O Farol Paulistano*, impresso na tipografia de Joseph da Costa Carvalho, que foi deputado, senador, ministro, regente do Império e diretor do curso jurídico. O jornal durou até 1832, quando outros passaram a ser impressos na mesma oficina, tais como *O Justiceiro*, *O Novo Farol Paulistano* e *O Observador Constitucional*. Em 1830, o Conselho Geral propôs a criação de uma tipografia nacional (Bourrol, 1908).

Em seguida, prosseguiriam iniciativas particulares, como a de Hercules Florence, em 1831, que pediu para abrir uma litografia – arte de gravar com um corpo gorduroso e imprimir sobre pedras – na travessa de cima do Quartel do 6º Batalhão, como "inventor ... de um novo methodo de imprimir e publicar escritos e desenhos".

No ano seguinte, pediria a mesma autorização, mas em novo endereço: à rua do Rosário (atual praça Antonio Prado). As solicitações para abertura de oficinas tipográficas tornaram-se constantes, como na rua de São Gonçalo (hoje desaparecida), na rua Nova de São José e na travessa que seguia da rua da Esperança para a do Quartel (Impressos, oficinas de impressão, litografias e gravuras, termos de responsabilidade por jornaes, 1832).

Contudo, com uma elite historicamente devotada ao movimento – o que não significa nomadismo intrínseco –, ainda não estavam plenamente amadurecidas na sociedade da capital as condi-

---

ram conhecidas como revoltas regenciais: a Cabanagem no Pará, a Sabinada na Bahia, a Balaiada no Maranhão, a Revolta Pernambucana de 1817. No Rio de Janeiro, portugueses e nacionais se confrontavam nas ruas, e na província de São Paulo os quartéis não cessavam de conspirar.

ções para o estabelecimento da imprensa – como o sedentarismo continuado de um agrupamento humano, de certo letramento e disposto a estabelecer comunicação impressa, de idéias políticas a objetos de consumo.[5]

Pode-se dizer que essa elite estava em via de sedentarização, já que formada pelo cíclico movimento do partir–retornar–ficar, de modo que mesmo com a permissão de imprensa em 1808 ainda foram necessários dezenove anos para que os primeiros tipos fossem impressos.

Ao lento processo de aglutinação dessas elites muladeiras e negociantes do açúcar, somou-se o segmento dos estudantes do curso jurídico que, atentos à tônica liberal do período, estimularam o ambiente social e das idéias a atingir o amadurecimento necessário para a instalação da imprensa.

Simultaneamente ao aparente aspecto colonial da capital, portanto, esboçavam-se novos encaminhamentos econômico-sociais, animados pela agricultura e pelo comércio do açúcar, pelo pisar incessante das tropas, pela ruidosa atividade comercial miúda e de retaguarda e pela implantação do curso jurídico.

A partir da segunda metade do século XVIII, conforme se dissipava o sonho do ouro, ocorreu um redirecionamento das forças pro-

---

5 No Espírito Santo foi montada a primeira tipografia e circulou o primeiro jornal em 1840. Em 1822, a Amazônia, que englobava as capitanias do Grão-Pará e Rio Negro, editou o primeiro jornal da região: *O Paraense*. Em 1750, uma academia organizada no Rio de Janeiro, chamada Selectos, teve a autorização do conde de Bobadella – vice-rei Gomes Freire de Andrada – para instalar uma tipografia que apenas celebrou seus feitos. Somente em 1808, sob anuência do decreto de 13 de maio do mesmo ano, foi implantada a Imprensa Régia e editada a *Gazeta do Rio de Janeiro*. Mas no Pernambuco de domínio holandês Maurício de Nassau fez largo uso da imprensa em sua administração, mostrando que nessa província a arte tipográfica já era manipulada desde o século XVIII. Em 1809-10, os artistas litógrafos na Bahia e em Olinda eram muitos. Ainda na Bahia, na época do conde dos Arcos, governo esclarecido de muitos atos, feitos, estímulos, apoio de empreendimentos particulares, muitas vezes desligados de auxílios e influências oficiais, várias tipografias já funcionavam nos idos de 1810, editando livros e jornais (cf. Bourrol, 1908, p.5).

dutivas na colônia, por meio do estímulo às atividades agrárias e comerciais. Em São Paulo, especialmente a partir do governo de D. Luís Antonio de Souza Botelho Mourão (1765-1775), a lavoura de açúcar ganhou importância, encetando nova fase econômica e social (Petrone, 1968, p.15), inclusive na capital.

Assim, a última década do século XVIII assistiu a um crescimento da agricultura canavieira paulista, favorecida pelo incentivo das administrações do tempo e pela maior procura desse produto no mercado europeu, de forma que, até pelo menos a metade do século, o açúcar foi peça-chave na economia paulista (ibidem, p.18).

Ocorreu, portanto, a passagem de um discurso pessimista, oriundo de muitas fontes, sobre a situação econômica paulista, no final do século XVIII, para um outro, autenticamente otimista, a partir do século XIX (ibidem, p.21). Bernardo José de Lorena (1788-1797) e Franca e Horta (1802-1811) foram capitães-generais que deram ao porto de Santos o monopólio nas exportações da capitania (ibidem, p.144-5), intensificando o trânsito pela capital.

Em 1789, Lorena proibiu todo comércio de açúcar, arroz, goma e aguardente sem licença obtida em Santos, restringindo a atividade a esse porto e direto com a metrópole o que reduziu sensivelmente as relações com o litoral norte. Apesar de seu sucessor, Melo Castro e Mendonça (1797-1802), praticar uma política contrária e favorecer o livre-comércio, este já havia conseguido fixar-se em Santos, desenvolvendo-se ainda mais ao longo do século (ibidem, p.146-7).

Sob o governo de D. Luís Antonio de Souza Botelho Mourão, o Caminho do Mar tornou-se estrada para tropeiros e tropas. Lorena fez o calçamento da subida da serra como parte da política de proteção ao comércio de Santos, concluindo as obras da "calçada do Lorena", como ficou conhecido o caminho, por volta de fins de 1791 e início de 1792. Com essa "calçada", o Caminho do Mar tornou-se caminho do açúcar (ibidem, p.192-3).

A economia do açúcar foi uma economia de tropas e tropeiros e, ao impulsionar o caminho para Santos, conseqüentemente intensificou a vida socioeconômica da capital, ponto de passagem obrigatória para os cargueiros dessa mercadoria. A vida socioeconômica da capital, portanto, esteve em pleno vigor nesse período, em virtude da mobilidade, não só das tropas, mas das atividades que fervilhavam em seu interior.

Marcha da mudança

Somente levando em consideração essa mobilidade pode-se ver a capital dos anos 1808-1850 fora dos modelos que indicam insignificância populacional, pobreza material ou a vêem como "burgo de estudantes", "formosa sem dote", cidade tediosa, sonolenta, sem dinamismo social. Como quantificar com rigor uma população de homens e mulheres intermitente, mesmo quando trabalhando nos limites do núcleo urbano?

Toda a documentação normativa guardada nos arquivos da cidade estimula outras indagações em relação às que foram feitas, explicavelmente, por memorialistas e cronistas. O próprio Álvares de Azevedo, estudante do curso jurídico estabelecido no antigo convento dos franciscanos, no então pátio de São Francisco, em 1827, exprimia sua angústia, pela boca de "Macário", na década de 1840, com o tédio e a monotonia que dizia impregnar até as calçadas da "insípida" vila (Azevedo, s.d.).

"Formosa sem dote" foi expressão criada por Freire de Andrade (Moura, 1999, p.154), muito difundida pelos memorialistas quando escreveram sobre a sociedade da capital até seus anos 1830. A partir de então, acreditavam que, cada vez mais sob os influxos da Academia Jurídica e posteriormente da civilização do café, a capital sofreria uma série de transformações urbanas que intensificariam sua vida social e econômica.

O desligamento político da metrópole portuguesa implicou a criação dos cursos jurídicos, que formaram os quadros burocráticos necessários para a estruturação do arcabouço jurídico do Estado monárquico. Pelo decreto de 11 de agosto de 1827 foram criados os dois primeiros cursos jurídicos nacionais: um em São Paulo e outro em Olinda.

Richard Morse (1970) também atribuiu papel decisivo à Academia Jurídica no processo de inovação das forças políticas, econômicas, sociais e inegavelmente intelectuais da capital (p.19). Pouca importância deu à agricultura e ao comércio do açúcar e de animais, atividade econômica que, embora sem o vigor das produções agroexportadoras da Bahia e Pernambuco, foi importante fator de mudanças econômicas e sociais na cidade.

Morse viu, nesse período histórico, a incubação e a manifestação das forças de mudança e crescimento que levaram à formação de uma das maiores metrópoles do Brasil. Contudo, a pouca ênfase que depositou na agricultura de cana-de-açúcar e nos negócios de tropas e animais, necessariamente articulados, mesmo quando apenas de passagem pela capital, o fez fraquejar na atribuição de maior força a estas mudanças.

Concluiu que as forças catalisadoras introduzidas depois da independência – a frustrada imigração alemã subsidiada, a morosidade dos planos de melhorias materiais, como a casa de correção, a iluminação das ruas, o projeto de drenagem para evitar inundações, escassez de água potável, ausência de cemitérios e as inovações intermitentes quanto às melhorias agrícolas, a criação do gabinete topográfico (1835) e da força policial – foram desperdiçadas na década seguinte. Para ele, a "velha ordem era obsoleta e tenaz e a nova ainda débil para nascer" (ibidem, p.110).

Levando em consideração a constituição colonial própria da capital – um núcleo socioeconômico voltado para abastecimento interno e não para os circuitos atlânticos – e o papel da economia do açúcar, das tropas e dos animais, não é possível procurar em seus recursos materiais, populacionais, econômicos e culturais as razões que a impediram de alcançar o "cosmopolitismo" de cidades como Salvador, Rio de Janeiro ou Recife nos anos 1808-1850 (ibidem, p.54).

Não há dúvida de que os estudantes do curso jurídico foram elemento de inovação, forçando o desenvolvimento de uma vida intelectual e artística e a oferta de novos serviços. Contudo, forças de mudança, expansão e crescimento já estavam estabelecidas por um dinamismo mercantil presente desde o século XVII (Blaj, 2002) e prosseguia nos circuitos comerciais de animais, açúcar e mantimentos, como demonstra o enraizamento de interesses de um grupo ligado ao comércio e que defendeu junto à Assembléia Constituinte de 1823 o estabelecimento do curso jurídico na cidade.

Esse papel de elemento novo e inovador atribuído aos estudantes, fortemente defendido por Morse e outros historiadores memorialistas, como Ernani da Silva Bruno, pode ter favorecido e reforçado a idéia de que viviam isolados do restante da população local, distraídos em puerilidades e estudantadas (Nogueira, 1977).

Contudo, no rol de testemunhas dos processos criminais e cíveis do período, eles aparecem travando relações intensas com pessoas de diferentes condições, como pardos pobres, praças, empregados públicos, escravos e mulheres cativas ou forras que alugavam seus serviços (AC, ordem 3913, 1848).

A cidade de São Paulo foi contemplada com muitos estudos nos anos 1990, como já foi visto. Um deles, *São Paulo*, de Suely Robles de Queiroz, bastante sintonizada com a interpretação de Richard Morse, não deixou de valorizar 1765 como marco do período que fundamentaria a projeção futura da capitania. Nesse ano, a capitania reconquistou a autonomia administrativa, e o governo de D. Luís Antonio de Souza Botelho Mourão estimulou o desenvolvimento econômico, especialmente agrícola. Com mais segurança do que Morse, Suely Robles concluiu que desta data até 1870, em vez de abatimento, vigorou a fase de "gestação da urbe" (Queiroz, 1992, p.121).

Para ela, várias circunstâncias se conjugaram para isso: o declínio da produção aurífera em Minas Gerais, que levou a Coroa portuguesa a incentivar a economia tropical; a conjuntura internacional favorável, devido à desarticulação do mercado antilhano pela revolução francesa e ao conflito dos Estados Unidos com a Inglaterra (ibidem, p.122).

Esta foi uma fase, portanto, de expansão da exportação de algodão e açúcar da colônia, e São Paulo participou desse circuito, com produção bem menor em relação a Salvador e Pernambuco, mas suficiente para intensificar as atividades comerciais no interior de seu perímetro, continuando, assim, um processo em andamento desde o século XVII e que contou com a expansão da lavoura canavieira na província, a maior necessidade de animais para transporte e a presença próxima da Corte como potencial mercado consumidor.

Essa característica de economia comercial interna torna inadequado comparar a expansão da capital de São Paulo com a de outras províncias, como Salvador, Olinda e Vila Rica, agregadas ao organismo Metrópole–colônia como mercados exportadores, precoces centros urbanos coloniais, com apuradas atividades comerciais e artísticas. O que ocorreu na capital paulista do período 1808-1850 foi a intensificação econômica voltada em certa medida para o exterior, com o açúcar, e amplamente para o mercado interno, por meio da comercialização de animais, alimentos e do transporte em lombo de burro, geradora, portanto, de outros níveis e padrões de riqueza.

Tão importante foi a economia do açúcar neste quadro de condições favoráveis que já se escreveu:

> embora sem a dimensão e a importância alcançadas no Nordeste e no Rio de Janeiro, o ciclo do açúcar paulista repercutiu fundamentalmente na evolução histórica de São Paulo, preparando a infra-estrutura que viabilizaria a produção cafeeira. (Ibidem, p.123)

A produção de açúcar em alguns municípios paulistas, mesmo modesta, e o seu transporte em lombos de burros motivaram a expansão viária do planalto e melhoraram o Caminho do Mar (ibidem). Na capital, aumentaram a circulação de trabalhadores livres e escravos, e estimularam uma série de atividades de retaguarda às tropas, como pastos de aluguel, estalagens, pousadas, ofícios como o de seleiro e todos aqueles voltados para a indumentária de tropeiros, e principalmente o comércio miúdo de alimentos das ruas, não só de quitandeiras, mas também de criadores de capados, vendedores de carne e produtos da terra – todos tipos de atividade boa parte devotados às pessoas de passagem. Multiplicaram-se também as vendas. Tais elementos, portanto, amadureciam ainda mais o mercado interno.

Alguns estudos chegaram a admitir que a prosperidade agrícola da província não refletiu em sua capital (Fernandes apud Queiróz,

1992, p.126), mas é preciso levar em conta sua natural condição de passagem obrigatória, pois, conforme os campos da província eram semeados, frutificava a cidade como núcleo de relevo no comércio regional. Em seu cerne, contudo, talvez não tenha havido um crescimento demográfico semelhante ao da capitania. Em 1815, por exemplo, sua população era, provavelmente, de 326.902 habitantes, ao passo que na capital não passava de 25.313 esse número e em 1836 diminuiu para 21.488 (ibidem, p.126).

Contudo, se a compararmos não com a província, mas com alguns de seus municípios economicamente mais prósperos, veremos que a capital possuía índices populacionais mais elevados do que Itu (11.146), Porto Feliz (11.293), Sorocaba (11.133), São Carlos (6.689), Santos (5.863) e Curitiba (16.157) (Muller, 1838, p.137-60). Embora seja conhecida a imprecisão dos dados demográficos na história do Brasil, podem ser feitas algumas deduções do quadro aproximado desses indicadores numéricos.

Diante da histórica característica movediça da sociedade paulista, os dados demográficos disponíveis devem ser interpretados com cuidado, pois podem ter escapado das malhas quantificadoras oficiais; estudiosos importantes já chamavam a atenção para a imprecisão dos recenseamentos (Holanda, 1966).

O movimento, porém, é um elemento explicativo imprescindível para o entendimento da sociedade e da cidade de São Paulo. Reforça-o a constatação do envolvimento tanto da elite local como de boa parte dos trabalhadores livres ou cativos com o comércio de abastecimento e de animais, metidos, portanto, numa existência essencialmente andeja, que influenciaria outras esferas da organização social e econômica local, principalmente a das estratégias informais de sobrevivência da população de livres, forros e escravos.

A produção, o transporte e o comércio do açúcar, embora não tenham promovido crescimento demográfico na cidade, geraram movimentação monetária, de serviços e segmento sociais. O peculiar na evolução histórica da capital é que seu dinamismo não esteve necessariamente relacionado ao crescimento e à sedentarização da população, mas aos deslocamentos humanos periódicos, tanto internos como externos, e é nessa perspectiva que se percebem as mudanças econômico-sociais provocadas pelo comércio de abastecimento, pela lavoura de cana-de-açúcar, transporte de tropas e pelo negócio de animais.

Em 1836, a produção monetária da capital era de 100 contos de réis, portanto bastante inferior às de Campinas e Mogy-Mirim, com 308 contos cada uma. Outros doze municípios também tinham rendimentos mais elevados (Muller, 1838, p.126). As perspectivas econômicas dessas zonas rurais paulistas seduziam os agricultores de posses, e investigações na documentação camerária podem revelar como negociantes da capital tiraram proveito do trânsito dos cargueiros de açúcar pela cidade graças à cobrança de impostos, principalmente os de travessia das pontes.

Nas atividades de retaguarda aos cargueiros de açúcar e alimentos e ao negócio com animais ocorria também a geração de recursos monetários que se concentravam no bolso do avental da quitandeira, na algibeira dos pequenos plantadores, criadores e artífices dos negócios de tropas, nas gavetas das estalagens, pousadas e vendas, nos cantos sigilosos das moradias de senhores e senhoras de pastos.

Nessa esfera é impossível qualquer tipo de contabilidade mais precisa, mas há sugestões de que a produção e a circulação monetária na capital tomaram também outros trajetos. Para os segmentos ligados às atividades de retaguarda, interessava a passagem do açúcar, dos mantimentos e dos animais, o que intensificava a vida econômica e social da cidade.

Tal intensificação, nos anos 1808-50, não pode ser procurada, portanto, na expansão da área urbana da capital, que foi lenta, no crescimento dos índices demográficos e de sedentarização de escravos e livres, nos valores monetários produzidos e quantificáveis, mas na movimentação nas ruas e no funcionamento de uma micro economia de retaguarda ao transporte e ao comércio do açúcar, dos alimentos e ao negócio com animais. Desconsiderar tais questões faz que a capital seja vista apenas como vila colonial abatida, paralisada econômica e socialmente, principalmente quando comparada a outros municípios da própria capitania e a capitais de outras províncias.

O que torna interessante o estudo da cidade de São Paulo desse período é justamente essa característica da sua evolução histórica e a possibilidade de entender as nuanças de um processo que não se deu de súbito com o *boom* do café, a partir da segunda metade do século XIX, mas amadureceu com lentidão relativa, através de uma trajetória crescente e incessante das forças de mudança.

O crescimento social, demográfico e econômico foi visível na província. Na capital, com área ainda bastante semelhante aos tempos da colônia, mudanças mais profundas latejariam ao longo de toda a primeira metade do século XIX.

Com mais trabalhadores livres ou escravos, oriundos de vários pontos da província e do Império independente, transitando pela capital e se reunindo nos momentos de pouso dos cargueiros, as preocupações das instâncias normativas aumentaram. No perímetro urbano de uma cidade comercial com intensa movimentação humana, o contexto de instauração de uma nova ordem política traduziu-se em atenção cautelosa aos ajuntamentos de população, algo muito favorecido pelo próprio traçado das cidades coloniais, que tradicionalmente avizinhava a morada térrea e o sobrado.

Cada vez mais os locais de reunião passaram a ser atentamente vigiados pelas autoridades, como as pontes que se espalhavam por uma cidade entrecortada por riachos e rios. Mais do que utilizá-las para simples passagem, nelas os diferentes segmentos sociais se encontravam para conversar: o negro pescador, a quintandeira, a senhora, os estudantes, acostumados a avançar pela noite sentados em seus parapeitos (ACi, ordem 3415, 1847).

Por serem locais de passagem, eram preferidos pelas vendas, como a casa de negócio na ponte do Lorena, perto do Piques – e muito próxima também dos pastos do Bixiga pousavam muitas tropas e muitos tropeiros –, ponto de reunião de muitos negociantes "e pessoas de toda capacidade", que vinham em procura dos gêneros trazidos pelos tropeiros para "surtimento de seus armazéns" (P, ordem 2451, 1848). Pastos como os do Bixiga, pouso de muitos trabalhadores de tropas e de negócios de animais, também eram margeados por essas vendas.

Além do relevo e da hidrografia, outro motivo para a escolha da região de fundação da vila de São Paulo foi a imensa clareira natural de floresta que por ela se espalhava, servindo como defesa contra o gentio e formando os campos de Piratininga (Prado Jr., 1972, p.96).

Os jesuítas, primeiros colonizadores, escolheram como ponto de fixação o alto de uma colina, de onde vislumbravam um horizonte amplo, que denunciava a aproximação de quem quer que fosse (ibidem, p.99). Era a antiga várzea do Carmo, arranhada pelo rio Tamanduateí.

Deste local, alcançava-se a subida da Glória – no atual bairro da Liberdade – e da Tabatinguera. A igreja da Boa Morte, na esquina da subida da Tabatinguera, situava-se na entrada da cidade e sua torre servia como ponto de observação, do qual se avistava toda a planície do Lavapés, o Cambuci, os córregos afluentes do Tamanduateí e a chegada de autoridades civis e eclesiásticas vindas de Santos ou do Rio de Janeiro pela estrada do Ipiranga.

Esta virtude da região pode ser percebida na aquarela a seguir (Figura 4), que apresenta à esquerda da Igreja e convento do Carmo – como então passou a se chamar a Igreja da Boa Morte – a várzea de mesmo nome e o rio Tamanduateí, com a estrada para o Rio de Janeiro que passava pelo Brás e pela Penha.

O pintor de paisagens Thomas Ender, nascido em Viena, veio ao Brasil na missão que acompanhou a arquiduquesa Leopoldina. Fez rápida passagem por São Paulo, interrompida por problemas de saúde, na companhia de Spix e Martius. Nesta aquarela traduziu essencialmente o aspecto arquitetônico e físico da várzea do Carmo.

Do material iconográfico sobre São Paulo conhecido até o momento, percebe-se que os artistas tenderam a não registrar tipos ou o movimento humano nas ruas e junto aos edifícios da cidade, o que pode ter estimulado a visão de uma cidade vazia e sem vida social.

Além disso, os registros iconográficos paulistas parecem quase acidentais. Muitos pintores e desenhistas parecem ter visitado a cidade na condição de passageiros, a caminho de Minas Gerais ou de outras regiões. O Rio de Janeiro, porta de entrada dos viajantes ao Brasil, favoreceu-se amplamente do interesse de artistas profissionais e amadores.

Figura 4 – *Convento do Carmo em São Paulo* (1817), Thomas Ender (Kupferstichkabinett der Akademie der bildenden Künste, Viena).

Gilberto Ferrez, um dos maiores pesquisadores da iconografia do século XIX, catalogou quase oito mil registros diferentes sobre a capital da Corte, entre gravuras, óleos e desenhos (ibidem, p.11-2). Salvador e Recife, centros urbanos costeiros sedentários, estruturados com os recursos arquitetônicos, artísticos e populacionais próprios de meios sociais fixos, também foram amplamente retratados.

A característica movediça do planalto influenciou o próprio movimento dos artistas. Acompanhando os fluxos da população e do comércio, também vinham a cidade apenas com o intuito de passagem, sem intenção de retorno, já que, como forasteiros, não compartilhavam a dialética do partir-voltar.

Como artistas de passagem, priorizaram as vistas da cidade, suas entradas, ruas, pontes, rios. Desenharam e pintaram como se estivessem em movimento. Cruzando, contudo, o material iconográfico conhecido e disponível com a documentação escrita, chega-se à característica movediça da sociedade paulista.

Trabalho e mobilidade

Dez anos depois da aquarela de Thomas Ender, o lápis do botânico e pintor inglês William John Burchell também tomou a entrada de São Paulo pela Várzea do Carmo de um ponto de vista semelhante, vazia, apenas com o esboço de uma ou duas pessoas inidentificáveis em suas posições raciais ou sociais (ibidem, p.113).

Foi somente Jean-Baptiste Debret, no mesmo ano do lápis de Burchell, que apanhou em sua aquarela, a intensidade dessa região, com o trânsito incessante de tropas, mas acima de tudo de tropeiros e trabalhadores a pé ou a cavalo, que não deviam passar despercebidos aos olhos das lavadeiras da beira do Tamanduateí e dos moradores das chácaras da região.

A presença das lavadeiras na várzea do Carmo, amplamente ressaltada tanto por memorialistas como por historiadores, não era uma presença pitoresca e lasciva às margens do Tamanduateí, mas

Figura 5 – Entrada de São Paulo pelo caminho do Rio de Janeiro, Copa Convento das Carmelitas (1827), Jean-Baptiste Debret (Coleção particular).

parte do universo social da cidade. O fato de estarem rotineiramente numa via de passagem, favorável aos contatos contínuos com trabalhadores de tropas e tropeiros, pode tê-las feito as primeiras receptoras das notícias que esses homens do caminho eventualmente traziam, espalhando-as em boatos que muito preocuparam as autoridades policiais locais.

Em contraste com os vazios propostos por outros artistas para a várzea do Carmo e a beira do Tamanduateí, Arnaud Julien Pallière, que chegou ao Brasil em 1817, no navio que conduzia a futura imperatriz Leopoldina, registrou essas lavadeiras e a movimentação social nesse pedaço da cidade (Figura 6).

Toda a região da Tabatinguera e a várzea do Carmo também era ponto de freqüentes tensões, como alertavam as autoridades locais: confusões, brigas, combinações lícitas e ilícitas. Por ser lugar de trânsito, de encontro de gente de diferentes províncias ou mesmo da própria capital, em viagens de tropa e negócios de animais, nele confluíam pessoas de diferentes etnias, raças e condições sociais.

Localizava-se ali a bica do Gaio, muito freqüentada por escravos domésticos, e que aproveitavam a obrigação de buscar água para ajustes e acordos imprescindíveis na sobrevivência cotidiana. Costumavam meter-se em jogos de búzios à beira dessa bica (RGC, 4.11.1831), valendo-se do trânsito e da aglomeração de gente. Em meio às atividades de retaguarda aos cargueiros de alimentos, cana-de-açúcar e animais cativos, metiam-se em tantas negociatas com tropeiros que muitas vezes elas se desdobravam em situações de tensões e conflitos.

Numa ocasião, um tropeiro arranchado com seus trabalhadores ao lado de certa chácara pediu a um escravo que guardasse consigo uma arma até sua partida. Ao entrar na cozinha de seu senhor, esse escravo encontrou-se com um africano que ali se achava acompanhando uma visita. Em meio às saudações e conversas, a arma disparou acidentalmente, ferindo mortalmente o africano. O réu também era da África, de Moçambique, e trabalhava como oficial de pedreiro (AC, ordem 3922, 1850).

Figura 6 – Panorama da cidade de São Paulo, visto do rio Tamanduateí (1821), Arnaud Julien Pallière (Coleção Beatriz e Mário Pimenta Camargo).

Somavam-se ainda ao trânsito incessante de tropas e tropeiros os moradores locais, livres ou escravos, que esperavam os tempos de seca para fazer seus passeios nas margens contíguas do Tamanduateí. Tal era esse costume, que chegou-se a pedir a tapagem ou o encanamento desse rio (RGC, 26.07.1824), o que de fato ocorreu ao longo de governos posteriores.

Mas esses passeios, o trânsito de gente e a reunião de escravos na bica do Gaio não traduziam um cenário social idílico. A conjugação de dessemelhanças raciais, étnicas e sociais alimentava um potencial de tensões, que impedia ao pequeno núcleo urbano paulista qualquer possibilidade de funcionar como uma comunidade auto-suficiente, mantenedora de antigas tradições irretocáveis e com relações estritamente familiares, pessoais e estáveis.

Nos locais de maior concentração e trânsito, conflitos surgiam a todo momento e mobilizavam as autoridades policiais, como quando encontraram na Tabatinguera, ferido na cabeça, um sujeito que atribuía a alguns tropeiros, havia três dias arranchados no Brás, as bordoadas que levara e tinham lhe causado as tais feridas (P, ordem 2440, 843). Essa combinação de disparidades sociais, de moradores e passageiros, estimulada pelos ritmos da cidade, tornava ainda mais tensas as relações sociais, em boa parte também provisórias.

Nessa mesma tumultuária região da Tabatinguera ficava o trem bélico, local de armazenamento do armamento militar que costumava alugar escravos para que tomasem conta do arsenal de armas. Um dia de trabalho desses cativos de aluguel podia facilmente terminar em alguma das várias tabernas que viviam abertas nessa região (PA, v. 48, 1833).

Uma população predominantemente em movimento era a da capital. Pelo beco da rua da Casa Santa (atual rua Riachuelo) e na capela da Consolação, por exemplo, passavam incessantemente os carregamentos de açúcar e outros gêneros das vilas do sul (PA, v.41, 1832). Tropeiros não paravam de aportar ao pé de chácaras e sítios, pedindo passagem pelos rios e ruas, como um que queria passar com bestas bravas, por estar o pasto dos lázaros muito cheio (PA, 20.1.1826 e v.41, 1832).

À freguesia do Brás exigia-se sempre a presença de um inspetor, não só pelo número de sua população, mas pela freqüência de tropeiros e passageiros (PA, v. 108, 1842), já que na divisa com a Penha fazia-se o rodeio das tropas que seguiam para o Rio de Janeiro (PA, v.42, 1832).

Muitos dos que residiam ou atravessavam a cidade tinham alguma relação com negócios de vender animais e de andar sempre conduzindo "açúcar e mais" para a vila de Santos (ACi, ordem 3670, 1811-13). Em boa parte das fontes, os homens aparecem ausentando-se para a vila de São Carlos, em negócios, em serviços de amansar bestas para os lados de Parnaíba, com conduções de tropa para o Cubatão de Santos, criando bestas nos Campos de Santo Amaro (ACi, ordem 3672, 1818).

Desde as últimas décadas do século XVIII o intercâmbio Santos–planalto e vice-versa marcou a sociedade do núcleo urbano e a própria capitania. A todo momento negociantes saíam de Santos e chegavam à cidade incumbidos de vender algum produto, comestível ou de uso doméstico e de trabalho (ACi, ordem 3682, 1842).

Em outras ocasiões, pegando cargas para conduzir para Santos, esses tropeiros ou seus trabalhadores apertavam-se em litígios de sedução de jovens com mães e pais vizinhos aos ranchos em que provisoriamente se estabeleciam (ACi, APESP, ordem 3390, 1823).

Entre o planalto e o litoral, pelo Caminho do Mar, o trânsito era intenso, de modo que o sistema cidade–Caminho do Mar–Santos tornou-se a espinha dorsal do organismo econômico da capitania. O núcleo urbano, ponto obrigatório de passagem desse sistema, viu-se diante de novos estímulos econômicos e sociais (Prado Jr., 1972, p.106-7).

O comércio de fazendas e molhados andava *pari passu* com o negócio de viagens com mulas, e a elite local manejava um e outro conforme ditassem as circunstâncias. No romance *Rozaura, a enjeitada*, ambientado na cidade de 1845, dois personagens representavam esse tipo social característico da cidade: muladeiros de muitos anos, o que lhes dava fortuna e posição respeitável na sociedade (Guimarães, 1914).

Singularmente extensa era a camada social dos lojistas e comerciantes, tanto miúdos como mais abastados (Holanda, 1972). Nos livros de "correições" – livros de controle de tributos e pesos e medidas desses estabelecimentos – da Câmara sucedem-se os registros de casas de negócio, como nas ruas da Cadeia (atual 7 de setembro), da Casa Santa (atual Riachuelo), do Carmo, São Gonçalo e travessa de Santa Thereza (atual Wenceslau Brás), de propriedade tanto de homens como de mulheres. Aliás, à frente destes estabelecimentos via-se muita mão feminina (LC 1815-1835), com boa parte dessas mulheres conduzindo também negócios de tropa.

Escritores do tempo se inspiraram em situações assim ao compor enredos como os de nhá Tuca, de *Rozaura, a enjeitada*, mulher dos seus 50 e muitos anos, moradora numa Quinta onde vendia aguardente, fumo, quitanda e dava pousada aos viandantes que assiduamente atravessavam os caminhos da cidade (Guimarães, 1914, p.249).

Nas bandas do rio Anhangabaú de cima, no sítio Bixiga, onde hoje está o bairro de mesmo nome, uma senhora envolvida com o processo de servidão pública de pasto e lenha também vivia de oferecer "rancho e poiso" a tropeiros (PA, v.25, 1827). Para as bandas de Itaquera, na estrada que seguia para Mogi das Cruzes, havia muito rancho e pouso de tropeiro, onde se hospedavam muitos dos que iam ou vinham do Rio de Janeiro (AC, ordem 3914, 1850). Conforme as tropas de animais para venda e cargueiros de alimentos e cana-de-açúcar passavam pela cidade, avivavam essas esferas de retaguarda, ou seja, de um conjunto de serviços que atendiam a suas necessidades.

Consta na administração da ponte dos Pinheiros que por ela passavam 140 bestas de uma vez, às vezes "duzentas e tantas", as mais miúdas com quarenta animais (PA, 2.5.1829). Do costume de andarem os homens atrás do negócio de gado vacum e muar nas partes do Rio Grande do Sul e de serem soldados na banda oriental, ao longo do século XVIII, a cultura da sociedade paulista tomou de empréstimo elementos gaúchos, como o poncho, largamente usado por viajantes, tropeiros e trabalhadores das tropas, e que nas iconografias sempre aparece pendendo dos ombros das gentes deste segmento. Uma peça de vestuário largamente usada e que também indicava posição social e ocupacional. Por ser uma capa cortada de modo arredondado e com pequena abertura central para passar a cabeça, facilitava o manejo dos braços no lidar com os animais, mesmo em regiões frias que exigiam maior agasalho.

A textura do tecido e os detalhes da gola estampavam a posição social: próspera e elevada se acompanhada de botinas e esporas, como se vê na aquarela de Hildebrandt e na gravura em água-tinta de Chamberlain (Figuras 7 e 8). Trabalhadores de tropas ou tropeiros e viajantes menos abastados não abriam mão do poncho, mesmo com os pés descalços, como registrou Thomas Ender.

Livres ou cativos metiam-se a todo momento em negócios de viagem, o que atenuava os rigores da escravidão, já que os escravos viviam margeando a condição de liberdade, como no caso de um que indagou a uma escrava a razão de aturar seu senhor, convidando-a a fugir, pois estava pronto para viajar e tão cedo não voltaria (Q, ordem 6019, 1828).

A condição de pólo de abastecimento, o predomínio da lavoura de alimentos com largo uso da mão-de-obra indígena, num primeiro momento – posteriormente baseada mais enfaticamente no trabalho familiar e vicinal –, e a ampla mobilidade propiciada por esse universo socioeconômico resultaram em relações escravistas menos rígidas, afrouxando ligações mais severas baseadas na posse de uns sobre outros, embora não eliminassem e talvez até asseverassem o potencial de tensão dessas relações.

Assim, a característica movediça do cotidiano na cidade foi um ingrediente a mais para fortalecer as margens de autonomia próprias à experiência urbana da escravidão (Viotti da Costa, 1989; Mezan, 1988; Chalhoub, 1990; Soares, 1999). Na cidade de São Paulo, a população cativa era bastante diminuta, girando em torno de 2.845 negros em 1836. Modestíssima se comparada às do Rio de Janeiro de 1808, cuja população total estava por volta de sessenta mil a oitenta mil habitantes, metade dela escrava, do Maranhão de 1820 (36.456) e do Piauí (21.526). Era também inferior à de outras cidades da própria província, como São Carlos (3.917), Itu (4.709) e Porto Feliz (3.177) (Muller, 1838, p.160-1).

Figura 7 – *São Paulo* (abril de 1844), Eduard Hildebrandt (Instituto de Estudos Brasileiros, USP).

Figura 8 – *Tropeiros ou arrieiros* (1822), Henry Chamberlain (Coleção Beatriz e Mário Pimenta Camargo).

Figura 9 – Paulistas (1817), Thomas Ender (Kupferstichkabinnet der Akademie der bildenden Künste, Viena).

A escravidão na capital obedeceu, portanto, a um processo histórico específico, com índices demográficos baixos e íntima relação com o deslocamento, o que não atenuou o potencial de tensão e o teor violento próprios de sociedades senhoriais e hierárquicas. Mas, como em todas as faixas urbanas, o escravo vivia a meio passo da condição de livre.

Senhores ou senhoras pobres e remediados afligiam-se com os apuros de seus escravos, dada a forte relação de dependência e familiar que os unia. Por isso uma senhora recorreu a justiça aos prantos, dizendo que sua mãe ao morrer havia lhe deixado um escravo, oficial de alfaiate, sob a condição de desfrutar seus serviços para sua alimentação até o fim de seus dias. Ele, porém fora preso, deixando-a, assim, numa situação de miséria; diante de sua vida de pobreza e total desamparo pedia a soltura do dito escravo (OC, ordem 865, 1826-7).

Na condição de chefes de família, que incluía seus senhores, esses escravos moviam-se com desenvoltura pelas ruas da cidade, exerciam ofícios, trabalhavam nas lojas (P, ordem 2443, 1845) e nas casas de outros, ampliando seu círculo de contatos e relações. Eram sapateiros (OC, ordem 864, 1831), carpinteiros, lavadeiras (AC, ordem 3919, 1850) e as tão conhecidas quitandeiras de *Cotidiano e poder* (Dias, 1995). Escravas viviam de cozer e alugar-se em casas alheias (AC, ordem 3902, 1850). Outros lidavam com enxada, carro, ou seja, transporte de lenha e capim (AC, ordem 3918, 1850).

Tamanha era a autonomia conquistada pelo trabalho e pelo manejo dos ofícios, que viviam metidos em arranjos de seus próprios negócios, como o escravo penhorado da Fazenda Nacional que combinou com um caipira de seu convívio levar e vender na cidade um cargueiro de aves de sua criação (ACi, ordem 3675, 1830). Assim, nos núcleos urbanos do século XIX, o trabalho para o escravo era mais um meio de autonomia do que de subjugação.

Muitos eram incumbidos das responsabilidades de caixeiros de loja (FP, 28 de janeiro de 1830), com confiança suficiente para manipular os ganhos de seus senhores, mesmo aqueles aos quais se achavam alugados. O caráter movediço da escravidão nas cidades, sempre permitiu aos negros cativos amplas possibilidades de circulação e intensa vida social, algo que na capital foi reforçado com o trânsito dos cargueiros de açúcar.

Assim, conforme a escravidão tornava-se uma problemática a ser levada seriamente em consideração na constituição de uma nova ordem política, no contexto de uma cidade como São Paulo estimulava maior previdência das autoridades municipais e policiais em relação à movimentação dos escravos e da gente de cor.

Em todas as províncias, a dissolução do organismo Metrópole–Colônia arrastou o problema da escravidão. A bem-sucedida transação da independência veio acompanhada da inquietante questão: como fincar as bases de um Estado homogêneo, política e socialmente estável, centralizado a partir da Corte do Rio de Janeiro, diante de tamanha população negra e escrava?

No contexto dos municípios esta indagação materializou-se em atuações reformistas que antecederam 1822 e ganharam vigor posteriormente, graças a um esforço insistente em tolher os passos dos cativos, mas dos livres também, já que o predomínio da população livre de cor numa sociedade escravista gerava constantes confusões entre pessoas de condição livre e cativa.

Na capital, mesmo com as coibições da Câmara, esses escravos, que mais pareciam gente livre, tenderam a se esparramar por todos os pátios, chafarizes, becos e bandas, urdindo a trama social da cidade em lugares de trânsito comum a outros segmentos sociais, como tropeiros, vigários, trabalhadores livres, permanentes, sentinelas, caipiras, mulheres forras, livres e escravas, estudantes, estrangeiros.

Ruas com muitas tabernas – elas se multiplicavam na cidade, assim como em todas as províncias – atraíam escravos em grupos, como acontecia na rua do Comércio, patrulhada com mais freqüência e atenção pelos policiais (PA, v.56, 1840; OC, ordem 867, 23.7. 1831).

No pátio de São Francisco, onde havia uma fonte d'água e circulavam professores e estudantes do curso jurídico, forros e escravos se entretinham com jogos e richas (FP, 13.2.1830). Onde vibrava o comércio miúdo, juntavam-se escravos, metidos com quitandeiras, "grupos do povo", cargueiros de toicinhos, quando não eram os próprios negociantes andarilhos de suas mercadorias ou das de seus senhores, como acontecia na rua da Quitanda, ponto quase intransitável da cidade, como dizia um contemporâneo (PA, v.25, 1827).

Em razão do espaço que ofereciam, inclusive com amplas possibilidades de fuga diante dos, às vezes, imprevisíveis trajetos das rondas policiais, os pátios eram preferidos para essas reuniões escravas, mesmo que dessem para a frente dos edifícios mais representativos da correção, como acontecia no pátio da Cadeia (hoje Praça João Mendes), sempre com "rodinha de pretos cativos" (NFP, 14.3.1832). O costume do aluguel de casas para escravos, para funções de ajuntamentos e batuques, na rua da Cruz Preta (atual Quintino Bocaiúva), da Quitanda e do Comércio foi amplamente combatido nos anos 1808-1850 (FP, 13.2.1830; RGC, 4.2.1832; JP, ordem 4343, 1830).

A condição de escravo urbano, de ofício, ganho ou aluguel, estimulava essa existência em reunião por pontos certos da cidade. Uma sociedade populacionalmente movediça como a da capital dava aos escravos e forasteiros de toda espécie e índole a confortante segurança de dissimular sua condição, com êxito, em meio aos fluxos fisionômicos e de sotaques.

Esse caráter da cidade de São Paulo de receptora de movimentação humana oriunda de vários pontos do Império estimulou muitos conflitos de cunho localista no contexto cotidiano dos escravos, como ocorreu em certa ocasião, na freguesia do Brás, local de passagem e pouso, quando afluíram cinqüenta ou sessenta escravos, armados com facas e paus, e se puseram defronte ao portão da chácara de um padre, desafiando seus escravos ladinos.

Sabe-se que os desafiados prontamente se prepararam para a luta, junto com outros "30 e tantos" de passagem pela chácara, já que "custeados" por dois anos. Indagados sobre tamanha fúria, disseram que "queriam mostrar aos negros cariocas a pimponeza dos negros paulistas" (OC, ordem 867, 5.3.1831).

Localismos e outras dúvidas que se transformavam em brigas e até assassinatos aconteciam nos ranchos, pastos e entradas da cidade, como ocorreu no campo do Lavapés, que seguia em direção a Santos (P, ordem 2443, 1845; e Juízes de Paz, 4843, 1830) ou nos pastos do Bixiga, local onde os "fugidos" se misturavam com "brancos do povo" e escravos, formando "magotes com jogos de búzios e cartas, lutas de paus, pedras, facas" (OC, ordem 864, 2.4.1832).

Os lugares que concentravam passantes, forasteiros envolvidos com viagens de tropas, comércio de animais e cargueiros de mercadorias tendiam a ser preferidos pelos cativos devido às possibilidades de trabalho, ganho, acertos, tratos e relações, animando a freqüentação desenfreada pelos lados do Carmo, um dos pontos importantes de entrada da cidade (OC, ordem 864, 20.6.1831).

Os negócios com animais não envolviam apenas os segmentos mais abastados; havia também os senhores de pequenas tropas ou de um ou outro animal, sempre ocupados em aturada faina diária. Saint-Hilaire socorreu-se nos serviços de um destes, combinando o preço de oito burros de aluguel com um tropeiro, para transportar ao Rio de Janeiro pastas de suas coleções de plantas, insetos e passarinhos (Saint-Hilaire, 1974, p.89). Estes modestos muladeiros não escaparam aos lápis e aquarelas de Thomas Ender (Figura 10).

Figura 10 – *Tropeiros* (1817), Thomas Ender (Kupferstichkabinnet der Akademie der bildenden Künste, Viena).

Na sociedade do núcleo urbano paulista, dos anos 1808-1850, as hierarquias se afrouxavam nos arranjos de tropas e viagens, aproximando os segmentos sociais e acentuando o potencial de tensão da vida social. Assim como em outras cidades do mesmo período, na cidade de São Paulo, além de os mais abastados viverem bastante estreitados aos menos afortunados, o percurso da ascensão social era curto, pois a posse de dois ou mais muares – ou mesmo escravos – era um meio de elevação à condição de senhor; como em várias cidades do período, não era incomum um negro tornar-se negociante com reconhecimento e distinção.

A posição central ocupada pelo negociante na litografia a seguir (Figura 11), o vestuário, o tipo de chapéu, o porte e os acessórios do

SOCIEDADE MOVEDIÇA 65

Figura 11 – *Negociantes paulistas de cavalos* (s. d.), Jean-Baptiste Debret e viscondessa de Portes (del) (Biblioteca Municipal Mário de Andrade).

cavalo indicam sua posição social elevada. Se comparado ao trabalhador à esquerda da figura, debruçado sobre uma mula, percebe-se que são da mesma cor, distinguindo-os apenas o vestuário e posição.

Na gravura de Henry Chamberlain (Figura 8, p.59), aparece o líder das tropas, o tropeiro, à frente, metido em viagem com seus trabalhadores, algo que aproximava-os sobremaneira.

Na sociedade do Brasil Colônia e do Império as hierarquias nunca foram rigorosas e posições de prestígio não eram vedadas a pessoas oriundas da camada popular ou de origem negra e escrava. As fronteiras sociais sempre foram tênues, e numa sociedade comercial como São Paulo os mais abonados não se incomodavam em exercer, em certas ocasiões, ofícios considerados indignos de sua condição (Holanda, 1966, p.65). Ainda assim, o meio era fortemente senhorial.

A mesma fluidez da organização espacial da cidade transparecia na população e na estrutura social. Hierarquias afrouxadas pela organização do serviço das tropas eram reforçadas, ainda, pela proximidade da moradia de ricos e pobres, como ocorria em outras capitais e cidades, pois na mesma rua havia lugar para a casa da padeira e do capitão-mor.

Na rua do ouvidor (atual José Bonifácio), eram vizinhos uma padeira, uma doceira, um fogueteiro, algumas costureiras, uma rendadeira, o capitão-mor e um negociante de fazendas secas. Na de São Bento, que ainda mantém a mesma denominação, trabalhadores de ofícios manuais vizinhavam com oficiais de patente elevada, posição ocupada apenas pelos mais abonados. O mesmo acontecia em quase todas as outras ruas da cidade (Gaspar, 1969).

As hierarquias eram tão movediças que quase diluíam-se numa viagem de negócios, no pouso comum, na morada em mesma rua. Transpareciam, contudo, na patente militar, no vestuário descrito e pintado por cronistas e artistas, na moradia, na posição ocupada numa viagem de tropas. Essa proximidade entre os segmentos sociais, dos mais abonados aos pobres, livres ou cativos, gerou formas de convívio bastante íntimas, baseadas em solidariedades mútuas, mas também potencialmente tensas, muitas vezes desdobradas em violências.

Numa sociedade de hierarquias tão voláteis como a do núcleo urbano paulista, um índio facilmente ocupava cargo de juiz vintenário,[6] como acontecia com Thimoteo dos Reis, na freguesia de São Miguel (PA, 19.11.1827).

Os índios foram presença inegável nessa sociedade ao longo de uma época em que a literatura historiográfica ou memorialista os considerou desaparecidos junto com os antigos aldeamentos de Nossa Senhora da Conceição de Guarulhos, São Miguel, Pinheiros, Mboy, Barueri, Carapicuíba, Itaquaquecetuba.[7]

Poucos foram aqueles que, muito rapidamente, deixaram algumas indicações sobre os índios domésticos que confeccionavam louças de barro para cozinha, grandes moringas e outros utensílios (Holanda, 1972, p.427). Forasteiros do tempo notaram que nos arrabaldes muitos destes "crioulos índios" fabricavam potes e vários outros objetos de barro, consumidíssimos entre a população no preparo da comida e no carregamento de água (Beyer, 1907, p.288).

Um lápis aquarelado de Thomas Ender atesta o uso dessas moringas e desses potes confeccionados pelas mãos de crioulos índios que compunham a louçaria das casas de uma sociedade que ainda abrigaria por muito tempo em seu seio esse outro matiz social de um cenário urbano ainda hoje vigorosamente multiface.

Na gravura de Eduard Hildebrandt intitulada *São Paulo* (Figura 7), uma mulher devidamente coberta com uma mantilha, como passou a ser mais comum entre as de menos recursos, segue com um desses potes à cabeça entre tropeiros e mulheres rebuçadas. Charles Landseer, numa iconografia não apresentada aqui, intitulada *Gente de São Paulo*, de 1827, também retratou uma mulher do povo, carregando um jarro sobre a cabeça, à moda portuguesa (Lago, 1998, p.97).

---

6 Eram nomeados pela Câmara, devendo conhecer e decidir, verbalmente, sobre as contendas dos moradores de sua jurisdição (Blaj, 2002, p.235).

7 Excetuam-se os estudos que abordam o tempo colonial. Neste caso, mesmo os memorialistas chamam a atenção para a presença aborígine na cidade. O esquecimento deles se dá ao longo da primeira metade do século XIX. Estudo fundamental sobre este segmento e seu largo uso como mão-de-obra no planalto é Monteiro, 1994.

Figura 12 – Facas e moringas paulistas (1817), Thomas Ender (Kupferstichkabinnet der Akademie der bildenden Künste, Viena).

Conta-se que quase todos, inclusive os mais abastados tinham panelas de barro, de vários formatos. Cuias e tigelas deste material não saíam da mesa do pobre ou remediado. Os potes de bojo grande e pescoço comprido, como pintou Ender e outros poucos artistas, as peruleiras – antiga vasilha com capacidade para cerca de 31,94 litros – para vinho e água fresca, botijas – vaso cilíndrico de boca estreita, gargalo curto e pequena asa – feitas na terra, nunca vidradas, para azeite. Essa indústria era habilmente manejada por mulheres, quase sempre caboclas ou crioulas, preservando os processos e técnicas indígenas nas localidades dos antigos aldeamentos (Moura, 1999).

O fim dessas aldeias não levou essa população e sua cultura ao desaparecimento, antes integrou-as mais ao núcleo urbano, do qual se arrancavam as possibilidades de sobrevivência.

As poteiras de Barueri, Pinheiros e Escada, depois que começaram as casinhas – o mercado – na rua da Quitanda, no fim do século XVIII, passaram, assim, a ter lugar certo para levar sua cerâmica (ibidem, p.23). Dessa forma, a intensificação do movimento e da economia da cidade, sob influxos do comércio de alimentos e animais, e da produção e do transporte do açúcar, arrastava consigo os outros segmentos sociais, fazendo-os ocupar mais intensamente o cenário urbano, e muitas vezes pondo em exercício práticas ancestrais. Para esses índios, então cada vez mais acaboclados, viver numa sociedade em processo de ajustamento político, econômico e social era reforçar sua presença com o que lhes haviam deixado seus antepassados.

Esta louçaria de barro encontrou um clima fértil para se manter num meio tributário da herança cultural indígena. Ao lado do barro, a cestaria de palha e o pilão de socar farinha de milho e mandioca também encontraram lugar para proliferar e eram vendidos nas lojas e vendas da cidade, como mostra o pincel de Edmund Pink.

O Palácio da Sola ficava no largo da Misericórdia e vêem-se as mercadorias expostas na porta de uma venda ou loja na rua do Comércio (atual Álvares Penteado), um dos pontos de mais intensa atividade social de então, atestando as conexões da cultura e da população indígena no universo urbano paulista.

A presença indígena, de índios que se acaboclavam, não foi algo exótico ou pitoresco na cidade. O próprio acaboclamento ou acaipiramento dessa população – há autores, como Sérgio Buarque de Holanda (1972), que falam em índios domésticos, numa clara alusão à mudança de sua condição – aponta as mudanças em curso na sociedade do núcleo urbano, em virtude do avanço da ocupação da terra com a finalidade de expansão dos serviços de retaguarda ao trânsito de cargueiros de alimentos, cana-de-açúcar e animais.[8]

O contexto da difusão dos ideais libertários e de liberdade pelos discursos da geração da independência – na imprensa, na literatura,

---

8 Cecília Oliveira constatou que a expansão de proprietários de engenhos e fazendas para as terras mais próximas da cidade do Rio de Janeiro estimulou o processo de mercantilização da terra, entre os anos 1770 e 1820, implicando o aniquilamento dos aldeamentos situados nas cercanias da cidade, com aval da Coroa Portuguesa. As fontes analisadas sugerem processo semelhante para a cidade de São Paulo (cf. Oliveira, 1999, p.76).

Figura 13 – Vista da cidade – Palácio da Sola (1823), Edmund Pink (Acervo de Artes da Bovespa).

nas tribunas e teatros – desdobrou-se no contexto fundiário da cidade e ajustou-se a argumentos costumeiros, alterando sua antiga estrutura e provocando o afastamento dos índios de suas antigas possessões. Coube a este segmento integrar-se intensamente aos outros segmentos sociais, a partir de sua própria arte e de suas tradições. Nesse processo acaboclaram-se, deixando para trás sua antiga condição de índios aldeados.

Nos idos de 1876, um trabalho sobre a província, apresentado na grande exposição industrial de Filadélfia, informava o desaparecimento dos aldeamentos indígenas, não só pela ocupação particular de seus terrenos, mas ainda pela mistura cada vez mais pronunciada de sua população com a "raça civilizada" (Godoy, 1978, p.138).

Ainda em 1848 o Palácio do Governo, numa postura aparentemente paradoxal, dirigiu-se às autoridades competentes, solicitando socorros à aldeia de São Miguel. Obteve resposta desfavorável, já que os índios eram considerados, então, "pessoas compreendidas na massa dos habitantes da província" e, portanto, "sujeitos ao foro comum", por não serem mais "cathecumenos" (DE, ordem E00733, 1848).

Talvez por isso Saint-Hilaire quase não os tenha percebido, tal sua mistura com o resto da população, tanto fixa como forasteira, embora faça menção à indignação de um proprietário de fazenda do "arraial dos Pinheiros", que, encravado "num lugarejo habitado por índios", constantemente tinha seus animais roubados. O convívio muito próximo entre os vários segmentos sociais fomentava tensões, que tanto poderiam manter-se incubadas como manifestar-se em conflitos.

Assim, o processo de ampliação da ocupação da terra no perímetro urbano e nos arredores do município, com finalidade comercial, interferindo na posse, absorveu os aldeamentos e forçou os índios a criar estratégias de reacomodação na sociedade. Acaipirados, passaram a levar seus produtos para as lojas e vendas das ruas da Quitanda, do Comércio e para as casinhas.

É bastante difícil quantificar a população indígena, mas Pedro Muller arriscou dizer que perfaziam 205 homens e 240 mulheres

(Muller, 1838, p.154). Em 1803, Antonio José da Franca e Horta elaborou um plano de redução das aldeias de São Paulo em freguesias. No documento, usou o argumento da "summa pobreza e sua pouca aplicação à industria ou agricultura", argumentando que os índios recusavam salários quando eram convocados para os trabalhos das obras públicas.

Defendia, portanto, que fossem tirados do jugo das aldeias, pois isso facilitaria o seu aproveitamento como mão-de-obra. Em sua opinião, melhor seria que vivessem "misturados com os brancos", em liberdade e sujeitos aos corpos de ordenanças, não aos diretores das aldeias, ficando livres para se estabelecer onde lhes fosse mais útil.

Esse argumento foi uma grande falácia, pois a liberdade preconizada favorecia mais o processo de avanço particular sobre terras de aldeamentos e de servidão pública antiqüíssima, reduzindo-as às mãos de poucos. Misturar os índios aos brancos foi uma estratégia das autoridades municipais para submeter as terras dos aldeamentos ao domínio privado ou público, tanto que as antigas aldeias se tornaram freguesias. O próprio Franca e Horta apontou o benefício de seu plano de redução das aldeias ao aumentar o número de povoações e paróquias (DI, v.4, p.113-6, 1803). Com isto, criavam mais condições para os serviços de retaguarda e a própria economia comercial da cidade.

Fragmentos étnicos, raciais, de localismos culturais e regionalismos historicamente enfeixados na capital adensaram-lhe o cenário urbano. Assim ocorreu com os alemães, estabelecidos primeiramente nas bandas de Santo Amaro e posteriormente dispersos pelas moradas do núcleo urbano e pela província. Um total provável de 926 alemães vieram sob apoio do Governo Geral, dos quais, 336 formaram um núcleo de colonização agrícola (Godoy, 1978, p.131-2).

Consta que em 1829 cerca de 14 ou 15 famílias se fixaram em vários pontos desta região, compraram arranchamentos (JP, ordem 4842, 1829) e viviam de lavouras (AC, ordem 3906, 1849). Os que optaram por se espalhar pela cidade procuraram se imiscuir nos ofícios e serviços de retaguarda das tropas. Jorge de tal, já que sempre abrasileiravam seus nomes, tinha oficina de ferreiro na rua do Príncipe (PA, v. 50, 1833) (atual Quintino Bocaiúva), outros preferiram montar armazéns e, como não poderia deixar de ser, eram conhecidos apenas por "alemão" (AC, ordem 3902, 1850).

João Rosa, da Prússia, colocou venda "pra cá do Tatuapé" (AC, ordem 3915, 1850), outros preferiam a rua da Cruz Preta (atual Quintino Bocaiúva), por ser ponto de freqüentação assídua de escravos, clientela certa, que garantia o movimento do dia (AC, ordem 3915, 1850). Um ou outro "alemão" se empregava mesmo em serviços públicos, como acontecia na cadeia (AC, ordem 3906, 1849).

Um outro, sapateiro, acusado de agressão física, chamou a atenção pela familiaridade que dizia ter com os estudantes, de diferentes províncias – Rio Grande do Sul, Rio de Janeiro, Maranhão –, testemunhas em seu processo. Afirmava conhecê-los havia bastante tempo, juntamente com a costureira que também depôs (AC, ordem 3912, 1850), o que indica quão articuladas eram as relações entre os segmentos na cidade. Em muitas ruas, esses imigrantes avizinhavam-se a escravos, mulheres sós, estudantes, muladeiros e oficiais de milícia, como detrás da Santa Iphigenia (P, ordem 2454, 1850).

Assim como os cativos, os livres pobres ou remediados também viviam de trabalho informal, acertados pessoalmente, depois de muita andança, e dispunham-se a fazer o que houvesse. Esta foi a forma como o trabalho livre se constituiu na sociedade e na cultura brasileiras, com influências diretas sobre sua concepção e suas relações sociais.

Uma infinidade de ofícios, serviços ou negócios, como era chamado o trabalho, compunha o quadro ocupacional da cidade. Nos arredores, pontos afastados do núcleo original, tais como as freguesias do Brás, Ipiranga, Penha, Santo Amaro, Tatuapé, Nossa Senhora do Ó, a população era de roceiros e sitiantes, cultivadores de terras, criadores de porcos e galinhas para negócio. Moravam em pequenos sítios de pau-a-pique, como mostra a aquarela, com suas famílias e seus agregados e escravos, quando os tinham – os mesmos que aportariam diariamente na cidade com seus cargueiros de produtos e crias domésticas.

Figura 14 – *Lugar onde o atual imperador Dom Pedro ou o então príncipe regente declarou a independência do Brasil* (1823), Edmund Pink (Acervo de Artes da Bovespa).

Na esquerda da aquarela o terreno aparece em valas paralelas semeadas. Eram de hortas como essas, espalhadas pelos sítios dos arredores, que saíam uvas, ananás, pêssegos, melancias, goiabas, maçãs, peras, marmelos e a fruta do pinheiro da terra, que assavam e comiam como castanhas. Plantavam também milho, mandioca, inhame, repolho, couve-flor, alcachofra, espinafre, aspargo, alface, agrião, batata-doce, ervilhas, toda espécie de feijão e cebola (Beyer, 1907, p.289).

Notável também entre os livros era o número de alfaiates, carpinteiros e sapateiros (ibidem). Havia ainda ferreiros, caixeiros negociantes, pescadores, seleiros, pedreiros, costureiras, ourives, funileiros, caldeireiros – artífices que faziam caldeiras e utensílios de cobre ou outro metal, como os tachos –, marceneiros, serradores, calafates – que calafetavam ou tampavam algum tipo de buraco –, tanoeiros – que consertavam pipas, cubas, barris, tinas –, oleiros de louça vidrada, barbeiros, serigueiros – que faziam obras de seda –, relojoeiros, puxadores de arame, serradores de couro, músicos, pintores, escultores, os que viviam de negócios de armazéns e molhados (Estatística da Imperial Província de São Paulo, 1827; relação dos indivíduos aptos para as guardas policiais de todo o município. AHMSP, 1835-1840; AC, APESP, ordens 3903 e 3912, 1850).

Como na sociedade brasileira inexistiram obrigações de ofício (Holanda, 1993b, p.26-9), de forma que sempre foi difícil encontrar trabalhadores que se dedicassem ao aprendizado perseverante de um, transmitindo-o, inclusive, ao filho ou aprendiz, sempre predominou e em grande parte ainda perdura o costume de tudo se fazer e meter-se de sábio em funções exercidas para atender aos chamados das circunstâncias. Muitos depoentes dos rois de testemunhas em processos-crime tocavam nesse aspecto da formação do trabalho livre no Brasil: um vivia de lavoura e, "pelas circunstâncias", era camarada de tropa carregada; outro definia-se como tropeiro, lavrador e negociante; outro ainda vivia de ser camarada e mais agências (AC, 3919, 1850; ordem 4003, 1850; ordem 3903, 1850).

Vários dos serviços indicados podiam ser exercidos por uma única pessoa, a ponto de a expressão ofício soar como algo anacrônico. Viver de negócios é o termo mais encontrado e dá bastante conta do que de fato acontecia no cenário ocupacional não só do núcleo urbano paulista, mas também no dos municípios: fazia-se de tudo um pouco. Beyer surpreendeu-se ao notar na cidade um corpo médico pequeno e em geral de "pharmaceuticos, saindo de seus armários ferraduras com a mesma desinibição que um ferreiro vendia vomitórios" (Beyer, 1907, p.287).

Tratava-se, portanto, de um conjunto de ofícios e serviços bastante variado, indicando que o contexto do trabalho na cidade atingira certa complexidade e diversidade social em virtude da expansão da atividade comercial e seus serviços de retaguarda.

Toda essa população variada de trabalhadores livres ou escravos, de ofícios ou serviços, interagiu rotineiramente com outro ruidoso segmento: os galés. Arrastando suas correntes pelas ruas, acompanhados por sentinelas, os galés eram os presos da cadeia obrigados a prestar serviços, como conserto de pontes, cuidados no terreno do pátio do palácio, limpeza dos becos, cata de formigueiros, ou seja, atividades importantes para a viabilização do trânsito pelo perímetro urbano.

Guardavam suas ferramentas num dos pontos de maior concentração e passagem de trabalhadores e tropeiros, onde também se concentravam os botequins ou tabernas com jogos proibidos, ou seja, num quarto da ladeira do Carmo, o que abrandava os rigores da condição de preso (P, ordem 2449, 1848; PA, AHMSP, 4.7.1829).

Figuraram ainda como presença importante nessa sociedade os militares. A proximidade da província de uma zona historicamente litigiosa, como o sul, fez dos paulistas o maior contingente recrutável que se confrontou com os castelhanos pela formação dos limites meridionais do Brasil ao longo de todo o século XVIII.

A concentração de militares contratados, milicianos, ordenanças e recrutados fez da cidade e da província foco de rebeliões ao longo do processo de emancipação política, já que a soldadesca tendeu a revelar-se cada vez menos disposta a aturar sossegada os maus-tratos e a falta de pagamento dos soldos. No contexto de dissolução do organismo Metrópole–Colônia e constituição de uma nova ordem, motins e quarteladas explodiram em todas as províncias. Em São Paulo, uma das que ficaram mais conhecidas foi a Bernarda de Francisco Ignácio, que contou com sólido apoio dos militares (Holanda, 1972, p.446).

Prósperos negociantes de animais e secos e molhados inclinaram-se para fardas e patentes menos por espírito militar do que pela posição de prestígio que ambicionavam. Entre as camadas populares, de livres e forros, que formariam de fato as frentes de batalha de recrutados de imprevisto, o serviço militar foi motivo de repulsa, mas também alternativa de subsistência.

A patente, mesmo baixa, servia como mecanismo de distinção social no meio. Muitos na cidade diziam viver de soldos, de primeira linha ou cadete, como cabo da cavalaria de linha, carcereiro da cadeia, soldado do corpo fixo, pois eram postos que, de alguma forma, terminavam por garantir os recursos da sobrevivência e proporcionavam *status* no contexto da pobreza (AC, ordem 3919, 1850).

Satã advertiu Macário de que soldados seriam umas das personagens que mais veria nas ruas da cidade (Azevedo, s. d.). Entre os abastados, boa parte estampava patente de oficial. No romance *Rozaura, a enjeitada*, o pai da personagem principal era um negociante de fazendas secas, muladeiro e major (Guimarães, 1914).

Alguns viajantes notaram que, embora os homens tivessem empregos civis, todos eram militares, ligados aos regimentos de milícia, sempre trajando uniformes. Os comerciantes de primeira classe ocupavam postos de coronel.

Para o viajante Beyer, os militares se alojavam em três categorias: os contratados, remunerados pelo Estado, que marchavam para onde fossem enviados; a milícia, que permanecia no Império e recebia da coroa as armas, o uniforme e a montaria; as ordenanças, soldados velhos de primeira ou segunda categoria, que serviam no policiamento geral, como nas aduanas, nas barreiras, nos registros das obras públicas, para fiscalizar e tratar com os escravos. Os negros pertenciam aos corpos contratados (Beyer, 1907, p.289). O costume dos militares de ocupar os tais empregos civis, que na sociedade da época podiam significar uma infinidade de tarefas, influenciou a maneira como se deu o exercício das armas.

É este ambiente urbano, portanto, que será esmiuçado ao longo destas páginas. Uma cidade geográfica e historicamente sob as diretrizes do movimento: dos caminhos, dos rios, da população, dos animais, da economia. A produção do açúcar em alguns municípios paulistas, o antigo comércio de animais e alimentos reforçaram a expansão econômica e social da capital.

Num mapa de cidades tão econômica, demográfica e culturalmente ricas e ativas, como Vila Rica, Salvador, Rio de Janeiro e Pernambuco, São Paulo era um núcleo urbano em franca expansão comercial, o que fazia de seu tecido social algo extremamente complexo.

A situação de realidade socioeconômica voltada para os circuitos internos de abastecimento, a condição de pólo administrativo e religioso da província, a proximidade da litigiosa banda meridional do

Império e a posição natural de feixe de caminhos tornaram tumultuária a experiência urbana na cidade de São Paulo, marcada por sedentarismos provisórios e retornos periódicos, o que confundiu muitos estudiosos e pesquisadores, impedindo-os de perceber seu dinamismo socioeconômico intersticial.

Num organismo econômico no qual prevalecia a atividade comercial, fosse interna ou externa, os trabalhadores – homens, mulheres, forros, escravos, livres – estavam em contínua mobilidade, assim como as próprias elites. À diferença das realidades agroexportadoras integradas histórica e efetivamente aos circuitos atlânticos, cujas condições sedimentavam os segmentos sociais em seus domínios, a atividade comercial pulverizava-os nos caminhos, obrigando-os a constantes ires-e-vires que peculiarizaram a dinâmica sociocultural da cidade, em termos arquitetônicos, culinários, de movimentação artística e letrada das elites.

Diante da específica formação de São Paulo, a comparação com outras capitais serve apenas como precaução aos anacronismos, embora tenha sido feita pela historiografia como embasamento à tese do abatimento e do retardo vivido pela cidade nos anos 1808-1850. Comparar sem perder de vista seu processo histórico próprio mostra um panorama socioeconômico com continuada expansão das atividades informais e do comércio, em virtude do crescimento econômico da província.

Os germes da "gestação da urbe" residiam numa histórica mercantilização que encontrava condições novas para se expandir e fortalecer-se com as transformações político-econômicas do final do século XVIII que ampliaram as possibilidades comerciais tanto no interior do perímetro urbano como fora dele, influenciando sua vida social, os fluxos humanos e conseqüentemente agravando os níveis de tensão dos contextos cotidianos da cidade.

2
ECONOMIA DE TROCADOS E ANDANÇAS

Sobrevivência nas ruas

Entre 1808 e 1850, os negócios com animais e mantimentos e a produção e os cargueiros de açúcar intensificaram ainda mais a movimentação humana e as atividades econômicas e de ganho na capital. Em geral três ou quatro tropas, com número razoável de animais, cruzavam diariamente pontes e ruas, espremiam-se em becos e arriavam nos inúmeros pousos nos arredores da cidade. Desciam com açúcar, carne-seca, aguardente, outros produtos da região e retornavam com sal, vinhos portugueses, vidros, ferragens, fazendas e outras manufaturas (Morse, 1970, p.41).

A caminho ou de volta do porto de Santos transitavam também as tropilhas, com mantimentos de Cotia, Juqueri, Nazaré, e pequenos cargueiros arrastados por caipiras, dos seus sítios vizinhos (Bruno, 1991, p.237) que figuraram como elemento permanente na rotina de São Paulo.

Desde a segunda metade do século XVIII começaram a surgir preocupações em relação a um melhor desenho urbano paulista, por meio das sugestões das autoridades municipais de construção de esgotos, fontes, calçadas e colocação de pedras em algumas ruas. A expansão das atividades comerciais exigia maior adequação do espaço, principalmente para viabilizar o trânsito de animais, pois a vida econômica desse período era antes de tudo uma atividade realizada em cima do lombo de mulas.

O feixe de cinco artérias viárias freqüentemente percorrido pelas tropas de animais que seguiam da capital para o Rio de Janeiro, Minas Gerais, Campinas, Itu, Porto Feliz, Sorocaba e províncias de gado, no sul, foi decisivo para o fortalecimento da economia da cidade (ibidem, p.42) e simultaneamente estimulou o aproveitamento do espaço urbano pelos segmentos sociais envolvidos diretamente ou na condição de retaguarda dessa economia de animais e cargueiros, que se espalhavam ruidosamente por ruas, becos, pontes, pátios, quintais, pastos e fontes. Essa movimentação a partir da entrada de São Paulo pela várzea do Carmo, caminho para o Rio de Janeiro, foi retratada por Jean-Baptiste Debret, como já foi visto.

Ruas, becos, pontes, pátios, quintais, pastos e fontes tiveram seu trânsito alargado por um circuito de atividades de retaguarda à movimentação dos cargueiros e ao número cada vez maior de habitantes e transeuntes na cidade, animado a ocupar seus espaços. A intensificação das forças econômico-sociais no núcleo urbano ampliou as possibilidades de sobrevivência por meio do pequeno comércio nas ruas, e a ocupação mais intensa do espaço público gerou uma série de interferências normativas municipais com o intuito de controlar o trânsito humano e de serviços com regras próprias.

Beyer (1907, p.287) surpreendeu-se com as "boas barracas para tropas" que se multiplicavam no perímetro urbano e nos arredores da capital, ruas cada vez mais ocupadas por gado bravo, em manadas para vendagem em partes da província e no Rio de Janeiro (PA, 1830).

Interesses comerciais estabelecidos na Câmara Municipal apontavam a necessidade de ampliar o pátio – talvez o do Palácio, já que próximo da várzea do Carmo, entrada dos tropeiros – para o crescente tráfico dos condutores e animais (PA, 1829). O uso e a ocupação intensa do espaço urbano paulista, ainda com recorte colonial, provocaram danos em muitos becos, como o da Casa Santa (na atual rua do Riachuelo), onde passavam os carregamentos de açúcar e outros gêneros das vilas do Sul (PA, 1832).

Embora amesquinhado, o poder da municipalidade, outrora tão extenso, desempenhou função administrativa importante nos primeiros tempos da independência para a implementação de atitude ordenadora dos usos e do modo de ocupação do espaço das cidades.

Na capital, a economia de açúcar, mantimentos, tropas e animais, ao estimular a expansão das atividades de retaguarda – e por conseguinte a intensificação do trânsito e a presença cada vez mais demorada de escravos, forros, mestiços pobres, índios acaboclados, mulheres pobres, livres ou forras, e caipiras no perímetro urbano –, estimulou na Câmara Municipal a adoção de medidas de controle sobre a mobilidade dos segmentos sociais.

Nesse contexto de reordenamento político-institucional, numa sociedade formada predominantemente pela massa de negros, mestiços, escravos e forros, boa parte sobrevivendo em condições sensivelmente abaixo da dignidade humana, cresceram em todas as províncias as preocupações com a ordem pública, inclusive em São Paulo, o que sugere que a cidade não era constituída pelos vazios populacionais ou pelo tédio destacado por Álvares de Azevedo, pelos memorialistas ou por visões historiográficas, pois as ruas da cidade vibravam de movimentação num contexto de mudança, como deixou escapar Jean-Baptiste Debret ao retratar a ponte de Santa Ifigênia (em Lago, 1998, p.85), o pátio do Palácio do Governo – já visto (Figura 3) – e o antigo pátio da Sé – que será visto a seguir.

Tropeiros e trabalhadores de tropas – negros ou mestiços, cativos, forros ou livres – eram figuras cada vez mais comuns nas ruas, nos becos e nos pátios, e as estalagens e pousadas da Tabatinguera eram cada vez mais disputadas pelas tropas. Lavadeiras cruzavam este caminho quase obrigatório para o rio Tamanduateí e as quitandeiras usufruíam crescentes oportunidades de ganho num ambiente urbano marcado por trabalhadores em trânsito, forasteiros, tarefeiros das ruas, que mais facilmente socorriam a fome biológica e social em torno de tabuleiros, esteiras e fogões de pedra.

O perímetro urbano passou a ser também o das combinações de negócio, como sugerem as representações de duas ou mais pessoas conversando feitas por Debret. Na aquarela *Ponte de Santa Ifigênia* (1827), homens de cartola conversam ali, encostados ou sentados no parapeito. O tipo de vestimenta indica condição social elevada. Em toda a extensão da ponte, figuras de contornos nublados sugerem a reunião de pessoas conversando.

No Palácio do Governo em São Paulo (1827), duas personagens vestidas como prósperos tropeiros – conforme a definição encontrada nas fontes escritas, ou seja, com chapéu, botas, poncho pendendo de um dos ombros – entretêm-se numa conversa. Nesta mesma aquarela, duas outras personagens se detêm também numa conversa, à esquerda da tela, mas parecem, contudo, pertencer às camadas populares. Um está de poncho e chapéu; o outro também com chapéu e trajando roupas aparentemente mais modestas. Na porta da igreja do Pátio do Palácio, há a representação de uma pequena aglomeração de pessoas, que também parecem conversar.

A representação desta aglomeração se repete nas entradas das igrejas de São Pedro e Sé, no antigo Pátio da Sé (Figura 15), e os tipos humanos aparecem reunidos em vários pontos do mesmo Pátio, travando diálogos inacessíveis para o historiador atual. É possível apenas cogitar o universo de preocupações que mediava as conversas dos segmentos sociais pela investigação na documentação.

Ao contrário do que pregavam muitos memorialistas, não eram unicamente os rituais litúrgicos que ditavam o uso e a ocupação do perímetro urbano paulista. A batina, o véu, os passos amiudados pelas ladainhas eram cada vez mais interceptados pelo sacolejo das ancas da quitandeira, pela risada debochada e satisfeita dos caçadores que retornavam da caça, pelo tilintar das esporas dos tropeiros, pelo vozerio dos enredos, pelo latido dos cães, sempre próximo de concentrações de pessoas e do comércio de alimentos, pelas passadas sincronizadas dos soldados nas cada vez mais comuns apresentações públicas da guarda.

A atual praça da Sé, coração da cidade, traduzia esse cenário. Pelo casario colonial ao lado da igreja de São Pedro nota-se o desenho anti-

Figura 15 – *São Pedro* (1827), Jean-Baptiste Debret (Coleção Beatriz e Mário Pimenta Camargo).

go se adensando com a intensificação e a diversificação da vida social, com senhoras aparentemente das camadas sociais elevadas, senhores de cartola, chapéu ou poncho, típicos representantes de uma elite de comerciantes lojistas e muladeiros, criados e tropeiros.

Os espaços da cidade, portanto, passaram a ser mais intensamente ocupados para trabalho, divertimentos e sociabilidades, graças a atividades de algum modo relacionadas à economia de abastecimento.

Sociabilidades das ruas

Como a economia da cidade estava fortemente relacionada ao convívio e ao uso dos animais como meio de transporte de mercadorias, as carreiras de cavalos, um tipo de divertimento, passaram a ser cada vez mais comuns nas ruas. Nas províncias corria a fama da habilidade dos paulistas nas atividades pastoris, acostumados a laçar, domar gado e cavalo bravo nos campos de Curitiba. Foi essa destreza nas artes eqüestres que inspirou Jacques Arago a descrever uma disputa entre um coronel dos lanceiros da Guarda Imperial, de nacionalidade polonesa, e um paulista (apud Moura, 1999, p.362).

A generalidade dos visitantes que percorreram a província e a capital relatou o gosto e a destreza com que os vários segmentos sociais de São Paulo se entregavam a todos os exercícios eqüestres e pastoris. A dinâmica econômica, portanto, influenciava as sociabilidades. A famosa habilidade dos paulistas espalhava medo e respeito entre vizinhos e inimigos, levando alguns cavaleiros da cidade, em 1818, à posição principal nas cavalhadas das solenidades de aclamação de D. João VI.

Cavalhadas foram herdadas da tradição portuguesa, em que representavam o litígio entre mouros e cristãos nas guerras de reconquista. Em todas as províncias compunham o repertório das festas reais e eram disputadas apenas pelas elites locais, movidas por valores aristocráticos e de distinção social, que faziam uso de todo o fausto ao alcance da mão para ornar seus cavalos e uniformes.

Escreveu Alceu Maynard que em São Paulo havia três tipos de cavalhadas: a teatral, a sério-burlesca e a religiosa. A primeira, de herança lusa, era a mais antiga, introduzida no país por volta do século XVII. Dividia-se em duas partes: jogos, com disputas e evoluções; dramática, com jogos de destreza, como as argolinhas, limpeza de lança, garrucha, manobras. O segundo tipo de cavalhada envolvia duas classes distintas: a dos aristocratas, mascarados, cavalgando animais de trato, e não outro grupo os trabalhadores de ofícios manuais, representados por peões com seus mulambos e jograis (Goulart, 1961, p.216-7; Meyer, 1995).

As camadas populares também participavam das cavalhadas, mas das burlescas, e sob fiscalização das autoridades régias. Fora disso, em décadas de festejos reais coloniais não deixaram de ser espectadoras dessas corridas e disputas dramáticas. Em núcleos de irradiação mais importantes dos negócios com mulas, cavalos e gado, como São Paulo, Minas Gerais, Bahia e Pernambuco, esses segmentos tiveram suas vidas bastante marcadas pelas atividades pastoris e eqüestres, domando animais bravos, passando dias longe de casa em viagens de tropas ou pequenos cargueiros, como carreiros, negociando animais, tocando manadas de mulas.

O trabalho com tropas e animais, a impossibilidade de participar das cavalhadas e a expectativa de distinção também compartilhada pelos segmentos populares os fizeram grandes apreciadores e praticantes das carreiras de cavalos. Essas disputas nas ruas da cidade eram uma forma de obtenção de prestígio e *status* no contexto do trabalho ou das relações no meio. As carreiras tinham uma atmosfera de festa, jogo, briga, valentia e esporte (Almeida, 1981, p.95). Muitos valores cultuados nas cavalhadas eram reelaborados no meio popular, como a destreza em dominar o animal, a velocidade, a valentia, a disputa, a virilidade.

Sem necessidade "urgentíssima", muitos desatavam-se em corridas a cavalo (PA, 1830) pelas colonialmente estreitas ruas de uma cidade com fluxo humano e de serviços em expansão. Estudantes eram vistos contorcendo-se nos dorsos dos animais, com companheiros às vezes desconhecidos, em direção ao pátio São Francisco

(PA, 1833). Escravos ou livres metiam-se na garupa da cangalha e desabalavam em carreiras para a mesma banda, para a rua do Jogo da Bola (atual Benjamin Constant) e para a rua detrás do Carmo. Mesmo quando apenas de passagem, residindo provisoriamente na Tabatinguera, em negócios de cavalos, prorrompiam-se nessas corridas, mobilizando os fiscais em notificá-los antes que se recolhessem para a "roça" (PA, 1833).

A economia de tropas e cargueiros, numa sociedade ainda fortemente imbuída de valores senhoriais e aristocratizantes, influenciou, em grande medida, a insistência em práticas tão veementemente condenadas pelo esforço normatizador da Câmara Municipal.

O trato rotineiro com os animais levava os trabalhadores, livres ou escravos, e os estudantes do curso jurídico, novo elemento social na cidade, a disputar honra e distinção sobre disparadas montarias pelas ruas da cidade. A documentação policial ou jurídica consultada não apontou nenhum caso de desentendimento, agressão física ou verbal motivada por essas "contínuas carreiras de cavalos nas ruas" (OC, ordem 875, 1837), sugerindo também um possível papel sublimador do teor violento inerente ao organismo social por meio de disputas e desafios fictícios.

Numa cidade cujo perímetro urbano se expandia, em virtude da intensificação comercial e, conseqüentemente, dos fluxos demográficos, essas carreiras tornavam-se um risco, o que levou as autoridades municipais a proibi-las. O personagem Conrado e o padre, em *Rozaura, a enjeitada*, quando vão confessar nhá Tuca, senhora de pouso e rancho de animais, tomam o cuidado de atravessar a cidade na melhor marcha de seus cavalos, com uma atenção que os impede de conversar, em razão dos tumultos das ruas (Guimarães, 1914, p.133).

A prescrição da postura n.10 contra os que corressem a cavalo ou passassem com gado bravo pela via pública indica uma reorientação da política municipal e que o panorama urbano da cidade não era um vazio populacional que suportasse animais e cavaleiros desatinados em disputas. A ordem pública almejada pelos grupos políticos envolvidos na implantação de uma nova estrutura político-institucional comportava cada vez menos o movimento desenfreado e sem rédeas, o grito e o riso de contentamento, comuns nas disputas informais.

Diante da resistência da população a abandonar uma prática que lhe permitia alcançar *status* no meio, coube à municipalidade subordiná-la, tirando-a da esfera do domínio popular, e instituir as corridas de parelhas apenas com licença do chefe de polícia (P, ordem 2447) ou autoridade correspondente. A licença colocava ao alcance das instâncias oficiais o horário, o local e os promotores do esporte. Ao licenciar uma corrida de parelhas, logo era solicitada uma patrulha para manter a ordem e evitar a ocorrência de qualquer barulho (P, ordem 2447).

Conforme o perímetro da capital tornava-se mais efetivamente ocupado devido à expansão das atividades econômico-sociais, as autoridades municipais mobilizavam-se em ações cujo intuito era regrar esse uso e essa ocupação, restringindo as manifestações espontâneas das camadas populares.

Como o perímetro urbano paulista ainda era modesto e conservava o antigo desenho urbano colonial, a tendência da ação camerária não foi afastar os segmentos populares, livres ou escravos, para os arredores, mas controlar sua permanência e sua mobilidade pelas ruas.

O contexto de instauração de uma nova ordem política no século XIX não comportaria os elaborados planos urbanísticos do final do Império e início da República, mas iniciaria um processo que se endureceu gradualmente, cujo intuito era normatizar divertimentos, amesquinhar o trânsito espontâneo pelas ruas, retrair o uso coletivo de certos espaços e desativar costumes que funcionavam como motor de um convívio orgânico historicamente tecido e retecido na rotina de ganhos e seviços de uma economia subliminar aos cargueiros de açúcar e animais para negócio. Desse caráter socioeconômico movediço da cidade de São Paulo, os segmentos populares procuraram extrair oportunidades de ganha-pão, caso das padeiras e quitandeiras, segmento feminino que engrossava as fileiras de trabalhadores das ruas (Dias, 1995).

As transformações introduzidas pela produção de açúcar nos municípios da província, a economia de tropas e tropeiros e a vendagem de animais, que enriqueceram apenas mercadores mais poderosos, como o barão de Iguape, o coronel Francisco Inácio de Souza Queiros, visconde de Antonina, e Nicolau Vergueiro, futuro senador do Império, multiplicaram as possibilidades de trabalho livre e informal numa sociedade essencialmente escravista.

O escravo, os caipiras dos arredores, os homens e as mulheres sem ofício definido, dispostos a fazer o que as circunstâncias oferecessem, donos de pequenos cargueiros de toicinho e capado, a quitandeira, a padeira, senhores e senhoras das proliferantes pequenas vendas engrenaram uma economia comercial de bastidores, regida por relações domésticas, esquiva à rede de poder municipal disputada pelos mais abonados da cidade, ansiosos em angariar vantagens com o controle da tributação e das avenças.

Assim, o contexto econômico dos segmentos menos favorecidos escorou-se na organização de uma economia de alimentos (ibidem, p.68) e de atendimento às necessidades e exigências dos trabalhadores em trânsito, com cargueiros e manadas de animais, por meio de uma inquieta atividade subliminar que envolvia uma hábil corrente de ajustes pessoais realizados em lugares da cidade costumeiramente ocupados. Essa economia de retaguarda não gerou enriquecimento, mas inseriu os segmentos sociais nela envolvidos num ininterrupto convívio em ruas, pontes, chafarizes, becos e pátios (Thompson, 1998, p.44), algo que alimentou muito bate-boca e sorrateirice com as autoridades policiais e municipais, responsáveis em implementar no microscópio das vilas e cidades as propostas hegemônicas e restritivas irradiadas da Corte.

Escravas de brancas pobres percorriam diariamente as ruas da cidade com seus tabuleiros de vinténs (ibidem, p.69), esbarrando numa infinidade de outros comerciantes miúdos e atravessadores de alimentos, ávidos por vender e oferecer mercadorias e serviços aos de passagem e moradores.

O aumento da presença e da mobilidade dos segmentos populares no perímetro urbano da capital, acompanhando a intensificação dos circuitos comerciais e gerando ações fiscalizadoras e punitivas da municipalidade, relacionava-se a uma maneira de sobreviver que exigia a "liberdade de circulação", pois dependia de um

> circuito ativo de informações, bate-papos, contratos verbais ... contra os quais havia medidas de repressão ... envolvendo licenças, toques de recolher, passaportes, salvo-condutos, que afetariam drasticamente, se fossem cumpridas a ferro e fogo, a possibilidade de seu ganha-pão. (ibidem, p.73)

Em razão da escravidão, o trabalho livre, no Brasil colonial e no Império, não existiu de modo regular e fixo, mas como arranjos fortuitos, de acordo com vínculos vicinais e de amizade, que geravam contratos informais baseados em princípios morais. Nesse sentido, a mobilidade era condição *sine qua non* e cerceá-la significava inviabilizar a existência social e a sobrevivência das camadas populares.

Diante dessa importância da mobilidade na organização da vida e do trabalho dos segmentos populares, no contexto de seus conflitos cotidianos era pelo cerceamento do livre movimentar-se que se forjavam mecanismos informais de sanção, reelaborando uma prática própria das instâncias normativas. O motivo de uma querela movida por uma mulher contra o filho de uma conhecida foi a privação que este lhe impunha de transitar pela cidade ou qualquer parte, em arranjo de seu negócio, por "viver intimidada e timorata dos procedimentos pelo rapaz" (Q, ordem 6019, 1803-30).

Nesse período, a municipalidade mobilizou-se num esforço cerceador crescente da quitanda volante, sempre com o desejo de removê-la de uma rua para outra, como quando quis levá-la da rua do Comércio para a da Quitanda (RGC, 1822). Uma trama, contudo, de relações pessoais e domésticas permitiu-lhes viver driblando o fisco e as prescrições municipais, como a obrigatoriedade de recolhimento às casas até as nove da noite, medida extensiva a todos os outros pretos, que muitas vezes nada mais faziam do que trabalhar nestas horas, como os capineiros (RGC, 1809), incumbidos por seus senhores ou pelos serviços que arranjavam de cortar e transportar capim, aproveitando, assim, as brechas abertas pela economia de tropas, tropeiros e animais.

Ao se estabelecerem na rua da Quitanda, as quitandeiras tinham um modo de ocupar o "chão" público que as autoridades incorporaram como argumento para repreendê-las e reprimi-las. Diziam que a rua tornara-se intransitável, que ninguém podia sair dela asseado, devido aos montes de lixo, ao enxame de moscas e às águas podres de lavagem de peixe, carnes e a outros despejos estancados nas escavações feitas pela queima das pedras que faziam as vezes de fogões (PA, 1827; RGC, 1822).

Nesta economia de alimentos, cozinhava-se nas ruas e calçadas para seduzir os trabalhadores de passagem com a quentura e o aroma temperado das frituras, o que implicava inevitavelmente o acúmulo de lixos, contrário aos anseios de asseio e ordem propagados pela municipalidade. Como não praticar um comércio que incitasse apetites e arregalasse os olhos de grupos do povo, negros e condutores de cargueiros de toicinho que enchiam a rua diariamente, mas principalmente nos dias santos e à noite, consumidores certos e portanto garantia de ganhos diários?

A sujeira denunciada pelas autoridades e na qual quitandeiras e consumidores se misturavam sem pudores, provinha dos resíduos inerentes ao cozimento e à fritura dos alimentos, consumidos pelos animais que perambulavam soltos pelas ruas. O trabalho, portanto, se manifestava como expediente, aproveitando a condição de pólo comercial da cidade, esparramando pelas ruas um comércio de mulheres imbuídas de ganhar a vida alimentando uma gente sempre de passagem, envolvida com negócios de comércio.

A Câmara desdobrou-se em medidas que pudessem controlar, minimamente, a andança das quitandeiras, ora restringindo as ruas que poderiam ocupar, ora obrigando-as a correr incessantemente por todas elas, proibindo-as de parar com seus mantimentos para vender medidas pequenas ao povo (PA, 1827).

A dificuldade na implementação dessas medidas indica os limites de um processo normatizador numa sociedade em transformação, incapaz de conter a sanha autonomista dos segmentos populares e trabalhadores de aproveitar, o mais possível, todas as oportunidades de ganho oferecidas pelo espaço público.

Ligações sociais buriladas rotineiramente poderiam favorecê-las na vendagem e na arte de fraudar o fisco e as autoridades cerceadoras, pois as quitandeiras iam de uma rua a outra, ao portão e a casa daqueles que compunham seu amplo círculo de contatos, relações e amizades (P, ordem 2446, 1847), fazendo do comércio miúdo de alimentos das ruas o amálgama entre espaço doméstico e público.

A Câmara instituiu uma teia de controle e tributária com base na exigência de pedido de licenças, pagamento de réditos e tentativas de instituir uma praça de víveres com barracas (PA, 1829), mas que a economia de trocados das ruas, mobilizando amplos setores da população pobre, escrava ou livre da capital, iludiu com maestria. Em certos momentos, a própria Câmara cedia à força do costume.

Determinava a municipalidade que todo lavrador deveria vender seus mantimentos em praça pública, mas caso ninguém fosse até ela ficava autorizado a correr apregoando pela rua, sob licença do fiscal (PA, 1830). Diante da teimosia do mercadejar andejo, a norma da licença dava lugar ao habitual.

A norma terminava por sucumbir a uma economia que implicava a plena mobilidade como possibilidade de novas negociações: seguir com quem encontrasse no caminho e prometesse arranjos favoráveis, parar para beber na companhia de alguém oportunamente encontrado, pousar na casa de um e outro, receber fiados.

Um capitão responsável pelo recolhimento dos dízimos ou impostos das licenças da freguesia da Sé, posto cobiçado pelos de prestígio e poder, tentou definir um lugar certo para a mercancia do peixe fresco. Desapontou-se com a resposta da Câmara, que disse "estar no costume e prática o vender-se pelas ruas e em lugares não incógnitos e isto sem prejuízo dos moradores e a bem dos pescadores, que tão-somente usam de pescarias em certos tempos e não diariamente" (LAM, 1823). Assim, o enraizamento de poderes e influências nesta instância nem sempre implicava ações favoráveis às elites.

O costume foi o limite para a atuação do poder municipal, exercido por negociantes e militares, pois procurava, em certa medida, preservar o caráter móvel dessa economia subliminar. Nas instâncias municipais vigorava uma situação ambivalente, de coerção e rendição da Câmara às práticas costumeiras das camadas populares que viviam da economia de alimentos.

Essa dinâmica móvel estava relacionada com a própria característica irregular do trabalho livre no Brasil que forçava os segmentos sociais a constantes deslocamentos. Exemplo é a via-sacra de uma vítima de assassinato quando veio para a cidade vender um cargueiro de aves do escravo da fazenda nacional: pousou pelo rio dos Couros, na quarta-feira, numa casa pegada a outra onde morava um aleijado; na quinta-feira foi à serra do Cubatão, receber dinheiro que lhe deviam de seu trabalho, e nesse mesmo dia pousou na Varginha, na casa de um alemão; na sexta-feira pousou na Freguesia Nova, na casa de quem não sabia quem era e esteve jogando com José Quaresma e um fulano Cordeiro (AC, ordem 3682, 1842).

Em relação ao comércio miúdo e sub-reptício, muitos matavam gado fora do matadouro, sem nunca terem assinado um pedido de licença (PA, 1830), auferindo ganhos de suas vendas que poderiam ser de proporção bem mais modesta se obedecessem cegamente às prescrições municipais, que os limitariam ao circuito dos matadouros e açougues. Negócios feitos na extensa rede de contatos e relações eram bem mais lucrativos, do ponto de vista não só dos ganhos econômicos, mas também do social.

Às escondidas matavam o gado de criações próprias ou produto de furtos, já que o ganha-pão da pobreza livre ou dos cativos periodicamente arranhava a fronteira da criminalidade. A sobrevivência com os recursos disponíveis era ambivalente, assim como nos dias atuais, e a oportunidade de furtar, matar, picar e vender gado pelas estradas (PA, 1823) aparecia, momentaneamente, como possibilidade de ganho, já que o mercado consumidor de alimentos estava cada vez mais amplo; no entanto, dele se tirava para alimentar-se e vestir-se, nunca para enriquecer, e algumas vezes para alcançar níveis de vida dignos.

Comum era o roubo de animais nos pastos da cidade, principalmente no Bixiga. Quando uma ponte vinha abaixo e os tropeiros improvisavam uma pinguela que os levasse ao outro lado, canoeiros a derrubavam furtivamente, obrigando-os ao socorro em suas canoas, sob pagamento de taxas. Quantos animais não foram furtados pela facilidade com que passavam de um campo a outro, já que fechos e limites se restringiam a barrancos, bambuais, um estreito riacho (Petrone, 1968, p.80; PA, 1830; AC, ordem 3906, 1849). A necessidade de viver de expedientes fazia pobres, escravos, livres, forros, mestiços, homens ou mulheres envolverem-se em embustes e crimes a todo momento.

Outras vezes eram os olhos que cresciam pelo pouco que o companheiro ou vizinho angariava, provocando assassinatos com o intuito de amealhar o ganho alheio, que proporcionaria recurso sem o suor da faina diária, como fez o mulato escravo que assassinou o vendedor do cargueiro de aves do escravo da fazenda nacional, quando retornavam para casa, após terem bebido juntos (ACi, ordem 3682, 1842).

Sitiantes e caipiras vinham da vila de Bragança e já paravam, pelo menos por três dias, na várzea da Luz, com sua "boiada de porcos vivos" (PA, 1833), sem seguir mais adiante, para evitar apreensões de suas mercadorias, fiando-se nos vínculos de amizade e conhecimento que de antemão sabiam dia e hora de sua chegada com os mantimentos. Tratava-se, portanto, de uma teia de informações bem mais eficiente que a própria ação repressora da Câmara.

A microeconomia de vendagem clandestina ramificava-se na ação de muitos negociantes de fazendas secas com lojas, que disponibilizavam seus produtos nos tabuleiros das quitandeiras e padeiras, expediente que os livrava das contribuições compulsórias que todo estabelecimento deveria pagar à Câmara (ACa, 1829).

Também numerosas senhoras de poucos escravos desdobravam-se em múltiplas atividades relacionadas ao comércio local: intermediavam pequenas transações, atravessavam e agenciavam encomendas de excedentes caseiros (Dias, 1995, p.74), firmavam acordos com negociantes de mais recursos, ávidos, assim como elas, por burlar o fisco. Já se disse que o abastecimento e a circulação de alimentos entre as camadas sociais pobres da cidade ocorriam, em boa parte, por vias subterrâneas (ibidem, p.77).

Desde o final do século XVIII a Câmara tentou controlar a comercialização de alimentos, num primeiro momento como forma de aumentar seu erário; com o passar dos anos, no entanto, cada vez mais suas atenções abrangiam a maneira como o perímetro urbano era apropriado e usado pelos segmentos sociais, cada vez mais diversificados e abrangendo maior número de população em movimento.

Em 1773 foi feito contrato entre um particular e o senado da Câmara para edificar o mercado oficial e público conhecido por Casinhas. Como o próprio nome diz, tratava-se de um conjunto de casinhas conjugadas, de compartimento único, arquitetura e alinhamento colonial, num total de sete (Freitas, 1934b, p.22).

Ficavam a uns cem metros do então largo da Sé, hoje praça de mesmo nome, na rua que seguia para a Igreja do Rosário dos Homens Pretos, esquina da primeira travessa da rua da Quitanda velha. Estavam a uma distância razoável dos que subiam a Tabatinguera ou vinham do Ibirapuera, de Pinheiros, de Nossa Senhora da Esperança do Ó e dos que desembarcavam no Porto Geral (Sant'Anna, 1935; Gaspar, 1969).

Conhecido por travessa das Casinhas, esse foi um dos pontos de maior concentração e burburinho, o coração do comércio de vinténs e patacas, tanto de lojas como de tabuleiros, ambulante e das próprias casinhas. A intenção da Câmara era locar as casinhas para que açougueiros e pequenos sitiantes vendessem seus gêneros de consumo trivial, como toicinho, mandioca, feijão, farinhas, peixe, carne suína ou bovina, milho, aves. Nesse caso, os vivandeiros eram obrigados a dar entrada nas casinhas registrando seus nomes e fornecendo a relação dos mantimentos ao juiz almotacé (PA, 1827).

Era também uma forma de controlar as pessoas que chegavam de fora para comerciar e de restringir sua mobilidade pelo perímetro da cidade, cada vez mais ocupada por escravos, forros, mulheres e tropeiros. Não deixar o abastecimento e comércio de alimentos nas mãos da vendagem informal e pulverizada era uma forma de marcar a presença do poder oficial na sociedade.

As autoridades municipais, na tensa arena das relações sociais, criaram leis, decretos, medidas, projetos, impostos que afirmassem sua posição de mando e seus privilégios na sociedade, embora muitas vezes não tivessem alternativa senão ceder às pressões dos rebeldes expedientes e usos costumeiros dessa população.

Saint-Hilaire achou escuras e esfumaçadas as casinhas, e talvez de fato o fossem, já que o sistema de iluminação da cidade, feito com lampiões a azeite, não permitia mais do que uma luminosidade morrediça. Surpreendeu-o também ver os alimentos todos misturados e a rua, coalhada de negros, tropeiros, trabalhadores rurais (Saint-Hilaire, 1976, p.113) e, acrescentando, quitandeiras.

Com o tempo, cresceu muito o número de negociantes de gêneros de consumo imediato e as sete casinhas passaram a não mais dar conta de receber os que optavam por locá-las. Por isso, a Câmara decidiu que seriam cobrados 40$ a cada capado que os negociantes costumavam comercializar, mesmo quando vendido fora das casinhas.

As antigas instruções determinavam que todos deveriam fazer suas vendagens nesse mercado municipal, algo que não pôde ser seguido à risca, pois com as mudanças sociais em curso na cidade esse espaço passou a não mais comportar a demanda de vendedores. Prosseguiu, então, o costume daqueles que chegavam com suas carregações de capados e faziam a opção das casinhas de dar parte ao administrador, pagar o que se cobrava e vender onde bem entendessem.

Assim, de ponto oficial destinado a concentrar o comércio de alimentos num único local e conseqüentemente conter a mobilidade, principalmente popular, que poderia se tornar desconfortável para as autoridades – quando da falta ou carestia dos gêneros – e aumentar o erário municipal, as casinhas foram integradas ao conjunto das transações informais dos comerciantes a retalhos.

Num primeiro momento, os capados que deveriam ser trazidos mortos e já picados cada vez mais passaram a chegar vivos, pois era vantajoso para os criadores e açougueiros – que, além disso, continuaram a pagar o valor do fisco como se os capados estivessem mortos. Esses negociantes miúdos, portanto, ampliaram suas margens de ganho, pois, além de trazer o animal já pronto para o consumo, também o traziam vivo, atendendo às solicitações daqueles que queriam começar ou aumentar sua própria criação.

Alguns chegaram a pedir a construção de um chiqueiro (PA, 1832), mas era muito mais fácil apresentar-se ao administrador das casinhas com meia dúzia de animais vivos, pagando por eles as taxas cobradas, e deixar os outros soltos em pontos da cidade, resguardados pela extensa rede de *conhecenças* e amizades. A Câmara sabia que muitas porcadas chegavam a certos locais e passavam muito longe das Casinhas (ibidem). Às vezes, mais de duzentos capados vivos ficavam nos arrabaldes e eram vendidos a particulares (PA, 1833). Assim, crescia cada vez mais a impossibilidade de impedir as compras na rua, objetivo inicial das Casinhas (RGC, 1814), já que os próprios sitiantes, criadores e açougueiros, numa economia de jeitos e mil expedientes, criavam maneiras de aprimorar seus ganhos no trânsito e no perímetro urbano.

Como parte do andamento das transações submetidas às determinações oficiais, alguns lavradores e criadores chegaram a fazer das casinhas local de morada, permanecendo por período mais longo do que o necessário para a venda a varejo (PA, 1809; ACa, 1833). Livres e escravos metiam-se em jogos proibidos em seus interiores, como parte das operações de uma economia de trocados (DE, EO1493, 1844).

Demorar-se nas casinhas ampliava bastante as possibilidades de acertos e tratos numa economia subliminar que funcionava nos moldes da ampla capacidade de relacionar-se e existir com o outro: economia de barganhas, enganos às vezes, mas sempre de contatos engendrados.

Os atravessadores monopolistas (PA, 1829), que interceptavam, para revendê-los nas casinhas, cargueiros de mantimentos que depois seriam vendidos ao consumidor por preços exorbitantes, eram um dos agentes do comércio de alimentos informal e clandestino que rondavam maliciosamente as casinhas, comercializando os produtos de contrabando com os que nelas, propositalmente, se demoravam.

Este foi um segmento que encontrou ambiente fértil para proliferar numa sociedade em expansão, que via aumentar a cada dia o número de seus consumidores, tanto de moradores como de gente em trânsito, por ser ponto de passagem obrigatória dos cargueiros de alimentos.

Rapinamente à espreita, bem informados pelo seu bem extenso fio de leva-e-traz, esses atravessadores circulavam pelos subúrbios, esperando os cargueiros lotados de gêneros comestíveis, para lhes comprar a carga inteira antes que entrassem na cidade. O rancho do Lavapés e o da Luz eram alguns dos locais bastante visados (PA, 1809 e 1833; RGC, 1814).

Os atravessadores eram muito malvistos pelo grosso da população, pois suas ações provocavam carestia ou carência de determinados gêneros de consumo, como farinhas, carne e toicinho. Freqüentemente faltava carne no açougue, devido à intermediação dos mercadores e criadores de gado feita pelos atravessadores, que desviavam os carregamentos para giro de negócio para exportação (PA, 1826), motivo de grande sofrimento e indignação para os consumidores.

Os atravessadores, por sua vez, eram um dos eixos da microeconomia de trocados que englobava a quitandeira, o sitiante, o açougueiro, o criador, ou seja, segmentos que apenas viviam de suas vendagens, com possibilidades mínimas de um dia ajuntar fortuna. Faziam suas transações com atravessadores apenas para conseguir recursos de subsistência, numa economia que não era e não podia ser de poupança e investimento.

Atravessadores eram muitos taverneiros que se surtiam nos cargueiros de tropas para depois circular na quadra das casinhas até o beco da Cachaça, ponto de concentração do comércio em lojas, nas casinholas municipais, nos tabuleiros e nas bancas deitadas ao chão. Quando não revendiam aos lavradores que estavam nas casinhas, compravam-lhes até o último toicinho ou mantimento. Chegavam a usar o nome do juiz almotacé ou de outra autoridade qualquer para esvaziá-las com mais facilidade (ibidem).

Como uma das tônicas do tempo girava em torno da manutenção da ordem pública, em 1814 o juiz almotacé viu-se incumbido da obrigação de percorrer os ranchos da cidade, embargar as cargas e recolhê-las às casinhas, para vender ao povo, que "já estava amotinado", por conta da "pouquidade" de alimentos (RGC, 1814), advertência que deve ser lida com cautela, pois vinha de alguém que pertencia a um segmento específico, e historicamente preocupado em resguardar privilégios e cujo ímpeto previdente tendeu a superestimar as movimentações contestatórias populares para justificar a elaboração e a aplicação de ações intimidadoras, repressivas e muitas vezes violadoras.

Os descontentamentos populares vinham se tornando cada vez mais inconvenientes conforme avançava o processo de institucionalização de uma nova ordem política (Thompson, 1984; 1987). Podiam explodir, com conseqüências imprevisíveis, e cabia às autoridades prestar atenção na ação dos atravessadores e abrandar a exaltação popular. Amesquinhar a mobilidade, ampliada nesse período, foi o recurso adotado pelas autoridades municipais, cogitando a criação de uma praça, no pátio da Casa do Conselho, onde os vivandeiros venderiam até dez horas para a população e depois deste horário aos taberneiros. Na praça haveria um guarda, para "proteger e manter a boa ordem" (PA, 1827).

Apesar de todos os esforços empregados pela Câmara para tirar os atravessadores das casinhas, estes montavam casas próprias para suas "contrabandeações" (PA, 1833), disseminando sua rede de revenda junto aos trabalhadores do comércio a miúdo e vinténs, que precisavam desses ajustes clandestinos.

Na conversação popular sempre soava o nome de um ou outro que atravessava víveres, como registraram os papéis municipais, cercava todas as farinhas de mandioca que podia e outros gêneros, para repassá-los a uma outra ponta do comércio pequeno: as quitandeiras que os revendiam com valor 10% maior (PA, 1827). Mesmo os vivandeiros justavam com as quitandeiras por fora, desistindo de entrar com seus mantimentos nas casinhas.

As quitandeiras funcionavam, assim, como "comissárias" tanto de vivandeiros (PA, 1827) – sitiantes que traziam seus mantimentos secos ou molhados para vender nas casinhas – como dos taverneiros, donos de lojas, que atravessavam e metiam-se em mil embustes para fugir à tributação. Os vivandeiros aproveitavam também as oportunidades que surgiam para vender aos armazéns e taberneiros, o que tornava cada vez mais difícil o trajeto dos alimentos terminar nas casinhas (PA, 1833).

Esse complexo circuito da atividade comercial na cidade, envolvendo a burla do fisco e transações sub-reptícias, garantia margens de ganhos diferenciadas conforme a posição ocupada. Sem dúvida, os atravessadores eram os mais favorecidos. Donos de armazéns, vivandeiros, taberneiros e quitandeiras apenas ganhavam para subsistir.

Também os de menos cabedal metiam-se a atravessadores, mas miúdos, de pouca monta, como um preto condutor de alimentos para os africanos trabalhadores nos serviços do jardim público, que vendia parte de pequeno carregamento para uma preta, vendedora ambulante (OC, ordem 892, 1850). Capitães-do-mato eram os mais "venáveis" (PA, 1827) nas atividades de atravessar, pois de tanto conversar e se meter nos mais diversos lugares atrás de negro fugido tomavam conhecimento dos carregamentos e seus percursos, passando logo à frente a informação. Em outras ocasiões, eram os próprios lavradores das casinhas que atravessavam os gêneros vendidos nas ruas, tornando a negociá-los nas próprias casinhas, a preços mais elevados (RGC, 1823).

Em dias de romarias e festas públicas, com grande afluxo de povo, os que ocupavam posição mais favorável nesse circuito, pela habilidade de ajustar e fazer contatos, faziam as vezes de estanqueiros (RGC, 1821) – monopolizadores –, embaraçando a venda de comidas e bebidas de outros tabuleiros ou mascateadores. Por maior que fosse a rede de contatos e amizades que fazia funcionar esta economia, vigorava também um clima de tensão, em virtude da ampliação das oportunidades com a produção canavieira, o movimento das tropas e o aumento do número de concorrentes.

Assim, diferentes segmentos sociais foram responsáveis pela ocupação e pelo uso mais arrojado do perímetro da cidade sob as diretrizes da economia de abastecimento e comércio de víveres, do movimento dos cargueiros de açúcar e negócio de animais. Essa apropriação do espaço público a partir dos contatos e do convívio social, nem sempre lícitos, muitas vezes ilícitos e sob embustes, aconteceu em vários pontos da cidade, e as pontes foram um deles, tal a sua importância numa cidade entrecortada por rios.

Pela ponte do Acu, no Anhangabaú de Baixo, o trânsito de carros de boi era intenso, e na ladeira do Piques, a ponte sobre o Anhangabaú de Cima, conhecida como Lorena, assistia diariamente ao movimento de tropas e tropeiros, como desenhou o lápis de Burchell (Lago, 1998, p.107).

As pontes eram várias, de pedra ou madeira, mas três se destacavam: a do Tamanduateí, chamada Ferrão, na saída da estrada para o Rio de Janeiro; a ponte do Lorena, sobre o Anhangabaú de Cima, que ligava a cidade e as estradas de Sorocaba e Jundiaí. A terceira, que mereceu uma iconografia de Debret, sobre o Anhangabaú de Baixo, comunicava a cidade com o bairro de Santa Ifigênia, e ora levava o nome desse bairro, ora aparecia como ponte do Acu (Saint-Hilaire, 1976, p.131).

Nas pontes de pedra, bancos atados às paredes ou aos largos parapeitos, usados como assento, enfatizavam sua condição de espaço de encontro, com as mais diversas finalidades. Os atravessadores punham-se logo em uma de suas pontas, com o intuito de esvaziar os carregamentos de gêneros comestíveis (PA, 1833; OC, ordem 892, 1850). Astutos, forros e cativos apreciavam juntar-se nas pontes, como acontecia nas partes do Carmo até a ponte do Ferrão, sobre o Tamanduateí, e na saída da estrada para o Rio de Janeiro. Na extensão desta ponte, os bancos de pedra os animavam a demorar-se, principalmente em dias santos, pois era uma maneira de se posicionarem num ponto extremamente favorável da cidade para a combinação de serviços de viagens de tropas, de trato dos animais e apetrechos que chegavam, de oferecer a leitura do destino pelo jogo de búzios, de ajustar antigas contas, de reencontrar conhecidos. Estas situações, próprias de uma vida orientada por relações provisórias, cheia de imprevistos e permeada por astúcias que bem aproveitassem as oportunidades, facilmente resultavam tumultos que tanto incomodavam os que queriam a todo custo defender o "sossego público" (OC, ordem 864, 1831).

SOCIEDADE MOVEDIÇA 101

Figura 16 – Ponte de Santa Ifigênia, São Paulo (1827), Jean-Baptiste Debret (Coleção João Moreira Garcez).

O "sossego público" na sociedade brasileira sempre foi algo essencialmente personalista, articulado à tônica do tempo de conter as expressões autônomas populares. A noção de público acomodava-se a interesses específicos de classe, à manutenção de privilégios e à diluição de um mestiçamento de vários tons que compunha os mapas urbanos das províncias.

Por isso, as pontes faziam parte do percurso vigilante da guarda e da ação legisladora da Câmara, que mantinha capitães-do-mato em sua extensão (P, ordem 2438, 1842; PA, 1813).

Algo que se revelaria inócuo, pois muitos desses capitães de negro fugido meter-se-iam a atravessadores, seduzidos pela oportunidade de ampliar uma féria módica, quando não tornavam-se informantes dos que interceptavam, angariando não só recursos como simpatias que certamente teriam valia.

Outro grande problema para a municipalidade foram os administradores destas pontes, encarregados de taxar os tropeiros, conforme o número de sua tropa, e reverter os valores para a Câmara. Faziam as vezes de remeiros e canoeiros, burlando o fisco numa economia em efervescência, na qual era preciso inclusive malícia suficiente para criar oportunidades de ganhar a vida.

Trocados da economia

O incremento dos negócios comerciais, graúdos e miúdos, estimulou ainda a circulação monetária, num meio fiduciário com emissões pulverizadas pelas províncias, variadas moedas em uso, desvalorização – problemas que seriam ampliados com D. João VI e seu filho, responsáveis por algumas mudanças que buscaram mais gerar recursos que satisfizessem os gastos introduzidos pela Nova Corte do que formar e vitalizar um sistema monetário no país. Mesmo após a independência, o governo imperial aguçou a sanha emissora que sempre tivera, criando um clima econômico fértil para desvalorizações e carestia.

Tanto no meio popular como entre os negociantes mais abastados houve muito grito e desentendimento em relação às moedas metálicas e depois de papel, algo que também aconteceu na Bahia e em Pernambuco (NFP, 1.2.1833). Problemas no sistema monetário se manifestaram, diferentemente, em todas as economias provinciais, daquelas com meio circulante mais robusto às que viviam processos de expansão e crescimento, como São Paulo.

D. João VI, ao chegar ao país, encontrou um meio circulante precário e anárquico. As poucas peças coloniais de circulação limitada à América Portuguesa eram cunhadas com 10% de acréscimo do valor nominal sobre as equivalentes lusas. Havia moedas de prata de circulação restrita nas Minas para compra exclusiva do ouro. As moedas nacionais cunhadas na Metrópole circulavam com 20% de acréscimo no valor nominal. Havia ainda pesos espanhóis e ouro em barras.

Atendendo às reclamações orçamentárias da Corte, convencido, como acontecia em Portugal, de que a autoridade do Estado bastava para dar valor à moeda, pela alteração do timbre, D. João aumentou o volume do meio circulante: declarou completa liberdade de circulação, deixando o giro da região mineira disseminar-se por todas as outras províncias; ordenou a recunhagem dos pesos espanhóis, proibiu a circulação do ouro, recunhou moedas de ouro e prata da região mineira, aceitou pesos espanhóis para pagamento de impostos. Toda a recunhagem foi feita com elevação dos valores, com graves conseqüências especulativas e de falsificação.

Moedas de ouro, prata ou cobre passaram ao giro ilimitado com ampla liberdade de cunhagem. Em 1808, dobrou o valor da moeda de cobre em Minas Gerais. O Banco do Brasil, criado nesse mesmo ano, veio preencher os mesmos objetivos de aumento fiduciário para atender às despesas da Corte. Emitiu papel-moeda conversível em ouro e prata, com valor mínimo de 30$000. Esse valor mínimo elevado evitava sua circulação em pequenas transações, limitando-a a pagamentos de fração alta no comércio atacadista, quase não circulando no varejo, no qual prevaleceram moedas de cobre e prata, embora a primeira tivesse tido forte desvalorização desde 1799 e suas peças recunhadas pelo dobro do seu valor.

A emissão de letras e bilhetes acima de suas possibilidades de conversão levou o Banco do Brasil ao fechamento, em 1829, mas o papel-moeda tendeu a tornar-se base do meio circulante. A circulação de moedas metálicas passou a ser suprimida vagarosamente, exceto o cobre, peça fundamental no comércio miúdo a vinténs. A especulação monetária prosseguiu ilimitadamente no século XIX, com o governo fundando bancos provinciais emissores de notas com conversibilidade imaginária e sem atenção ao lastro ouro.

A especulação aninhou-se facilmente num meio de ampla liberdade de cunhagem e circulação de moedas, gerando falsificações e redução do peso do metal, principalmente o do cobre, base da circulação monetária em transações miúdas, no abastecimento e no comércio de alimentos, na economia a vinténs e no pagamento de trabalhadores e serviços.

O príncipe regente, ansioso por angariar recursos que provessem os numerosos serviços e urgências do Estado, aumentou a cunhagem da moeda de cobre, para correr desamarrada de quaisquer restrições, não mais como troco, mas juntamente com o papel-moeda, peça que desagradava e muito desconfiava negociantes graúdos, miúdos e a população em geral. A partir de 1821, as casas da moeda da Bahia e do Rio de Janeiro procederam à cunhagem da moeda de cobre, que por sua vez passou a ser contrabandeada de outras províncias, dos Estados Unidos e do Prata.

O governo decidiu, então, proibir sua exportação interprovincial, enviando máquinas às províncias para a produção de moedas com movimento restrito à localidade. Contudo, nenhuma medida restringindo sua circulação alcançou êxito e as peças continuaram a ser fraudulentamente cunhadas por especuladores particulares. Oficialmente, as moedas à base de vinténs foram contramarcadas com o dobro de seu valor, por ser muito dispendiosa sua recunhagem. Particulares efetuaram a contramarca, aproveitando-se da inexistência de precauções contra a fraude, própria de um meio monetário precário. Moedas falsas entravam e saíam com facilidade dos cofres governamentais.

O lucro intrínseco e as necessidades do fisco não deixavam margens para a discussão da pureza ou imitação do metal. No norte, fervilhavam as perturbações econômicas do xenxém, como era conhecido o cobre introduzido fraudulentamente em suas praças (Calógeras, 1960, p.47) o que provocou a criação de uma lei para conter a crise das falsificações. Por ela, quem possuísse moeda de cobre poderia entregá-la às Tesourarias provinciais e receber papel-moeda no valor de 95% das somas apresentadas: o prazo para apresentação era de dois meses. Mas o papel-moeda suscitava muitas desconfianças, não foi emitido em quantidade suficiente para troca e em tempo hábil, o que fez prosseguir as desordens na circulação. Assim, os segmentos populares e medianos foram o termômetro que sempre indicou a temperatura das deficiências do meio circulante do país.

Em 11 de outubro de 1837, uma lei complementar estabeleceu novo prazo de um mês para a troca do cobre, mas quem não a fizesse, em vez de perder todo o dinheiro, teria apenas o seu valor nominal bem reduzido. Pela lei de 1833, a troca foi facultativa e quase todas as províncias recusaram o papel-moeda. A lei de 1835 fez obrigatória a permuta. Apenas em 1839 terminou a substituição da moeda de cobre.

Mas até então vigorou um meio circulante precário, confuso e de experimentações. Simultaneamente existiam – como ainda existem – relações monetárias informais, principalmente entre os negociantes de trato mediano e miúdo. Frações dos preços eram medidas pela intensidade dos vínculos pessoais, a troca funcionava como moeda, o fiado e a confiança eram importantes formas de crédito.[1] Critérios familiais e de amizade mediavam negócios e definiam preços, nem sempre pagos em moeda, fazendo persistir um meio monetário simultâneo ao precário e oficial.

---

1 Numa referência a Karl Marx, E. P. Thompson fala do tom patriarcal ainda em vigor no campo e nas pequenas cidades, paralelo à relação monetária operário-capitalista (cf. Thompson, 1998, p.28). No estudo das sociedades de todos os tempos é importante ressaltar a disparidade-simultaneidade dos processos.

Um vigário que na época das revoltas liberais abrigou-se na casa do subdelegado negociou com este uma morada de casas na freguesia de Cotia e um cercado com uma casinha que servia de recreio. Trocou-os por uma escrava e seis bestas (ACi, ordem 3376, 1850). Um negócio entre dois irmãos envolveu a troca de um mulatinho por algumas bestas (AC, ordem 3903, 1850). Um cativo comprou sua liberdade dando outro escravo em troca. Este cativo mantinha grande amizade com o filho de seu senhor, ora emprestando-lhe seu cavalo – simbolizando a grande estima do escravo pelo rapaz –, ora favorecendo-se de seus auxílios quando matava bois de seu negócio. O próprio rapaz sugeriu ao pai que tomasse um outro escravo como pagamento de alforria, porque dinheiro gastava-se, correndo-se o risco de no final ficar sem ele e sem escravo (ACi, ordem 3670, 1811-13).

Um sitiante não tinha dinheiro para pagar um empréstimo feito ao reverendo da cidade. Combinou com um alferes, do círculo de relações deste reverendo, que faria uma viagem de busca de um seu escravo preso, e a dívida, assim, estaria paga (ACi, ordem 3682, 1842). Concomitantes ao conturbado meio circulante oficial, corriam também operações baseadas na troca e combinações informais que mediavam as transações econômicas rotineiras.

Mas também jorrava muito dinheiro falso nas províncias e cidades, estimulando descontentamentos e desconfianças que desacreditavam ainda mais as autoridades municipais e provinciais. Mesmo com a publicação de um bando – pregão público de alguma ordem ou decreto – pelo presidente da província em que suspendia o cobre enganoso que entrara em circulação na cidade, foi difícil convencer consumidores e varejistas da legitimidade da moeda que permanecia, como o cobre de Goiás e as moedas de 10$, apenas mais finas por "não terem aquele toque de uma moeda de cobre mais grosso" (PA, 1833).

A intensificação econômica da cidade, com grande e diversificado fluxo de população trabalhadora e negociante, criava um clima de incertezas (ibidem) sobre qual moeda de cobre receber, já que circulavam no circuito miúdo e médio da cidade cobre de Pernambuco, Goiás e Bahia. Seguidos ofícios notificavam a grande quantidade de cobre falso destas regiões, despejados na cidade a partir de Santos, e recomendavam precaução para que não atravessasse as pontes da cidade, algo certo e quase impossível de evitar (OC, ordem 869, 1833-34). A intensidade das relações econômicas com trabalhadores e negociantes em trânsito forçava a recorrência mais assídua às moedas de metal, tornando o meio circulante da cidade mais sujeito às manifestações de descontentamento.

Como o movimento das transações mercantis e monetárias na capital aumentava, o problema da circulação, real ou em boato, do cobre falso ou na iminência de sair do giro oficial foi prontamente associado à questão da perturbação da tranqüilidade pública, por uma elite de negociantes e autoridades locais que explicavelmente viam-se diariamente diante de uma população urbana de diferentes cores e condições sociais metida em transações e manuseio de moeda.

Falavam em desordens e da urgente necessidade de providências que cortassem a veia contestatória da população da capital, suas dúvidas e o barulho que provocavam (OC ordem 869, 1933 e 1834). O problema da moeda atingia diretamente a mesa da população pobre, não só dos que viviam da quitanda e do comércio volante, como do sem-número de trabalhadores e escravos impossibilitados de comprar alimentos em virtude da recusa obstinada do comércio de abastecimento de gêneros a aceitar o cobre que traziam (ibidem).

Falar em motins de moedas ou alimentação na capital da primeira metade do século XIX exige ponderação, pois a documentação não os comprova, mas sua possibilidade provocou receios nas esferas dominantes e privilegiadas (ACa, 1833). Contudo, foram temores que tinham na raiz a escravidão e a diversificação sociorracial de uma sociedade com enfática concentração de renda e poder, de modo que qualquer elevação de voz em tom contestatório promovia rápida e previdente mobilização entre as elites.

Segmentos sociais econômica e politicamente privilegiados viam a "revolução popular" (JP, ordem 4844, 1833) como algo iminente, o que os levou à criação de posturas que punissem os que não aceitassem a "quarentinha" de Goiás, que corria costumeiramente na província, e os que recusassem moeda de cobre qualificada pela Tesouraria da Fazenda, tida como verdadeira (OC, ordem 869, 1833), parecendo-lhes providência eficiente contra qualquer possível "efervescência" (RGC, 1833; 1835).

A rejeição da moeda em transação comercial de qualquer natureza poderia também estar pondo em xeque valores morais, credibilidades pessoais, honestidade. Poderia indicar ainda a mudança de comportamento de alguns segmentos sociais em relação à moeda costumeira, influenciados, em certa medida, pelas mudanças no meio circulante. Sinal, portanto, de um reenquadramento do próprio costume. Estas questões geravam um ambiente bastante tenso.

Muito bate-boca, rixas e rejeições obstinadas marcaram o meio circulante da cidade, com situações como a dos trabalhadores dos caminhos, que se negavam a receber os vinténs baianos, assim como o empreiteiro da obra em relação à Tesouraria, que não queria ser pago em moeda que, acreditava, iria perder (OC, ordem 869, 1833).

Trabalhadores do Seminário de Santana alegavam o mesmo motivo para renegar o cobre, assim como os comerciantes que vendiam gêneros alimentícios à instituição, deixando claro ao tesoureiro que não iriam receber moeda "incirculante" (idem, 1834). Não importava que a Tesouraria garantisse a veracidade das moedas. O que estava em jogo eram questões mais profundas, ligadas à honra e ao contexto das relações pessoais, de modo que passar pela experiência de ter a moeda rejeitada poderia causar danos irreparáveis na auto-estima e na estima grupal.

Quando os pobres, os escravos ou os de recursos medianos manuseavam moeda ou dinheiro, em muitos casos o que contava não era o seu valor monetário, mas a confiança e a consideração de parentes, vizinhos e amigos. Daniel Kidder, em viagem pelo interior de São Paulo, a custo conseguiu convencer um carpinteiro que o hospedou a receber o dinheiro que lhe oferecia. Só conseguiu quando o ofertou como uma "lembrança" (Kidder & Fletcher, 1941, p.109). A atmosfera de insatisfação e descontentamento em torno da recusa da moeda de cobre na cidade vinha também dos abalos que promovia em relações afetivas, vicinais e nas honras pessoais.

Como expediente para lidar com a desvalorização e o peso cada vez menor do cobre na beira do tabuleiro ou na mão do ambulante, dava-se menos da metade do valor da moeda na hora da compra de algum produto, o que alimentava a carestia, já que circulação monetária e preços caminham juntos. Os negociantes e homens de negócio não deixariam de compartilhar os mesmos temores da maioria da população, cônscios da debilidade do sistema monetário, inclusive do Estado emergente, mantendo-se pouco inclinados a lidar com o "papel-moeda legalmente emitido pelo governo", diminuindo também o valor das cédulas quando lidavam com elas (OC, ordem 877, 1834).

Uso do chão público

A apropriação e o uso coletivo do "chão" público viabilizavam o funcionamento dessa economia de trocados e um tipo de existência que tinha a convivência como pressuposto imprescindível.

Entre as elites, a coexistência também foi fundamental na defesa de cargos, privilégios, posições de pensamento e oportunidades favoráveis. Para a grande maioria de pobres, mestiços, mulheres, forros, escravos e índios, foi mecanismo de sobrevivência material e social.

A convivência tão estreita e solidária entre os segmentos pobres, cativos, forros ou livres era permeada, contudo, por um potencial de tensão sempre em via de manifestar-se em conflitos, em virtude da escassez de recursos, dos imprevistos freqüentes, da condição de viver de expedientes e do caráter hierárquico e às vezes provisório das relações sociais. Solidariedades e este estado latente de tensão eram visíveis nas situações de uso coletivo do espaço público, como nas fontes d'água, onde se reuniam escravas que, sob o cheiro acre do sabão e com as saias suspensas, aguçavam os ouvidos para ouvir tramas de fugas de forros metidos em viagens de cargueiros de açúcar (Q, ordem 6019, 1803-31). As fontes d'água matavam a sede – a biológica, a de vingança, a de justiça –, asseguravam higiene, supriam a cozinha e se espalhavam por vários pontos da cidade.

No pátio São Francisco, pegado à Academia, negros e negras com potes na cabeça cruzavam rotineiramente com estudantes e professores encartolados, o livro à mão. Seguiam para o Chafariz do Curso Jurídico, mas com grande *freqüentação* de gente das camadas populares. No do Piques havia um cocho para os animais que atravessavam a ponte da região. Procurada e problemática era a fonte do Recolhimento da Luz, pelas hostilizações das recolhidas que queriam fechá-la para o público (Gaspar, 1827).

Quando lavavam vasilhas e outros objetos, livrando-se das imundícies na pia do chafariz do Largo da Misericórdia, quando despejavam comida e excrementos que entupiam e alagavam a rua do Comércio, os pobres estreitavam seus vínculos de amizade, combinavam trocas de serviços, informações de preços mais acessíveis na vendagem a varejo das ruas e casinhas, tratavam ou criavam oportunidades de ganho.

Tão essenciais eram estes espaços e momentos no contexto da vida destes segmentos, que eludiam o quanto podiam as ações constrangedoras da Câmara, tornando inócuo o fiscal da noite, obrigando que um outro vigiasse durante o dia (OC, ordem 869, 1833 e 1834). Não eram questões de higiene ou estéticas que preocupavam forros, cativos ou livres pobres quando despejavam dejetos nas mesmas fontes onde buscavam água para beber e cozinhar ou quando estendiam suas roupas nos parapeitos das pontes, aterrados estacados ou nas precárias cercas erguidas em locais públicos. Para todos, principalmente para os que viviam de uma microeconomia de trocados, arranjando-se em serviços "aqui e ali", a possibilidade de encontro estava acima de qualquer prescrição normativa (PA, 1833 e ACa, 1846).

Regos abertos corriam pelas ruas da cidade e paravam nas fontes, nunca vazias, mesmo com o odor nauseabundo dos despejos e da gordura de porco que escorria das panelas. Ajuntamentos para lavar roupa e louça, muitas vezes à noite (PA, 1834), quando se enxergam uns aos outros, sob o mortiço dos lampiões, apenas pelo tom de voz, pela maneira de tossir, pelo pigarro, pela passada, apertavam ainda mais os laços de amizade e vicinais.

A rotina de trabalhos domésticos na rua, como exercício de infinitas possibilidades de sobrevivência material e coexistência, acontecia também com o costume de se lançar lixo nas ruas. Escravos eram surpreendidos reunidos em torno de regos, becos e cantos de rua, para despejar o lixo (P, ordem 2440, 1834), e habitualmente eram presos em grupo.

No contexto cativo, esses momentos de socialização com o objetivo de ganhos materiais e sociais também serviam para a aplicação de sanções informais no meio (PJ, APESP, ordem 313, 1818). Em certas circunstâncias, o hábito de pôr o lixo para fora da casa podia operar pequenas vinganças, como acontecia no beco da rua do Carmo, praticamente na casa do brigadeiro Rafael Tobias de Aguiar – presidente da Província de 1831 a 1835 e de 1840 a 1841 – e sua mulher, a mal-afamada Domitila de Castro, onde vários pretos não se desacostumavam de lançar imundícies.

Ecos do reformismo urbano português, motivado pelo grande terremoto em Portugal (1755) e que encetou modelos de civilização, levaram no Brasil da primeira metade do século XIX à criação de posturas, repreensões e punições contra hábitos que tinham função definida na vida social dos segmentos populares.

A ausência de sistema de abastecimento de água e despejo de lixo, contudo, obrigaria do mais ao menos abastado a usar o perímetro urbano, mas eram os segmentos populares que de fato freqüentavam fontes e becos, na condição de empregados, cativos, criados ou tratando de suas próprias obrigações.

Entornavam lixo na ladeira do Bixiga, ratos mortos na rua da Cruz Preta (Quintino Bocaiúva) ou no beco de Santa Tereza (PA, 1833 e 1834; P, ordem 2440, 1843). Muitas vezes, infeliz do sentinela que saísse em defesa da postura que proibia tais ações, pois mexia em algo que poderia ser decisivo para um arranjo de serviço, para um contato estratégico na rotina da sobrevivência, para tomar conhecimento dos que atravessavam mantimentos nas pontes para depois vendê-los a preços elevados nas casinhas ou nos tabuleiros volantes.

Numa sociedade em mudança, o uso e a apropriação do espaço urbano ocorriam através de uma rede tradicional de contatos pessoais, baseados em ligações de amizade e parentesco, que viabilizavam o funcionamento de uma economia de retaguarda ao grande comércio que atravessava diariamente a cidade. Essa rede era reforçada e renovada diariamente mediante práticas rotineiras, como o costume da criação de animais soltos pelas ruas.

Já se escreveu que nas cidades do início do período moderno os animais se espalhavam por todos os lados (Thomas, 1988, p.114), e os esforços da municipalidade para impedir que galinhas cruzassem a frente dos transeuntes, porcos chafurdassem lixos amontoados em becos e vacas fossem ordenhadas nas ruas foram praticamente em vão. Embora as sociedades estivessem sofrendo transformações econômicas, de pensamento e políticas, sob a égide de formações históricas específicas, costumes dificilmente são suprimidos, mas reelaboram-se.

Quase não havia distinções entre os segmentos populares e seus animais domésticos e de trabalho, e toda ação normativa com o intuito de separá-los em grande medida não teve êxito. Tal simbiose era demonstrada no conhecimento dos detalhes anatômicos do animal como se fosse um parente muito próximo. Nos processos de roubo, principalmente de muares e cavalos, sabia-se a mais escondida nuança de cor de pêlo do animal, um manco sutil, uma mancha no casco, mesmo minúscula.[2]

A iniciativa de subtrair os animais das ruas, nas cidades do século XIX, provinha também de certo anseio pioneiro por afastar os segmentos populares dos usos espontâneos e coletivos do "chão" público, fator importante para a implantação de um conceito de ordem pública cujos cenários urbanos seriam livres de sonoridades e fisionomias amestiçadas, concurso incontrolado de povo nas ruas, sempre tido, precavidamente, como causador de tumultos.

Desde a colônia era habitual o trânsito de porcos e cavalos pelas ruas e quintais, inclusive de vizinhos. O aumento do trânsito de cargueiros de açúcar pela capital e ampliação do comércio de víveres in-

---

2 Keith Thomas (1988) mostra processo semelhante entre os agricultores ingleses do século XIX.

tensificou esse hábito. Rotineiramente, solicitavam-se providências contra as tropas de bestas espalhadas pelas ruas (ACa, 1832). Os que alugavam pastos no Bixiga, nas bandas do Lavapés e do Cambuci, na Tabatinquera não se preocupavam com fechos, pois tropeiros e trabalhadores de tropas fiavam-se na familiaridade que tinham com os animais. O que não quer dizer que muito animal não tenha sido furtado.

A Câmara teve muito trabalho em proibir o criatório solto de porcos, base da microeconomia de alimentos em expansão, multiplicado nas roças dos sitiantes, nos cargueiros dos açougueiros, nos quintais, nas ruas da cidade. Cozinhava-se com banha de porco, o toicinho e a carne de capado eram produtos de grande consumo.

Os moradores da cidade criavam seus porcos livres (PA, 1830; 1834), confiantes não só no íntimo conhecimento que tinham de seus animais como na própria rede vicinal na qual se ajudavam mutuamente, comerciavam, ajustavam serviços e que por certo, mas não absolutamente, os resguardaria do furto. O trânsito dos animais de um quintal a outro revela quão estreitas eram as relações sociais, embora sob pressões de mudanças vindas não só de cima, mas de membros da própria vizinhança, que erguiam cercas, aprofundavam os valos e instalavam fechos em suas cercas.

Criadores e açougueiros dos arredores com seus cargueiros de até oitenta porcos para vender nas casinhas adotaram o hábito de trazê-los vivos, para matá-los ou não na cidade, conforme a vantagem do negócio, deixando-os fora de currus tanto de dia como de noite, vagando pelas várzeas e aterrados (OC, ordem 875, 1837). Era uma forma de burlar o fisco, deixando de pagar taxas pelo aluguel de chiqueiros, ou fazer que o fiscal não tomasse conhecimento do número de capados que traziam. Havia um cerco na várzea do Carmo para acomodar os capados vivos de vendagem pública (PA, 1829). A extensa rede de relações, inclusive herdada, muitas vezes tornava desnecessário avançar tanto na cidade, pois logo se desfaziam deles, na beira da ponte ou do portão da casa ou da chácara de conhecidos dos arredores.

A Câmara cada vez mais se preocupava com possíveis danos às obras públicas e particulares (PA 1830; ACa, 1822). Entre as camadas populares, mas não só, estes dois conceitos estavam historicamente amalgamados e desse modo viabilizavam a sobrevivência material e social.

Cães, não importava seu temperamento, eram muitas vezes inseparáveis companheiros em suas andanças e não havia fiscal ou postura que os fizesse açaimar. É histórica a estreita relação do homem com os animais, e os cães sempre ocuparam posição afetiva e utilitária proeminente. Para evitar as imprevistas e danosas visitas de ladrões, maior confiança era depositada no cão de guarda do que no juiz de paz ou no sentinela (Thomas, 1988, p.122).

Eram grandes auxiliares de seus donos no trabalho, servindo-os na caça, como mostra a iconografia de Debret do Pátio do Palácio (ver Figura 3, p.37), na qual um aparece acompanhando um grupo de caçadores – a caça era outro meio de divertimento e alimentação na cidade. Quando desvencilhados de donos, trançavam livremente entre as pernas dos transeuntes, misturando-se a eles em lugares de concentração da quitanda volante, nos açougues e em ajuntamentos de povo, como o mesmo Debret pintou na aquarela do Pátio da Sé (Figura 15, p.83).

Criadores de porcos e açougueiros que se deslocavam para a Capital com seus capados vivos sempre traziam seus cães, fiéis ajudantes na reunião da porcada dispersa (PA, 1832). Circulavam por todos os lados da cidade e, malgrado os esforços da Câmara para trancafiá-los ou pôr-lhes açaime, continuaram a ser registrados por artistas e fotógrafos. Na segunda metade do século XIX, as lentes de Militão os viram no Paredão do Piques e na rua do Comércio, e o pincel de Jules Martin os pintou na inauguração da Avenida Paulista, em 1891 (Lago, 1998, p.152-3; p.169).

Mais exteriores à casa do que interiores, os cães acompanhavam os trabalhadores e andarilhos das ruas, rondavam, naturalmente, o matadouro, rodeavam e diz-se que chegavam a promover distúrbios na cadeia (PA, 1833), tal a liberdade que os guardas lhes davam com suas brincadeiras. Ruas como a da Quitanda ou a das Casinhas, junto a armazéns e fogões das quitandeiras, concentravam número maior deles, o que chegava a provocar acidentes. Mulheres surpreendiam-se com repuxos nas barras de seus vestidos, outros tinham o azar de ser mordidos ou ameaçados por esses animais (ibidem), dos quais todos faziam as vezes de donos, colocando-lhes apelidos, maltratando-os, chamando-os para um afago ou agrado com o que estivesse na mão, como a quitanda que havia acabado de sair da panela ou do tabuleiro da quitandeira.

Como o plano doméstico realizava-se plenamente na rua, que inclusive era apropriada segundo estes critérios, os cães recebiam tratamento como se fossem da casa, não se podendo propriamente falar, ainda, em animal de estimação, no sentido das sociedades burguesas européias, já que eram outras as diretrizes socioculturais na sociedade brasileira. A quase impossibilidade da Câmara de fazer que fossem açaimados ou deixassem de freqüentar certos locais indica a familiaridade que lhes era devotada.

O mesmo acontecia com vários outros animais domésticos, em graus diferentes de afetividades. Ruas e praças eram verdadeiro criadouro de pombos, galinhas, cabras, vacas de leite (AC, 1830; 1850), usadas e apropriadas como quintais de casas e chácaras. Os segmentos populares ainda não ordenavam o seu mundo com portões, fechos e cercas, ao contrário dos de mais cabedal, mais preocupados em definir os limites de suas posses, embora sob argumentos mais familiais do que individualistas, como demonstram os litígios entre vizinhos, motivados por solicitação de divisão de terrenos em virtude dos incômodos provocados por animais soltos.

A Câmara apoiava tais ações, não só por reunir em seus quadros os mais abastados da cidade, diretamente interessados na ampliação de suas posses fundiárias, como por dar andamento a ações reformistas que visavam combater o uso coletivo dos espaços públicos.

A Câmara Municipal teve muitas dificuldades, portanto, para coibir antigas práticas dos moradores e transeuntes da cidade, verdadeira engrenagem de sua existência social. Assim acontecia com os dobres excessivos dos sinos nos anúncios de falecimento, que tanto podiam estar associados ao *status* daquele que partia como ao grau da afetividade que lhe era dispensada. Estabeleciam-se, assim, determinações paralelas às das Constituições Diocesanas inconvenientes para o tempo, já que o certo e almejado era o fortalecimento, tanto quanto possível, das instâncias oficiais (PA, 1808, 1832 e ACa, 1830).

Processo semelhante aconteceu com os fogos-do-ar, amplamente empregados nas festas oficiais reais e da Câmara e apropriados por trabalhadores, guardas, estudantes, moleques, cativos, forros e negociantes, que os empregavam em suas manifestações festivas informais.

Os fogos, rojões segundo a definição portuguesa, ou fogos-do-ar foram complemento das festas religiosas ou oficiais no Brasil desde o século XVII. Introduzido pelos portugueses, vieram da China, onde compunham as solenidades sagradas e profanas. Sua função sempre foi propagar o júbilo, atrair as pessoas, consagrar homenagem e saudar. Tinham, assim, função oficial, social e política, e eram usados nas proclamações de vitórias partidárias, na promulgação de um decreto importante e no anúncio de concentrações (Cascudo, s.d.).

Nos festejos do Espírito Santo, Beyer notou esses fogos verticais em todas as praças. O bispo dizia a missa e do lado de fora a guarnição "apresentava as armas e dava salvas com as espingardas e rojões subiam aos ares" (Beyer, 1907, p.296). Três noites de fogos iluminaram e quebraram a mudez noturna, não só na capital, mas em todas as cidades do país, em homenagem à chegada da família real ao Rio de Janeiro (PA, 1808).

Na documentação da Câmara sucedem-se os recibos de pagamento a carreiros por transportarem embiras – casca de cipó para fazer amarros – e cargas de cipó para armação de fogos no Pátio do Palácio em ocasiões festivas oficiais (PA, 1846). Na visita de D. Pedro à cidade, foram cinqüenta dúzias de fogos-do-ar, 101 bombas de quatro onças, girândolas – roda na qual se ajunta certo número de foguetes para subir e estourar simultaneamente – de foguetes (ACa, 1845).

Quando saíam, porém, das mãos oficiais e passavam para a dos regozijos informais, em festas de família e vizinhança, eram desaconselhados, principalmente num contexto em que se cuidava para que nada quebrasse quadros sociais estáveis que se procuravam conquistar a duras penas. O brilho e o barulho dos fogos verticais poderiam funcionar como meios de comunicação informal, contestação, júbilo por acontecimentos que, preferencialmente, era melhor que os diversos segmentos sociais não se manifestassem ou nem tomassem conhecimento, por mais provocante que fosse o cenário político da Corte, das províncias e internacional, marcado pela emergência das camadas populares, pelo questionamento de antigos privilégios e por reordenamentos políticos.

Tanto era assim que o delegado da freguesia da Sé viu a necessidade de elaborar uma postura que proibisse fogos-do-ar e prendesse os que se achassem em outras festividades ou ocasiões costumeiras soltando-os, tanto de dia como de noite, inclusive na Santa Ifigênia e no Brás (FP, 10.5.1831). Algo difícil de pôr em prática em razão das brechas mantidas pela manutenção destes fogos em dias de festa nacional e religiosa e nas vésperas de São João, Santo Antônio e São Pedro.

Nas festas profano-religiosas desses santos, os populares contavam com anuência oficial para soltar os fogos, mas não se mostrariam dispostos a largá-los no batizado de um filho, no casamento de um parente, numa reunião familiar, nas saudações e nos júbilos informais que faziam parte de um quadro mais amplo de sobrevivência e convívio intensamente compartilhado numa sociedade em mudança.

Mas o maior problema que as autoridades tiveram de enfrentar ao longo da primeira metade do século XIX foi a convergência lógica do tradicional e oficial fogo-do-ar para o horizontal e rasante busca-pé, nome brasileiro do brinquedo português (Cascudo, 1998). Servia para espavorir gente, debandar grupos, tornar as ruas intransitáveis, hostilizar guardas e sentinelas, promover batalhas entre os habilidosos no manejo deste fogo corrido.

Uma das maiores dificuldades em coibir completamente esse fogo fugitivo vinha do fato de os fogos de artifício serem amplamente usados oficialmente e liberados pelas posturas nos dias de festas profano-religiosas – um costume portanto que contava com o aval das instâncias normativas (PA, 1846). Os fogos ou foguetes-do-ar, oficializados pela Câmara, enquadrados e normatizados para certos dias, locais e sob a vigilância da guarda, eram readequados pelos segmentos populares, às vezes até por pessoas de prestígio e posição da cidade, sob a forma dos agitadíssimos busca-pés.

Acidentes aconteciam e serviam como argumento para prescrições. Lojas que os vendiam corriam o risco freqüente de incêndios, já que inexistiam cuidados para o seu armazenamento, meninos e adultos queimavam-se quando falhavam ou eram manipulados sem a devida habilidade. Demétrio de tal, na festa de Santa Ifigênia, deitou busca-pés contra o povo, chegando a queimar os vestidos de uma mulher, e muitos arrombadores usavam-no como artifício para dissimular o barulho da abertura forçada de portas e janelas (PA, 1834; OC, 23.9.1831).

Na guerra de busca-pés as pessoas, trabalhadores e seus patrões, os que faziam negócios mútuos, também estreitavam seus vínculos pessoais, como um caixeiro surpreendido nesta prática com seus empregados. Outras vezes eram oficiais do Corpo ou da Guarda Nacional que se entretinham com o brinquedo proscrito pela Câmara (PA, 1831; OC, ordem 892, 1850).

Práticas que possibilitassem o estreitamento das relações sociais, como as salvas informais de tiros, eram importantes num meio cada vez mais percorrido por gente nova, em idas e vindas de cargueiros de tropas, que bem poderia se tornar freguesa cativa da quitanda volante, do vendedor de víveres e fazer pequenos favores em pontos distantes.

As roqueiras eram uma reelaboração das salvas de tiros oficiais, compostas de uma pequena peça feita de cano de espingarda ou pedaço de ferro preso a um toro de madeira. Carregava-se com pólvora pela boca e disparava-se (Cascudo, 1998). As pessoas usavam para dar salvas em ocasiões festivas próprias (PA, 1830; ACa, 1830), num tempo em que convinha mais que as festividades se resumissem às de aclamação e legitimação das instituições político-institucionais que se erguiam, quando quaisquer outras podiam representar riscos imprevisíveis pelo ajuntamento informal de povo que promoviam.

As posturas procuravam proibir o uso das roqueiras, impondo multas e prisões aos que dessem tiros nos limites da cidade, nas freguesias e povoações, tanto de dia como de noite. Mas, ao excetuarem as vésperas e os dias das tradicionais festas profano-religiosas davam margem a esta artilharia da terra, em torno da qual se reuniam escravos, forros, moleques, senhores com patentes oficiais, trabalhadores e os sem trabalho, numa gritaria de contentamento sempre desdobrada em ganhos materiais e sociais, outras vezes em ferimentos e até mortes (PA, 1829; ACa, 1830; FP, 10.5.1831; RGC, 1847), justificando a ação da pesada mão reformista da Câmara.

As tensões no cotidiano da capital se manifestaram ainda no realinhamento fundiário urbano e no florescimento da noção de cidadania – assim como acontecia em todas as outras províncias e cidades –, num contexto de exacerbação do uso do "chão" público, alargamento das oportunidades e ascensão de uma retórica de direitos e constitucionalidade.

3
DO ALVARÁ À LEI

Do perímetro urbano ao espaço público

No século XIX, a passagem do alvará à lei inscreve-se no complexo processo de dissolução do organismo Metrópole–Colônia e instauração de nova ordem político-institucional,[1] que implicou também a elaboração de um campo jurídico e legislativo nos âmbitos municipal, provincial e nacional. Nos municípios, esse contexto desdobrou-se numa relação de tolerância permissiva entre autoridades policiais, fiscais da Câmara, delegados, juízes de paz e segmentos sociais, como ocorreu em São Paulo, cuja proeminente economia de trocados e andanças era intrinsecamente dependente do perímetro urbano.[2]

---

1 Raymundo Faoro (1979) vai mais longe e analisa o estamento burocrático como árbitro entre as classes, na formação do Estado soberano.
2 Os anos 1830-1840 foram das lutas populares, com uma sucessão de agitações revolucionárias. Na Europa Ocidental foram resultado dos problemas oriundos do desenvolvimento da economia industrial, com ressonâncias na América. A transição econômica aumentou a miséria e o descontentamento. A revolução social explodiu na forma de levantes espontâneos de trabalhadores da indústria e populações pobres das cidades, produzindo as revoluções de 1848. Nos anos 1830, emergiu na Grã-Bretanha e na França a classe operária como

Tanto as camadas populares como os segmentos mais abastados demonstram-se cada vez mais hábeis em ludibriar e enfrentar a norma, através de um conjunto de práticas e concepções herdadas e informais, específicas de cada posição social. As instâncias normativas, por sua vez, viram-se forçadas a agir no limite destas práticas, sob pena de ter sua posição de poder e mando inviabilizada.

A intensificação da vida comercial na capital a partir do final do século XVIII estimulou a ocupação do perímetro urbano e o processo de redefinição das áreas particulares, num contexto fundiário desordenado e no qual a terra era facilmente acessível pela posse.

O arcabouço jurídico e legal se formava com base nos acertos e desacertos com os segmentos sociais e definia o uso e desenho dos espaços urbanos das capitais das províncias. O problema fundiário no meio rural e urbano foi algo bastante complexo no contexto de instauração de uma nova ordem política. Embora se tratasse de uma sociedade bastante desigual e hierárquica, fácil foi o acesso a um terreno, rural ou no perímetro urbano, pois o costume da posse tinha caráter de lei (Thompson, 1998).

A liberdade da posse, que elevava um forro ou pobre livre à condição de senhor, munindo-o de razões para meter processos de divisão de limites contra seus vizinhos, aconteceu no bojo de discussões, projetos, decretos que nunca se aplicaram, e de muitas demandas judiciais que tenderam a acentuar as tensões latentes e os conflitos nas relações sociais.

O problema fundiário urbano tomou corpo com a questão mais ampla da terra, até então sob jurisdição legal, jurídica, militar e administrativa da Câmara. Com a independência, a necessidade de enquadrá-la num suporte legislativo despertou o caráter caótico de sua ocupação, sua posse e seus usos. Grande confusão fundiária ur-

---

força política autoconsciente e independente. Nada foi mais inevitável, na primeira metade do século XIX, do que a explosão dos movimentos trabalhistas e socialista, com a intranqüilidade revolucionária das massas (cf. Hobsbawm, 1977, p.129-226). Na América, os interregnos de poder, a escravidão, os vícios deixados pelo antigo sistema colonial e a pobreza resultaram em ebulição.

bana avançou o século XVIII com a exigência da Câmara de alinhamento e fechamento dos terrenos, como meio de destinguir o público do particular, num contexto em que inexistia legislação apropriada que mediasse a propriedade particular e no qual as posses multiplicavam-se.[3]

O processo de formação do espaço público no Brasil foi simultâneo ao da implantação de uma nova ordem político-institucional no século XIX. A delimitação do espaço e a simultânea elaboração dos mecanismos jurídico-legislativos fundiários urbanos implicaram em prescrições da Câmara por alinhamento e melhor precisão de limites, avanço particular sobre as áreas de servidão pública, explosão de conflitos em virtude de pressões pela delimitação de divisas com fechos de lei, cercas e alinhamentos. Concepções de propriedade[4] e proprietário baseadas no costume e em antigas relações familiares e vicinais também criaram contextos favoráveis para desentendimentos e confrontos.

As ressonâncias do racionalismo previsto pelas formas de pensamento da ilustração – em certa medida presentes nos discursos das

---

3 A forma de acesso à terra na área rural era pela "sesmaria" e no meio urbano pela "data de terra" ou "chão de terra". No primeiro caso, a terra era ocupada por ato do rei, vice-rei, diretamente ou via donatário, seu loco-tenente, do governador-geral ou do capitão general. Era livre de foro. No segundo caso, a Câmara cedia o uso da terra, para morar e explorar, gratuitamente ou por foro, que fazia parte de seus rendimentos (cf. Glezer, 1992).

4 Glezer, 1992, p.145. Janice Theodoro acredita que o colonizador já trouxe bem delineada para a América Portuguesa a noção de propriedade. Para ela, os membros da Câmara já se preocupavam em sistematizar a divisão do território no século XVII. Incentivaram e comandaram o processo de legalização das terras ocupadas e a construção de casas. Como os funcionários do Estado português definiriam os critérios básicos de ocupação do solo, a questão da propriedade foi básica. Esta preocupação com a urbe teria sido paralela ao desejo de amenizar os traços rurais da vila de São Paulo. A casa e o pasto não poderiam mais ser componentes de uma mesma unidade. No final deste período, a integração da economia paulista a outras áreas redefiniu o espaço da propriedade privada e do bem comum. A colonização definiu as áreas privadas, onde cada qual construiria sua moradia, e a Câmara procurou legalizar a posse. Cf. Silva, 1980, p.76 e 91.

autoridades municipais, defensoras da linha reta, dos espaços circunscritos, sem obstáculos que obstruíssem a passagem, e de um tipo de desenho urbano de formas estáveis e equilibradas – se incompatibilizariam com a geografia, o traçado urbano, a arquitetura das cidades brasileiras, as relações sociais e o trabalho.

Entre os concessionários de terrenos na cidade de São Paulo com condições de sustentar demandas judiciais, os alinhamentos transformados em obrigação pela Câmara eram tradicionalmente feitos por meio de uma cerca erguida pelos avós, um bambual, capoeiras altas, um ribeirão. Valiam como divisas informais. Os conflitos tornaram-se constantes conforme divisões mais precisas e formais passaram a ser exigidas dos concessionários, obrigando-os a erguer cercas, colocar fechos, abrir valos.

Em muitos casos, por mais que a Câmara prescrevesse o alinhamento como obrigação formal imposta aos usuários, prevaleceriam nos tribunais os informais, a defesa de um desenho antigo, pessoal e familiar. Simultaneamente ao processo de constituição de um suporte jurídico-legislativo formal, vigoravam e obtinham êxito nas instâncias oficiais concepções de propriedade e proprietário relacionadas às antigas relações vicinais, de parentesco e aos desenhos e limites pessoais.

Os contextos concomitantes de formação do espaço público e expansão econômica da cidade motivaram a Câmara a prescrever mais insistentemente a instalação de valos, fechos e portões, diante do aumento das tensões e dos litígios causados pela passagem de animais de um pasto a outro. A Câmara teimava em erguer fechamentos e alinhamentos, sob pena de prisão e multa, mas muitos concessionários insistiam num mundo sem trancas e com divisas naturais.

A implantação de uma nova ordem político-institucional implicou a regularização do espaço público pelas Câmaras Municipais, mediante um esforço normatizador que muitas vezes endossou a posse e o uso antigo. Assim, a noção de espaço público associou-se ao doméstico, tanto entre as elites como entre as camadas populares, visando à manutenção de privilégios específicos de uns e ao que era imprescindível para outros.

Em razão deste legado, interesses particulares em ascensão, em certos momentos, foram preteridos em relação à legitimação de muitas áreas de uso costumeiro e antigo. Assim, o poder camerário, na constituição do espaço público, viu-se metido num tenso equilíbrio entre defender interesses particulares e ceder ao costume e às antigas relações vicinais e familiares.

Inegavelmente, a partir da segunda década do século XIX, não em virtude da Academia Jurídica,[5] o uso do espaço público da cidade vivia um processo de ampliação, exigindo novos estabelecimentos, melhor aproveitamento dos terrenos contíguos ao núcleo central e abertura de ruas e praças, em virtude do intenso trânsito de animais, tropas e trabalhadores, além da formação de edifícios e casas de morada para os acadêmicos e pessoas que diariamente vinham de fora (PA, 1829).

A necessidade de controle do espaço público e sua incorporação mais sistemática aos usos dos negociantes, dos novos moradores, dos que transitavam com cargueiros de açúcar, dos que perambulavam movimentando uma economia de trocados e patacas levou as autoridades locais a arrebanhar inclusive áreas tradicionais de aldeamentos indígenas, arredando essa população para as beiradas da economia paulista. Assim, os índios dos aldeamentos se reinseriram na sociedade como caboclos, confundindo-se com o resto da população mestiça, livre ou caipira.

Os ideais de liberdade e de derrubada das autoridades despóticas, propalados pelo tempo, reelaboraram-se nas mãos das autoridades municipais com o objetivo de incorporar terrenos e territórios ao domínio público, constituindo, assim, um campo de forças entre interesses dirigentes e índios aldeados. Foi defendida a idéia de co-

---

5 O curso jurídico, apesar de estabelecido em 1827, sofreu um retraimento sensível do número de estudantes, de modo que fica muito difícil creditar somente a ele as transformações urbanas e comerciais que a cidade vinha sofrendo. A consolidação da academia não foi imediata, embora as matrículas tivessem tomado impulso nos primeiros anos, refluindo no final da década de 1830 e sobretudo nos anos 1840. Entre 1831 e 1835, a média qüinqüenal foi de 41,6 alunos, no período 1836-40 foi de 23. Nos qüinqüênios sucessivos seriam 11,2 e 16,7, respectivamente (cf. Queiroz, 1992, p.151).

locá-los em liberdade em relação aos diretores dos aldeamentos, o que implicaria a eliminação das aldeias e, portanto, a desagregação de relações humanas, organizações culturais, religiosas e de trabalho específicas, que precisariam ser reajustadas pelos próprios índios.

O objetivo era transformar aldeias em freguesias, extinguindo a denominação aldeia, que assumia conotação vergonhosa num contexto que desde a vinda da família real para o país cobiçava o modelo de civilização européia. Guarulhos foi uma das primeiras aldeias a sofrer este processo, passando a chamar-se freguesia da Nossa Senhora da Conceição de Guarulhos. Propunha-se a formação de cinco freguesias e que as outras aldeias se tornassem capelas filiais.[6]

Se a implantação de uma nova ordem política amoldou-se cada vez mais à necessidade de unidade, estabilidade e equilíbrio social, arredar para as margens da sociedade o amestiçamento e a dessemelhança racial foi uma das estratégias, traduzida em várias atitudes, inclusive no reordenamento do espaço público, com o desmanche dos aldeamentos e sua transformação em freguesias.

Esse processo de afastar para as margens para tornar menos perceptíveis os segmentos mestiços e populares ganharia dimensões mais amplas com os reformismos urbanos do final do século XIX e início do XX, afastando para os arredores das cidades, os subúrbios e as periferias a grande massa de trabalhadores, negros, mestiços, imigrantes pobres europeus e migrantes.

A nova ordem político-institucional em formação, portanto, traduziu-se nas localidades pela atuação urbanística camerária, que manteve uma população em crescimento e inserção marginal na sociedade. Os índios, contudo, e algumas vezes associados a algum letrado local – geralmente pessoa abastada por deter patente militar elevada – gritavam à municipalidade para que não fossem perturbados por particulares na posse de seus terrenos, como fizeram os índi-

---

6 O que pode ser constatado no Plano para redução das aldeias dos índios de S. Paulo em freguesias, por Antonio José da Franca e Horta. (Documentos Interessantes, v.4, p.113-6). Documento sobre a catechese e aldeamento dos índios e sobre vias de comunicação com as capitanias do Mato Grosso e Goyas, 1803-1816.

os de São Miguel. Como resposta tiveram que ouvir que deveriam lançar mão dos meios ordinários para tanto, porque eram pessoas compreendidas na massa dos habitantes da província, sujeitos, portanto, ao foro comum, por não serem mais catecúmenos (DE, ordem EO733, 1848).

Buscar o foro comum significava ter recursos suficientes para sustentar os custos das demandas judiciais, algo nem sempre possível para os que viviam de louçaria de barro, biscateando por trocados, plantando ou criando animais para um comércio miúdo de alimentos, daí a importância das relações pessoais com indivíduos de distinção e posses.

Ao incorporar os índios aldeados na massa da população, como aconteceu com os aldeados de Itaquaquecetuba (ibidem, 1847), Pinheiros, Guarulhos, São Miguel, Carapicuíba, as autoridades municipais os faziam gozar das garantias que as leis conferiam a todos, tirando-lhes acesso a uma legislação específica. O problema é que as leis sempre atenderam mais prontamente a um grupo e aos que gravitassem em torno das suas relações de interesse, pois, embora tenham surgido num campo de forças sociais, os recursos de luta dos segmentos sociais sempre foram desiguais.

A transição do alvará, representante do absolutismo, para o império da lei serviu em grande medida para camuflar o predomínio da vontade e dos privilégios dos dirigentes com uma simulada roupagem de legalidade. Aparentemente, as garantias da lei nasceram extensivas a todos, mas seu percurso hermético, requintado, caro, moroso, enviesado por mil e uma esferas, suprimidas conforme a inserção no jogo das relações, dificultou o processo de luta dos índios no passado da cidade.

Aumentavam as pretensões particulares sobre os terrenos da cidade, e conforme a Câmara favorecia a transformação dos aldeamentos em freguesias legitimava o avanço das posses graças aos cercamentos e ao erguimento de portões, já que na condição de freguesia o domínio original passaria a ser da municipalidade, não mais do aldeamento. Assim, muitos negociantes e senhores de patentes militares elevadas, muitos ocupando postos no poder local, como de vereadores ou juízes de paz, se serviram dessas condições para dar vazão à sua sanha particularista.

O presidente da Província chegou a nomear um advogado para defender no foro o direito dos índios da província e da cidade (ibidem, 1846) nas reivindicações de terra, pois fazia parte da nova ordem política em formação refinar o processo de luta entre interesses divergentes, de forma que na derrota das camadas populares não transparecesse a arbitrariedade dirigente, mas uma suposta legalidade. Diferentemente, no novo desenho urbano que surgia com a expansão econômica da cidade, não havia tracejado para índios e aldeamentos.

Na inserção dessas populações de índios, mas também de caboclos, livres, forros, caipiras, nas bordas de uma sociedade em processo de mudança social e intensificação das atividades econômicas comerciais, eram quase totalmente diluídas as fronteiras entre trabalho e criminalidade. Tal constatação não quer afirmar uma tendência à criminalidade no meio da pobreza. O problema é que o modo e os recursos disponíveis para a sobrevivência podiam facilmente deslizar para o roubo, o furto e a enganação, mesmo contra um vizinho, amigo ou parente.

Imagine-se uma cidade como a capital, com inúmeras chácaras vizinhas, como acontecia nas bandas do Arouche, e apenas um barranco que servia de divisa entre seus quintais. Os animais facilmente passavam para terrenos alheios, misturando-se e confundindo-se. Ficavam também muito mais suscetíveis aos desvios, aparecendo como possibilidade de ganho aos muitos que viviam de roubar, matar reses e vender sua carne.

A falta de fechos perdurou por longo tempo e nada fazia a Câmara convencer a maior parte dos usuários a empregá-los, porque não era ainda nos moldes do fechamento e do isolamento que concebiam sua existência e suas relações, mesmo que desta prática costumeira se originassem casos de extrema violência, como o do alemão que, ressentindo-se do desaparecimento de seu cavalo, por duas vezes encontrado no mesmo pasto, espancou o suspeito até a morte (AC, ordem 3906).

Por serem tão frouxas as relações sociais, inclusive na maneira como era usado e ocupado o espaço público, com a despreocupação de traçar limites mais precisos entre quintais colocando cercas, portões e fechos, as tensões fermentavam em seu âmago, permanecendo incubadas por longos períodos, às vezes por gerações, vindo à tona somente em momentos de desavenças na convivência dos que tinham acesso à posse.

Se muitos concessionários resistiram às delimitações oficias de terrenos, outros brigaram pelas divisões precisas de limites, como mostra um documento do qual constam várias assinaturas solicitando providências sobre os danos feitos a eles, "proprietários" de chácaras, pelos animais vacum e cavalares que pastavam pelo rocio da cidade, em virtude da falta do "fecho de lei" (ACa, 1829).

O aproveitamento mais intenso dos pastos das chácaras e sítios, em negócios próprios de animais ou no aluguel para tropeiros e negociantes, numa fase de plena liberdade da posse, tenderia a aumentar as tensões por limites territoriais e encontraria eco nas decisões da Câmara, prescritora de que todos os pastos para negócios, nos arredores da cidade, seriam obrigados a estar seguros com valos ou cercos de lei, cabendo ao que alugava a responsabilidade pelo sumiço de qualquer animal (PA, 1830). A criação de um artigo de postura específico sobre a segurança dos "pastos de negócio", em 1830, indica que a economia daquela sociedade não estava tão estagnada a ponto de dispensar preocupações com a regulamentação de certas atividades (ACa, 1830).

Como os animais de cargueiros e para vendagem passaram a ser uma constante na rotina da cidade, era necessário estimular os usuários a cercar suas plantações, evitando assim as demandas que, partindo daqueles que tinham recursos – donos de pequenas fortunas vindas do trabalho árduo de loja e comércio –, se sucediam nas mesas dos juízes.

O aumento das contendas entre vizinhos vinha da inserção da sociedade paulista num novo quadro socioeconômico que forçava a Câmara a regulamentar os limites entre os terrenos diante do crescimento das atividades de retaguarda ao comércio de animais e cargueiros de abastecimento, como o negócio de pasto. Cabia à municipalidade cuidar para que os animais, diariamente em trânsito pela cidade, não trouxessem danos aos quintais costumeiramente devassados. Como diria uma senhora na justiça: "pois que todos os quintais não têm divisão alguma" (AC, ordem 3920, 1850).

A vida econômica da cidade se expandia, aumentando as oportunidades de ganho com base no terreno ocupado, às vezes, havia gerações, e a não-concepção do mundo com fechos e trancas traria muito desentendimento. Em certos momentos, contudo, senhores de terrenos incorporaram a prescrição da Câmara, exigindo julgamento e punição pela ausência de fechos, apenas como meio de vingar seus desacordos vicinais, já que sempre, desde a geração de seus avós, haviam vivido à revelia de cercas, valos muito fundos ou fechos, como aparece nos rols de testemunhas.

Não eram exclusivamente razões econômicas, interesses de pretensos proprietários ou intenções particularistas que os levavam à mesa do fiscal da Câmara ou do juiz, mas o desafeto doméstico. Fechos, valos, cercas, porteiras seriam erguidos em nome da ancestralidade familiar.

Um avançava no terreno do outro, imbuído desta legítima justificativa. No cotidiano das cidades, o reordenamento fundiário, a cargo da municipalidade, se confundiria com as contendas domésticas, responderia à expansão econômica própria de cada capital ou província e seria apropriado pelos usuários de terrenos como recurso de acerto de contas com um vizinho com o qual sempre se tinha mantido terreno franco.

Presente desde os primórdios da colonização, a ocupação pela posse cresceu ao longo do século XVIII e foi reforçada no XIX, livre de entraves burocráticos, sem demarcação ou medição,[7] mesmo nos

---

7 Pela resolução de 17 de julho de 1822, as concessões de sesmarias, herança colonial, foram definitivamente suspensas, de forma que a partir de então e até 1850, quando foi promulgada a lei de terras, impedindo sua aquisição senão pela compra, vigorou aquela que ficou conhecida como "fase áurea do posseiro", com ressonâncias nos meios urbanos. A posse sempre coexistiu com a ses-

perímetros urbanos, embora nem todos fossem pequenos agricultores ou posseiros consuetudinários.[8] Senhores de mais ou menos recursos, gerados em suas atividades comerciais, se apossavam dos terrenos e obtinham o direito de uso. Com o tempo, passaram a negociá-los: eram vendidos, trocados, divididos com outros, arrendados.[9] De usuários, arrogaram-se a condição de proprietários, embora não no sentido mercantil da expressão. Aquele que tomava posse tinha então apenas o direito de uso do terreno.

A posse sempre existiu, mas foram o adensamento da população, os reformismos da municipalidade e a necessidade de uso mais intenso dos terrenos que fizeram emergir discórdias e contendas judiciais sobre essa questão. O processo não foi peculiar a São Paulo, mas a todas as províncias e capitais. Como era comum o uso familiar dos terrenos, numa economia doméstica de pastos de aluguel, criação e negócios de animais, as demandas eram encabeçadas por pai, mãe, filhos, genros e noras.

Edificava-se pasto e sítio em terras herdadas que por sua vez também haviam sido ocupadas por posse costumeira e antiqüíssima. Em caso de morte do concessionário, o terreno era inventariado e uma parte ficava para a viúva, que poderia conceder porção dela a outro, alguém com poucos recursos ou dificuldades materiais de existência.

Quando este morria, seus filhos, que cultivavam ou usavam o mesmo terreno em negócios de pastos e criações, costumavam vendê-lo, pois o uso ou doação tendia a confundir-se com a propriedade. Escritos de venda valiam – ou se faziam valer – como escritura

---

maria e as "datas de terras", pois era uma forma de acesso dos que tinham poucos recursos para arcar com os custos de seu requerimento. O costume de posse terminou por ser incorporado às instâncias oficiais, firmando-se como direito consuetudinário (cf. Silva, L. O., 1996, p.81).

8 "As terras urbanas, as de domínio mais imediato, pela própria situação e proximidade dos núcleos urbanos, passaram a ser alvo da cobiça, os direitos de propriedade da Câmara sendo fraudados e continuamente contestados" (Glezer, 1992, p.121).

9 Terrenos urbanos eram comprados e vendidos desde o século XVI, e livremente negociados (ibidem, p.120).

pública. A viúva, cedente original, por sua vez, vendia o terreno para outro. Estava instalada a grande confusão fundiária. Estas duas formas de posse, a cedida e a comprada, por muito tempo se acomodaram sem atritos, procedendo ambos suas culturas de plantações, criações de animais, sem contradições (ACi, ordem 3399, 1821).

Essa prática de vender a terra concedida para uso originou-se na colônia e foi um dos problemas enfrentados e combatidos pelas autoridades metropolitanas no controle da terra. A possibilidade de compra e venda da terra aparecia nos forais dos donatários das capitanias. Neles, lia-se que poderiam comprar sesmarias de terceiros passados oito anos da doação e se as terras tivessem sido aproveitadas. No final do século XVII, as autoridades coloniais mostraram-se preocupadas com o costume de "se demandar sesmarias imensas para vendê-las retalhadas" (Silva, 1996).

A prática da venda da terra, portanto, disseminou-se entre os segmentos sociais privilegiados que tinham acesso às sesmarias, uma concessão da Coroa exclusivamente para os que tivessem cabedais e recursos suficientes – entenda-se escravos – para cultivar a terra – ou seja, nos moldes da grande produção agroexportadora.

Nos núcleos urbanos a prática ganhou força entre os segmentos sociais remediados ou de reduzidos recursos, que detinham a posse de uma porção de terra ou terreno urbano por meio da concessão camerária de um "chão de terra", baseada na pobreza, na necessidade, no morar na vila, na troca de serviços com a Câmara (Glezer, 1992).

A liberdade no manuseio da posse da terra fazia que muitas delas tivessem sido adquiridas pela família por execução de penhora. Os filhos chegavam a receber "escritura do terreno", terreno que muitas vezes arrastava por anos uma medição antiga, feita por figura ilustre da história da localidade, como num sítio de Cutia, de uma viúva, que lamentava na justiça seu vizinho ter derrubado uma porteira erguida pelo conde de Palma, antigo general da então capitania de São Paulo.

Este vizinho de pouco tempo, por não concordar com a medição antiga, pôs-se a fazer uma própria, porém sem fecho ou cerca; assim, como plantasse em terras da viúva, os animais pertencentes aos filhos dela viviam atacando suas plantações e ele, em revanche, matava e machucava as criações (ACi, ordem 3672, 1819).

Razões que a documentação não explicita levavam usuários e posseiros a se incomodar com a presença das criações do vizinho em seus quintais, até então algo natural e rotineiro. Não se tratava, no entanto, de precoce difusão de formas individualistas ou de inclinação às normas de fechamento e delimitação de terrenos exigidas pela municipalidade, visto que os contendores pediam cerco de valos e não compareciam na mútua de mãos para abri-lo ou derrubavam porteira erguida para delimitar a divisão de terreno (ACi, ordem 3670, 1811-13)

Como relações domésticas muito complexas mediavam o acesso aos terrenos urbanos – um usuário poderia ceder um pedaço de seu quintal para outro ou simplesmente acostumar-se com sua presença –, as tensões em relação a limites e fechos poderiam dizer mais respeito às desafeições e aos desentendimentos vicinais, já que dividiam os contendores entre pedir o cerco e derrubar a porteira. A prescrição da Câmara, portanto, era incorporada como mecanismo de punição entre vizinhos. A norma reelaborava-se nas mãos e bocas dos usuários de terrenos na capital.

Conflitos, portanto, poderiam dizer respeito aos fechos do costume e das relações. Cada vez maiores passavam a ser os cargueiros de mulas a pernoitar nos pastos dos arredores da cidade, mas persistiriam as divisões e cercas erguidas pelo conde de Palma ou por um valo raso aberto em festiva mútua de mãos. Elas se amalgamariam às mudanças econômicas e a norma da Câmara seria transferida para os embates domésticos, esvaziada, portanto, em seu sentido reordenador e normatizador do espaço.

O caráter doméstico das tensões em relação a limites de terrenos e, portanto, a necessidade de ampliar pastos de aluguel ou o terreno das plantações, nada formais ou individualistas, num contexto econômico de expansão das oportunidades, erguia divisões de mão própria, sob os olhos de libertos, escravos, conhecidos e parentes (ACi, ordem 3670, 1813), sem a vistoria legal da Câmara e sem a colocação dos fechos de lei. Argumentos como os de compra, penhora ou concessão de uso legitimavam a posse perante as instâncias jurídicas como direito consuetudinário.

Um forro vindo de Minas, que logo se estabeleceu, sem autorização, na beira das terras de uma viúva, não hesitou em buscar na justiça o ressarcimento pela perda de suas plantações, comidas pelos gados dela. A justiça reconheceu que ele plantava em terras próprias e que os animais, portanto, tinham invadido terras alheias, devendo a viúva arcar com as custas do delito (ACi, ordem 3972, 1818).

No bairro da Cachoeira, distrito de Santa Ifigênia, um outro introduziu-se pelas vertentes de um sítio, chamando para si a posse das terras. No processo dizia ter um "papel de duação" que o usuário primeiro do sítio desconhecia quem fosse, mas que a justiça reconheceu, dando ganho de causa ao que se intrometeu (ACi, ordem 3407, 1826).

De 1822 a 1850, prevaleceu a posse como acesso à terra e aos terrenos urbanos, de modo que na história da apropriação territorial este período ficou conhecido como "fase áurea do posseiro" (Silva, 1996). Temendo que suas posses fossem seqüestradas quando da Revolução Liberal de 1842, a "rebelião de Sorocaba", como a chamavam, um padre trocou-as com um subdelegado e capitão de sua relação, por uma escrava e seis bestas, respectivamente. Outro vendeu um sítio a um capitão cujas terras eram habitadas pelos caseiros, por favor, faculdade e "título de duação", arranchados com casa de morada e plantação (ACi, ordem 3376, 1847; ordem 3407, 1839). Conflitos fundiários urbanos da primeira metade do século XIX originavam-se do acesso e das negociações informais com os terrenos.

Como inexistia uma estrutura jurídica fundiária, a posse, a ocupação acostumada e sua livre negociação predominaram, traduzindo-se em litígios quando dos desentendimentos domésticos entre os usuários. Independentemente da camada social, e com a condição de que fosse pessoa livre, criavam-se formas de ganho com os terrenos urbanos, rurais ou dos arredores da cidade. Um padre, por exemplo, nomeava-se "legítimo senhor" de uma morada de casa na freguesia de Cutia e de um cercado contíguo, com uma casinha que servia para seu recreio.

Subliminarmente ao lento processo que referendaria a propriedade de terras com a lei de 1850, fermentavam os conflitos de limites por contendas pessoais e a incorporação das decisões municipais pela regulamentação e melhor precisão por divisas como mecanismo de vinganças domésticas. As instâncias oficiais viviam o dilema de reconhecer e combater as posses, como discutiu o documento sobre a "Estatística da Imperial província de São Paulo", de 1827.

Por ele se vê que o sistema de sesmarias, oficialmente voltado para a concessão rural, suspenso em 1822, não só ainda vigorava como era indicado para coibir a posse no meio urbano pelos segmentos sociais livres e de menos recursos. Embora houvesse liberdade de posse, procurava-se restringi-la.

Até que houvesse legislação específica restringindo o acesso aos terrenos urbanos, o sistema de sesmarias funcionou como freio para o pleno direito de posse. A intranqüilidade social nas cidades e províncias, que não parava de ameaçar a unidade nacional, poderia ter também uma de suas razões na incerteza de limites entre os "proprietários", como entendiam as elites dirigentes paulistas, e nas centenas de litígios, daí as preocupações como pertencimento de sesmarias e "datas de terras", com o cultivo na forma da lei e com as providências que poderiam ser tomadas a respeito. Aproveitadas, de algum modo, com cultivo ou negócio de tropas, evitava-se seu retalhamento em infindáveis posses.

Terrenos de uso comum

Proliferaram ainda os desentendimentos quanto ao avanço particular sobre as áreas de servidão pública, apropriadas desde tempos antiqüíssimos pela população de uma certa freguesia e usadas como passagem costumeira para buscar água, tirar capim ou madeira para a lenha dos fogões. Estes terrenos pertenciam à Câmara, que reconhecia suas funções, e passou a normatizá-los ao longo do século XIX.

Conforme a posse e a ocupação acostumada passaram a ser confundidas com propriedade, as servidões públicas submeteram-se ao fogo cruzado da população e da Câmara. Muitos pequenos ou medianos senhores de posses apoiaram-se no direito de propriedade previsto na Constituição outorgada de 1824 como algo que legitimava as áreas que antiga e costumeiramente usavam e ocupavam.

A posse transformou-se em propriedade, mas sem intuitos especulativos. A noção de propriedade que salta dos documentos diz respeito a usos e posses antigos, com vinculações familiares. Ao apoiarse no direito de propriedade previsto na Constituição, os usuários defendiam direitos costumeiros e familiares. Cercavam, punham portão com ferrolho e chave em áreas de uso comum e costumeiro, principalmente dos segmentos populares, mas também em nome das suas posses antigas, familiares e acostumadas, que cada vez mais tendiam a chamar e ver como propriedade. Foi desse modo que os senhores de posse acomodaram a noção de propriedade da Constituição aos seus usos e costumes.

Apropriando-se da incipiente linguagem da lei, moradores de diferentes condições sociais e a própria Câmara procuravam endossar a condição de proprietários. Veja-se o caso dos religiosos franciscanos. A Câmara escreveu um ofício em que dizia ser legítima possuidora do terreno contíguo ao prédio do curso jurídico, anteriormente sob domínio dos religiosos. Por não ser usado, retornou para o domínio camerário, ou seja, tornou-se terreno devoluto. Argumentava a Câmara que a área lhe fora doada pelo primeiro donatário da província, Martim Afonso, por carta de doação, e concedida, posteriormente, para uso dos religiosos.

Com a obrigação de ceder o edifício do convento para a instalação do curso jurídico, os franciscanos passaram a requerer, inclusive ao príncipe regente, que lhes reconheceu o direito, a posse do terreno em volta, ou seja, o conhecido pátio de São Francisco ou do curso jurídico, como diziam. Inclusive um processo cível foi instaurado, irremovíveis que estavam os religiosos em sua exigência (PA, 1829; e ACi, ordem 3663, 1834). Tanto a Câmara como os franciscanos brigavam nas esferas judiciais e legislativas por suas propriedades costumeiras e antigas.

Um capitão, "senhor de uma propriedade" ao lado do Recolhimento da Luz, e um outro, morador ao pé dela, escreveram um requerimento à Câmara solicitando nova vistoria numa passagem de "mansa e pacífica posse", onde havia uma fonte de uso comum, usada por todos da região e seus antepassados desde tempos antiqüíssimos. Um outro capitão pusera portão na dita passagem, com fechadura e chave, privando os moradores da regalia da água e de sua antiqüíssima posse. Pediam que o portão fosse demolido, deixando a serventia franca, nos termos que "a lei declara", sob pena de lhe impor as penas da mesma lei.

Indo mais além na leitura deste processo de vistoria, aparece a questão de como a noção de propriedade esteve combinada às relações domésticas, pois o capitão acusado de fechamento da servidão pública anexou uma carta aos autos na qual a reitora do Recolhimento, instituição que requeria a posse do terreno, dizia que mantivera o portão franco, até então, apenas para o seu benefício, mas que, como haviam surgido "desordens e inconvenientes", resolveu fechá-lo. Contudo, como a casa lhe era muito obrigada, pois muito a favorecia, para que ninguém pensasse que o fechamento ocorria por desavenças, solicitava que ele mesmo o fizesse (PA, 1827).

Em casos como este, a propriedade da área ou passagem era instituída desde que não provocasse certas desafeições ou quebrasse hierarquias locais. O caráter público das relações pessoais criava situações em que era conveniente a concordância do outro em relação ao fechamento de um portão, que legitimaria a propriedade, preservando-se contra o malvisto e a falação numa sociedade de convívio fortemente pessoal.

As ingerências do particular sobre o público também traduziam o sentido doméstico que permeou o público. Para os forros, libertos e trabalhadores livres, as relações domésticas e familiais estendiam-se pelo espaço público, insistentemente concebido na perspectiva de servidão pública. O fiscalismo da Câmara dividia-se, ora combatendo este tipo de concepção do espaço, ora endossando-o. Neste ambiente, todos os grupos sociais procuraram extrair vantagens, de forma que não é possível falar, quanto às relações sociais e aos problemas fundiários, em perdedores, mas em posições menos vantajosas ou ganhos menores.

Os segmentos sociais mais abastados e de certo poder de influência na instância municipal tinham ao seu lado o poder econômico, político, o controle das instituições e uma vastíssima rede de relações mantida não só pela dependência moral, mas pela autoridade. Os negociantes e senhores de patentes, a elite da cidade, tinham certo poder de ingerência na Câmara, controlavam os postos de comando da polícia local e faziam uso desta rede vantajosa de relações para obter vitórias nas demandas pela apropriação de áreas do costume, de uso público, e nos litígios por limites duvidosos.

A Câmara, por sua vez, precisava, em certa medida, manter sob sua jurisdição algumas destas áreas, pela necessidade de delimitar o perímetro urbano, pelas pressões populares, mas com o controle de seus usos e acessos. As camadas populares brigavam, até certo ponto podiam contar e contavam com os policiais de baixa patente que faziam parte de seu meio, encarregados de vigiar e aplicar as decisões oficiais, tanto das elites dirigentes como da Câmara, no plano das ruas e da rotina. Muitas vezes conheciam o vigário, com certa influência local, trabalhavam e se ligavam paternalmente a um juiz de paz, um delegado ou oficial de patente, o que os munia de recursos para os embates cotidianos (Thompson, 1998, p.90.)

A servidão pública cumpria uma função muito definida no modo de existência das camadas populares, na qual se faziam imprescindíveis os momentos coletivos de busca da água ou da lenha. Gerações fizeram dela áreas de uso costumeiro. A municipalidade viu-se forçada a defendê-la, mesmo sob as pressões particularistas arrojadas pelo dinamismo mercantil do tempo. No âmago das transformações do período, portanto, procurou prescrever a servidão pública e vigiar mais seus usos.

No rossio[10] da cidade, como no Bixiga, no Lavapés, nas bandas da Penha e do Brás, muitos viviam de alugar pastos, aumentando os conflitos com a Câmara sobre as servidões, que em algumas situa-

---

10 *Grosso modo*, o rossio contava meia légua (três quilômetros) de raio ao redor do núcleo urbano. Era o núcleo central e seus arredores, formando o território do município de São Paulo (Marcílio, 1974, apud Glezer, 1992, p.142).

ções passaram para o domínio particular. No Anhangabaú de cima, uma viúva começou a construir um portão no seu sítio chamado Bixiga, já que dava rancho e pouso aos tropeiros. Contudo, nesta área, havia servidão pública de água e mais misteres o que levou a Câmara a embargar a obra. A viúva procurou criminalizar o hábito dos pretos de apanharem lenha e água no local, dizendo que roubavam suas hortaliças ou escondiam-se de seus senhores (PA, 1827).

Nas ações reformistas do período, a Câmara enfrentou uma dupla necessidade de contemporização: manter as servidões públicas e garantir a propriedade da posse e da ocupação acostumada. Esta foi uma situação visível no caso da contenda com os franciscanos (PA, 1829). O próprio presidente da província, em ofício, indeferiu a solicitação da Câmara, que pediu a manutenção de seu domínio sobre o terreno contíguo ao curso jurídico, julgando ser mais prudente entrar em convenção com os religiosos (PA, 1830).

A Câmara de fato manteve o domínio e garantiu a servidão pública e o uso costumeiro de sua aguada, sugerindo ainda que parte dele fosse usado no aumento das rendas municipais e outra parte dividida entre os habitantes, que fariam habitações.

No entanto, a Câmara também vigiou o mais que pôde o trânsito de forros, escravos, libertos e livres pobres no pátio São Francisco, pôs sentinela diuturna na fonte, combateu com energia os ajuntamentos para danças, jogos e capoeiras, procurando garantir um equilíbrio social relativo que mantivesse sob controle qualquer tipo de ameaça às instituições e aos privilégios. As áreas e os usos costumeiros eram incorporados e reconhecidos, mas simultaneamente eram criados obstáculos que os mantinham sob controle (Thompson, 1998, p.89).

Para a preservação da servidão pública, com uso e trânsito normatizado pela Câmara, conforme exigia a precaução do tempo, foi preciso lidar ainda com os problemas, limites e questionamentos advindos de sua perda de poder. Isso não passou despercebido a posseiros, invasores de servidões públicas urbanas, sitiantes graúdos ou miúdos. Os fiscais da Penha e São Miguel viveram este problema em relação a umas várzeas realengas, onde os criadores sempre mantiveram criações pacificamente.

Tais várzeas foram fechadas por senhores de patentes para fazer rincões de milho. Mesmo advertidos com a postura 15, que proibia o cercamento de servidões, continuavam a levar portões, derrubando-os apenas na presença dos fiscais. As várias vistorias neste local terminavam sempre sob uma chuva de impropérios, palavrões e com a constatação, furiosa, de que todos eram libertos, já que "a constituição dá liberdade para ... fazerem o que quiserem" (PA, 1831).

Um negociante da cidade pouca atenção dava à Câmara. "Principiou uma propriedade" em frente a uma chácara, na divisa do Brás com a Penha, "o qual lugar sempre foi servidão pública", local onde se passava rodeio às tropas que seguiam para o Rio de Janeiro e que servia de pasto para o gado de toda a vizinhança (PA, 1831).

A diminuição dos poderes da municipalidade, como parte do processo de instauração de uma nova ordem política, é contraditório com seus muitos encargos no ordenamento físico e humano da cidade. Isto chegava ao conhecimento da população, assim como as notícias da Constituição, já que se tratava agora de uma monarquia constitucional, o que os fazia passar da condição de súditos a cidadãos – os livres, libertos e ingênuos – e os levava a questionar o peso do mando municipal – afinal, tinham a Constituição, que defendia seus usos costumeiros.

De súdito a cidadão

O processo normatizador da Câmara, seu poder de prescrição e autoridade, foi mais conturbado, pois os segmentos sociais se apropriavam criativamente de muitas determinações da Constituição, traduzindo-as para seus conflitos cotidianos. A liberdade garantida pela Constituição aos cidadãos nascidos livres era interpretada de várias maneiras, inclusive para justificar o fechamento dos terrenos de posse e ocupação acostumada. Afinal, os cidadãos eram livres e podiam fazer o que bem entendessem, segundo diziam.

A defesa da propriedade, prevista na constituição de 1824, entrava pela porta da choupana do caboclo – como no caso de um pardo que decidiu arranchar-se pegado a uma passagem para um campo, nas bandas da freguesia da Penha, com faculdade do antigo posseiro do lugar. Com o passar dos anos, comprou um pedaço mais à frente, que dava passagem para o dito campo, fechando-o com uma porteira de moirões – cerca –, atingindo uma área dos antigos, que nenhum morador conheceu quem a abriu e fez.

O pardo conservava seu cavalo nesse cercado e assim impedia a passagem dos criadores que costumavam usar a servidão pública desse campo. Mesmo avisado pelo fiscal da postura proibitiva, nada o fazia derrubar a cerca e a porteira, seguro que estava de seu direito particular de propriedade, conforme previa a Constituição. Contudo, algo mais lhe dava essa confortável segurança. A lei no país, nascida como disfarce da vontade dos dirigentes, funcionava – e funciona, em certa medida – atrelada ao mecanismo das relações.

As camadas populares, cientes disso tanto quanto as elites, também recorriam a esse mecanismo, conforme suas possibilidades. O pardo, por exemplo, só não era incomodado em sua apropriação da passagem da servidão pública porque, lamentava o fiscal, o julgava protegido pelo juiz de paz. Sua mulher era comadre do juiz e lhe havia batizado uma filha, e este anunciava por todos os cantos da Penha que nada se fazia naquela jurisdição sem sua audiência. Os criadores não saíam das barbas do fiscal, exigindo providências (PA, 1831).

Talvez mais cientes do que possamos pensar estavam os segmentos sociais da época da passagem de sua condição de súditos para a de cidadãos, cidadania que era entendida com base na experiência concreta do contexto de seus enfrentamentos cotidianos e relações sociais. Há inúmeros requerimentos misturados aos papéis avulsos da Câmara da cidade de São Paulo, dirigidos ao Palácio do Governo contra autoridades locais, como um da Freguesia de Nossa Senhora do Ó, denunciando o juiz de paz da localidade por "desprezar os direitos individuais", dos "cidadãos pacíficos", calcando aos pés "o direito de propriedade", garantido plenamente ao cidadão pelo artigo 179 da Constituição, segundo palavras do próprio requerimento, mandando um escravo seu cortar madeira nas matas fechadas de uma área que não lhe pertencia.

Contraditoriamente, público e privado, conceitos em ascensão, compunham um tenso amálgama regido por princípios familiais e costumeiros. O juiz incumbido de defender as áreas de servidão pública dizia que não existia propriedade particular, porque tudo era público. Porém, recorrendo a tradicionais mecanismos familiais e pessoais, reuniu dois parentes e quatro escravos: uns armados com porretes e outros com foices. Chegou à porteira do reclamante, convidou-o a sair e, com o entendimento personalista que tinha da lei, disse que iria fazê-lo conhecê-la, ameaçando-o com cadeia. O reclamante preferiu vencer todas as provocações, para fazer uso, como dizia, de seu "direito legal de representação", pois queria que sua propriedade fosse respeitada conforme a lei determinava.

O juiz defendia o espaço público e entendia a lei segundo critérios personalistas. O reclamante queria defender sua propriedade da posse com uso da lei. O exercício da cidadania pelo recurso à lei em muitos aspectos esteve associado à preservação dos usos costumeiros, dotados de finalidades próprias a cada segmento social. Embora a lei tenha sido usada como artifício dos poderes instituídos, como na ação miúda de um juiz para disfarçar o predomínio da vontade arbitrária e particular, era também uma arena, na qual os grupos expulsaram suas concepções e seus interesses, brigavam e faziam acordos.

Relações pessoais sempre tiveram bastante vigor nas contendas cotidianas, a tal ponto que a lei às vezes tendeu a ser vista como mau modo de tratar. O reclamante do requerimento, por exemplo, enfatizou, ao falar com o escravo do juiz, que não usou do direito que a lei lhe dava, e com bons modos – como se o uso da lei e do direito não fosse um bom modo – apenas representou-lhe que, por ser sua a propriedade, deveria primeiro ter pedido licença para tirar madeiras (PA, 1831).

Paulatinamente os segmentos sociais incorporaram a lei e a esfera jurídica às suas outras estratégias de enfrentamento, conforme posições sociais e interesses específicos. Esta foi uma fase incipiente de aprender a ser cidadão e desemaranhar-se da condição de súdito.

Os atravessadores de alimentos tinham muito interesse em prontamente fazer uso desse novo recurso. O artigo 39 das posturas proibia e estabelecia punições contra todo aquele que comprasse carregações inteiras de gêneros comestíveis. Astutos, passaram a lançar mão dos pequenos equívocos da lei, para que sempre falasse conforme seus interesses pessoais, como observou um membro da Câmara. Começaram a comprar grandes porções em vários lugares, mas nunca carregações inteiras. Em juízo, defendiam-se com as próprias palavras das posturas, dizendo ser equivocado afirmar que compravam carregações inteiras (PA, 1833). Muitos africanos também procuraram a justiça, mas para denunciar que haviam entrado no Brasil após a lei de 1831, que lhes garantia a condição de liberdade.[11] Situações como esta mostram o complexo nascimento da noção de cidadania (Mattos, 2000) e como os segmentos sociais procuraram entendê-la, exercê-la e fazer uso da lei em defesa e proveito próprio.

A população indígena da cidade de São Paulo esteve relativamente atenta à possibilidade do exercício da cidadania, em razão da transformação paulatina dos aldeamentos em freguesias, do fechamento de ruas, áreas de servidão pública e passagens costumeiras. Os que tornavam estes terrenos propriedade particular agiam imbuídos do direito de propriedade previsto na jovem Constituição, reelaborando-o conforme o costume e as relações familiais-vicinais. Paradoxalmente, os que lutavam contra a apropriação privada dos terrenos, defendendo áreas de ocupação antiga, também inspiravam-se na mesma lei.

Na ainda aldeia de Mboy, em 1832, esparramavam-se fechos, cercas e portões colocados pelos senhores de patente. Indignavam-se os índios contra "semelhante desacato e desrespeito à lei e a justiça". Por isso reabriam as ruas, arrasavam os valos e desmanchavam os pau-a-pique (OC, ordem 868, 1832) que atravancavam suas ruas e seus terrenos costumeiros. Recorriam à justiça, socorriam-se

---

11 Sobre este assunto ver o próximo capítulo.

com o juiz de paz suplente e não deixavam de agir por conta própria, maximizando o mais que pudessem suas vantagens na defesa de áreas concebidas como "nossa" e não como "meu e seu".

Num contexto em que proliferavam as discussões sobre constitucionalidade, direitos, leis, justiça, os segmentos sociais na capital se viram cada vez mais enredados nelas, compondo parte de um processo mais amplo de constituição da cidadania e direitos. Mas tais direitos foram reivindicados e entendidos segundo situações concretas e não genéricas (Mattos, 2000, p.7, 24), também conforme a realidade específica de cada província.

A Constituição outorgada em 1824 firmou a soberania com continuísmo histórico, sustentada num tenso esquema de igualdade sem democracia e liberalismo com escravidão. As eleições censitárias reservaram a arena política oficial aos proprietários e detentores de fortunas. O liberalismo e a liberdade defendidos nas tribunas e na imprensa, distantes de suas incendiárias raízes européias, defendiam a segurança individual e o direito de propriedade. Os segmentos populares participaram do campo de forças das relações sociais com recursos próprios e menor poder de alcance, fazendo o que podiam para também se imiscuir no arcabouço jurídico em formação.

Entre 1789 e 1848, a retórica da liberdade adquiriu maior consistência nos discursos político, jurídico e intelectual. A escrita das leis, contudo, foi cautelosa o suficiente para não contradizer o sistema escravista. O texto da Constituição, contudo, ainda assim foi visto como mais liberal do que o projeto. Dizia este: "são brasileiros ... todos os homens livres habitantes no Brasil e nele nascidos". A Constituição previa: "são cidadãos brasileiros ... os que no Brasil tiverem nascido, quer sejam ingênuos ou libertos" (HGCB, t.2, v.1, p.254), ampliando a condição de cidadão, quando estendida aos homens e mulheres livres de cor, e criando impasses numa sociedade escravista.

A Constituição outorgada de 1824 consagrou tudo o que dizia respeito a garantias individuais na linhagem direta da Declaração dos Direitos do Homem proclamadas pela Revolução Francesa, mas os segmentos populares livres tiveram bastante dificuldade para exercitar sua cidadania no plano oficial da justiça em virtude dos custos, da burocratização, dos favoritismos. Precisaram sempre juntar forças, gritar na porta da cadeia, nas ruas, achincalhar publicamente, verbalmente ou com objetos autoridades influentes, fazer uso das relações pessoais favoráveis a que tinham acesso quando elas podiam encurtar o caminho até seus direitos.

Liberal e liberdade, do ponto de vista constitucional, diziam mais respeito à defesa da propriedade e da ordem. Ao defender a propriedade privada, a Constituição viabilizava a escravidão num contexto de defesa das garantias individuais, do liberalismo e da liberdade. Entre livres pobres, libertos e ingênuos e escravos, cidadania e direitos firmavam-se a duras penas no contexto de seus enfrentamentos cotidianos (Mattos, 1998).

Numa sociedade escravista e portadora de um texto constitucional que considerava cidadão homens e mulheres livres de cor, como os ingênuos e libertos, as autoridades policiais e municipais tiveram de estar alertas à maneira como agiam com os livres, já que pairava uma atmosfera de constitucionalidade, garantias individuais, liberdade e defesa dos direitos dos cidadãos.

Um juiz de paz, ao tomar conhecimento de uma roda de doze pessoas na rua detrás da Ifigênia, ordenou que o delegado, junto com cinco cavaleiros, fosse averiguar de que se tratava, recomendando que os pretos "não fossem presos ou axicotados [sic]". Quase todos escaparam, exceto três negros, um deles forro. A escolta atou-os com a ponta do laço e assim os levou ao juiz. Para aflição deste, transeuntes sabiam que um dos que seguia preso era livre. Levantou-se um "rumor" à porta do juiz contra a escolta que levava amarrado um homem livre. Confusos, os soldados argumentaram desconhecer a condição do preso, pois era um negro unido a outros negros, e prontamente soltaram todos (OC, ordem 864, 1832).

A atenção que as camadas populares passaram a dar às noções de direito, constitucionalidade, garantias individuais, liberdade inibiu, de certo modo, arbitrariedades cometidas pelas autoridades locais. Tais noções foram também incorporadas como recurso de luta nos enfrentamentos concretos e cotidianos.

Não lhes incomodava a outorga ou não da Constituição, se o chefe de polícia fazia vistas grossas à violência dos guardas, se as transações de poder entre ministros de fato traziam prejuízos à grande maioria da população.[12] Voltavam-se contra o poder mais próximo, muitas vezes envergado por um seu igual: um soldado, um subdelegado, a sentinela do chafariz, o juiz de paz, o fiscal da Câmara.

As camadas populares indignavam-se com a violação de sua legítima – e necessária – liberdade de ir e vir, aumentando suas vozes mais ainda quando a violência ou a prisão que consideravam arbitrária era contra alguém do círculo de "conhecenças". As autoridades viam-se acuadas pelo exercício de uma cidadania doméstica e vicinal, difícil de abrandar quando enfurecida, e passavam a analisar cuidadosamente os casos de prisão.

Ilustra esta constatação o caso de uma rixa, certa noite, entre a patrulha municipal e dois soldados. Um "cidadão" da patrulha foi conduzido preso e ferido pelo capitão do Estado Maior. Imediatamente o delegado, "examinando a injustiça daquela prisão", disse ter conhecido o seu "arbítrio imprudente" e por isso fez "soltar o cidadão", embora não tenha conseguido evitar vozes e injúrias contra as rondas, na porta do quartel (OC, ordem, 864, 1831).

Embora o teor violento e autoritários das ações das autoridades policiais não tenha sido suprimido, cada vez mais elas viam forçadas a tomar cuidado com a adoção de medidas arbitrárias. A cautela forçou situações como a da freguesia de Santo Amaro, cujo fiscal enviou um despacho à Câmara enfatizando que na freguesia não havia infração de Constituição, nem os escravos recebiam maus tratamentos (PA, 1832). A imprensa local expressava a preocupação das elites com a vigilância das camadas populares sobre a preservação de direitos, classificando-a como interpretação sinistra e venenosa dos "procedimentos mais inocentes", pois tudo punham em jogo (FP, 24.4.1829).

---

12 Thompson fala numa dissociação radical entre a cultura política dos pobres e a dos poderosos. Entre os primeiros, as atenções mobilizavam-se em torno de suas experiências concretas (cf. Thompson, 1998, p.30).

Conforme crescia a insatisfação dos segmentos populares com atitudes que relacionavam à infração dos direitos constitucionais, o discurso jurídico criava novas denominações para as infrações. Um processo recebeu a denominação de "crimes contra a independência", único num universo bem modesto de autos-crimes da capital. Trata-se de um documento sobre o espancamento de um escravo por um soldado da cavalaria, no início da calçada do caminho para Santos, "pra cá um pouco do Lavapés" (AC, ordem 3907, 1850). Todas as testemunhas de acusação conheciam o escravo espancado, o que pressupõe relações de amizade e conhecimento prévias que permearam o sentido de inconstitucionalidade ou de agressão aos direitos individuais. Não se tratava, portanto, de uma concepção de direitos abstrata ou semelhante à das camadas dirigentes.

Vínculos afetivos e de amizade prevaleciam na definição do conceito, como o do senhor que ao ver seu escravo condenado a dois meses de prisão, duzentos açoites e trazer ferro ao pescoço por um ano, pelas agressões físicas que cometera numa briga, após muito recorrer, passou-lhe carta de liberdade, pois como homem livre teria sua pena atenuada, que de fato foi convertida em pagamento de uma multa (AC, ordem, 3919, 1850).

A violência contra os escravos sempre foi extrema, mas a formação de uma nova ordem política, escorada num texto constitucional, precipitou a sua inclusão num discurso que em certa medida os defendia da violência física, embora os excluísse da condição de cidadãos.

Até a abolição oficial em 1888, muito senhor violento foi denunciado nas páginas da imprensa, como aconteceu com o ouvidor Ladislau Japiassu. Ao abordar um escravo que vendia facas de ponta numa taberna arrancou-o "violentamente detraz [sic] do balcão, levou-o à cadeia e autorizou que o chicote estalasse 50 vezes em suas costas". A "voz pública", horrorizada pelo "fato atroz", soou indignada por dias seguidos (FP, 28.1.1830). Agredir, prender ou amarrar alguém, mesmo cativo, impedindo sua liberdade de circulação, tendeu a associar-se a ato contra a independência, ou seja, contra a monarquia constitucional em formação e as garantias individuais e do cidadão.

Quando o soldado da cavalaria foi indagado por uma das testemunhas se preto não era gente, respondeu não saber bem ao certo. Os soldados incumbidos de reprimir a reunião detrás da Santa Ifigênia confundiram o negro livre com um escravo porque, segundo um deles, se tratava de um preto junto com outros pretos. Questões como estas mostram os dilemas, limites e tensões da cidadania e da experiência de constitucionalidade vivida na rotina de uma cidade: a histórica associação cor e escravidão.

A Constituição determinava que livres, libertos e ingênuos seriam cidadãos com direito a liberdade e garantias individuais. Contudo, numa sociedade de legado africano, boa parte da população livre era negra, o que fazia com que a cidadania esbarrasse a todo momento em truculência e arbitrariedade.

Mulheres negras cruzavam com guardas e juízes de paz nas ruas, mais ornadas que senhoras brancas. Homens de pele escura eram senhores de escravos, como o soldado da Guarda Nacional preso por embriaguez. Ameaçado com a praça de primeira linha, posto inferior e sem o mesmo *status* da Guarda, não titubeou em dizer que ninguém podia fazer isso, porque tinha quatro escravos mais brancos do que ele para dar em seu lugar (OC, ordem 876, 1838).

Tratava-se – e trata-se – de uma sociedade negra e mestiça, mas que historicamente nunca se agradou de reconhecer-se como tal, de modo que, independentemente da camada social, sempre foi quase natural associar a cor da pele à escravidão e ver no indivíduo negro não um cidadão, mas um escravo.

As seguidas denúncias de "infração de Constituição" em razão de prisões arbitrárias ou agressão contra cidadãos livres negros feitas pelos segmentos populares eram oriundas dessa situação. A vigilância e o clamor insistentes contra as arbitrariedades e infração das garantias individuais não significavam que a sociedade estivesse se tornando mais democrática e as autoridades, menos autoritárias. Mostravam apenas como os segmentos sociais haviam passado a viver sob um regime constitucional, como se dera a experiência da passagem de súdito a cidadão e como se apropriaram da lei e das instâncias jurídicas como mecanismo de solução de seus problemas.

A liberdade prevista na Constituição foi ainda retraduzida em sua rotina como direito de fazer desobrigas quaresmais onde quisessem, livrando-se assim da trama de vigários e autoridades locais que usavam o rol das desobrigas como controle dos homens aptos de uma freguesia para servir na Guarda Nacional ou dos que podiam ser votantes das eleições primárias, pré-requisito das eleições provinciais e nacionais.

Um vigário da freguesia da Penha lamentava não encontrar rol das desobrigas quaresmais, algo que considerava importante para manter a "ordem municipal, constitucional, religiosa". Na sua opinião, "o povo" achava-se "mal entendido" na liberdade que dava a Constituição (OC, ordem 868, 1832).

Segundo o vigário, os homens sabidos fizeram dela um meio de pulverizar-se nas desobrigas de outras paróquias, mantendo afastada, até onde fosse possível, a mão pesada do recrutamento. Em requerimentos, os votantes pobres da freguesia da Penha pregaram contra o vigário cuidadoso em pôr pleitos com as desobrigas quaresmais (ibidem). A Constituição, portanto, foi apropriada e aplicada como algo que dizia prontamente respeito aos problemas concretos da vida cotidiana, o que diverge de seu sentido político original.

Na aldeia de São Miguel escrevia-se num ofício que um "homem branco livre" fora "escandalosamente preso e amarrado" com cordas pelo sargento-mor e assim conduzido à cidade. Ao chegar, clamou pelo juiz de fora, argumentando que deveria zelar pela Constituição que proibia amarrar com cordas o cidadão, mas o juiz apoiou o procedimento do sargento (PA, 1829). Muito alarido correu pela cidade contra o juiz de paz de Santa Ifigênia, porque conduziu um estudante preso e "ligado com cordas" (PA, 1832). Questões como estas não passavam desapercebidas à população.

A tônica do tempo criou condições para que surgisse e vigorasse um repertório vigilante sobre os inimigos confessos da Constituição e das instituições livres, conforme os referenciais, interesses, relações e posições de quem o manipulava. Os estudantes do curso jurídico, presença nova a despertar desconfianças, gritavam na imprensa local contra a inconstitucionalidade do impedimento de seu livre trânsito nas igrejas e cerimônias litúrgicas por ocasião da Semana Santa, quando era empregada inclusive a força para retirá-los do interior dos templos. Muito incomodou-os esta liberdade vigiada, razão de inúmeros confrontos com as autoridades locais (FP, 25.1.1829).

Nos conflitos de poderes locais, acusava-se de despotismo, absolutismo, inimizade à Constituição e às instituições civis, observava-se quem comemorava o 7 de Setembro. Neste caso, este repertório poderia ser usado tanto contra os desafetos políticos e pessoais como contra os que de fato compartilhavam ideologias em desintegração e desuso. Este tipo de acusação tendeu a se tornar também um meio de perseguição, justificando prisões, devassas e repressão a movimentos contestatórios de qualquer natureza. As elites dirigentes locais associavam os "amigos da constituição" àqueles "incapazes de [promover] sedição" (FP, 25.4.1829).

Os bernadistas, que estiveram ao lado de Francisco Ignácio, negociante e oficial que encabeçou um motim na cidade contra o excesso de poder e decisão dos irmãos Andradas durante o governo provisório de 1822, tiveram de amargar a pecha de amigos dos regimes absolutistas e defensores da permanência da ligação com Portugal (Damasceno, 1993). Cândido Ladislau Jupiassu, acusado de envolvimento no assassinato do liberal Libero Badaró, carregou muitos destes rótulos, indispondo-se com autoridades locais pelas devassas que instaurava, por reter na cadeia pessoas sem culpa formada, estando sempre sob acusação de infringir a Constituição do Império e de ser inimigo das instituições livres (Offício da Câmara do Exmo. Presidente da Província apud Silva, 1930, p.533).

Se o momento era de desagregação e reajustamento político, todos os segmentos sociais – afinal, cada qual a seu modo sentia o ritmo de sua vida ser atravessado por estas questões – estavam mais predispostos a observar os comportamentos, principalmente das autoridades, e suas afinidades ou não com as antigas relações que ruíam. Isto até poderia ser usado como desforra. Um fiscal de Cutia foi acusado de despotismo por um da freguesia com quem não se dava. Estava ele em correição pelas ruas quando entrou numa venda e encontrou o dono vendendo aguardente misturada com água. Proibiu-o de sair da venda até que o caso fosse averiguado. Tal falação levantou-se em torno do caso, que o fiscal apressou-se em justificar sua ação pela ignorância, argumentando nunca ser despótico (PA, 1834).

Em virtude da ebulição política do período, em qualquer província essas expressões estavam em bocas, folhas impressas, pasquins afixados – não eram peculiaridade da sociedade paulista. Entre os segmentos populares e medianos, a acusação de despotismo contra um fiscal, contudo, não era fundamentada no declínio das monarquias absolutistas européias ou nas tendências arrogantes do príncipe, mas nas atuações concretas que interferiam em sua mobilidade de ganha-pão cotidiano, na de seu vizinho ou conhecido.

Em relação à questão concreta da posse e das divisões de terrenos na cidade, muitos achavam que a Constituição lhes dava total liberdade para cercar as áreas que quisessem. Afinal, quintais de sítios ou chácaras maiores poderiam abrigar maior número de criações próprias ou de cargueiros, o que aumentaria o *status* local; cercar uma área poderia significar também delimitar mais precisamente a propriedade de uma terra amassada pelos pés do pai, do avô ou cedida com "papel de duação" por figura notável da história local.

As camadas sociais, portanto, manipulavam as leis, a noção de garantias individuais, dos direitos que lhes cabiam, como retradução de suas experiências concretas, suas posições e seus interesses. Aprendia-se a ser cidadão a duras penas numa sociedade escravista, inigualitária e violenta.

Na cidade de São Paulo havia meios e mecanismos espalhados difusamente em sua rotina que faziam a população, fixa ou provisória, partilhar estas questões e incorporá-las ao seu arsenal de expedientes e resistências. Como disse um capitão a um sargento-mor sobre as atitudes que esperava do cônego a ser empossado: "que ele tratasse bem os seus fregueses, pois do contrário seria dali cassado [sic] ou lançado fora, porque os povos estavam com os olhos mais abertos". Olhos que se arregalavam e ânimos que se exaltavam no contexto cotidiano do ouvir e falar. Na passagem do alvará à lei passava-se a contar com novos recursos de luta no campo das forças sociais.

4
LEITORES E ESPECTADORES

Leitores

Com a permissão para a instalação de tipografias nas províncias logo que a Corte se estabeleceu no Rio de Janeiro, livros e folhas impressas passaram a contar com novos estímulos para sua proliferação e a fazer mais intensamente parte da vida de uma reduzida elite letrada e da dos iletrados que se serviam da leitura ouvida.

Não que inexistisse tradição de leitura entre súditos letrados e iletrados (Villalta, 1997). As transformações socioeconômico-culturais advindas da desagregação do organismo Metrópole–Colônia viriam criar condições novas e mais favoráveis para livros e folhas, até então com circulação acanhada, permitindo-lhes mais acessibilidade, direta ou indireta.

O contexto da implantação de uma nova ordem, encetado pela transferência da família real para o Brasil, mobilizou a geração ilustrada e da independência em torno de um conjunto de problemáticas políticas que foram tratadas pela via impressa e cênica. Folhas e impressos circularam mais intensamente conforme as condições das capitais e províncias, e seus conteúdos eram lidos, ouvidos e reelaborados conforme os contextos específicos dos leitores. Na cidade de São Paulo era possível encontrar livros nas lojas, misturados a meias francesas, "farinha de ararute", águas-de-cheiro, toalhas adamascadas, cadeiras, alambiques de cobre, xícaras francesas e uma infinidade de outros secos e quinquilharias.

Desde antes do estabelecimento do curso jurídico, funcionava a Biblioteca da Nação, com 1.925 volumes, e a do convento São Francisco, com 2.932 volumes "para uso das pessoas literatas" da cidade, sempre aberta pela manhã das 8h às 11h. Um documento em que se recomendava que fossem recolhidos todos os livros dispersos e "emprestados para fora" (DI, 1821, v.37, p.159-60) sugere que havia procura e uso dos livros. Mas uma procura muito específica, pois os letrados ou pessoas literatas eram aqueles que faziam parte da elite de oficiais de patente locais, negociantes de loja ou comércio de animais.

Numa relação das pessoas que tomaram livros emprestados na livraria do convento São Francisco, havia um major, com três volumes da História Universal, o coronel Daniel Pedro Muller, com alguns volumes da *Enciclopédia*, a obra de Buffon, supondo o funcionário ser a *História natural*; um outro coronel, com dois volumes da *Arte militar*; o ouvidor da cidade, também com dois volumes da *Enciclopédia*. Apenas um escravo havia retirado os volumes do sermão de um padre; um boticário retirou volumes da obra de Crebillon. Numa folha à parte havia ainda, entre outros, os nomes de um tenente e outro coronel (OC, ordem 864, 1822-25).

Este segmento compunha a elite local capaz de sustentar longos litígios jurídicos de limites de terras e terrenos, tecelãos de uma intricada rede de artimanhas que os levava aos vantajosos cargos tributários e fiscais da Câmara, que tinham contato com esta literatura em boa parte francesa e que versava sobre liberdade, leis, direitos, filosofia. O conteúdo dessas leituras, contudo, foi reinterpretado e aplicado em suas contendas e em seus questionamentos político-sociais de acordo com princípios locais, domésticos, experiências herdadas e concretas.

Outro meio que proporcionava acesso à leitura para a pequena elite dos que sabiam ler era o Gabinete Literário, que de tão conhecido anunciava suas atividades n'*O Farol Paulistano* sem emitir endereço.

O Gabinete contava com assinantes que tinham a permissão para também retirar livros emprestados nos horários definidos – das 7h às 9h e das 11h às 16h –, oferecia curso de francês e promovia leilão de fazendas, quinquilharias, águas de cheiro e outros objetos, quando organizado por algum de seus assinantes (FP, 25.5.1831 e 7.4.1831).

Os gabinetes literários estavam ligados aos valores da ilustração que irrompiam vigorosamente dos escombros do antigo regime. Proliferaram na Europa, como centros de educação, cultura, leitura e conhecimento (Martins, 1990). Transplantaram-se para muitas capitais e províncias do Brasil, aclimatando-se às condições socioeconômicas de cada uma delas.

Na capital paulista, estabeleceram-se não só como resposta à presença da Academia Jurídica, cujo corpo estudantil, apesar de diminuto, representava exigências novas, mas também pelas invocações da elite local. Ecos da mudança, aliançados aos antiqüíssimos critérios paternalistas e costumeiros que murmuravam no perímetro urbano da cidade.

Em certa medida circulava uma literatura dedicada à tônica do tempo, tratando de constitucionalidade, leis, garantias dos cidadãos brasileiros, posturas municipais, liberdade de imprensa,[1] assuntos que chegavam de modos diferentes aos diversos segmentos sociais e se adequavam a seus problemas concretos.

Assim, um senhor cujo escravo achava-se embaraçado nos rigores das penas jurídicas transformou-o em cidadão, dando-lhe carta de liberdade. Cidadãos pobres mantinham-se atentos a qualquer ação arbitrária contra a liberdade de ir e vir dos que pertenciam ao seu círculo de relações vicinais e de parentesco. Vigiavam as autoridades suspeitas de infração da Constituição. Muitos ergueram cercas e fechos sob o argumento da posse antiga da família ou da costumeira servidão pública, seguros do direito de propriedade previsto na mesma Constituição outorgada. Outros contestaram as posturas municipais porque acreditavam que a Constituição os deixava fazer o que quisessem.

---

1 Ver nos anexos "Lista de livros vendidos na cidade entre 1827 e 1830", p.301.

Folhas e livros circulavam entre os iletrados graças à leitura compartilhada, que tanto poderia ser diretamente ouvida como reproduzida através das conversações. Em algumas iconografias do século XIX[2] aparecem criados negros e cativos acompanhando seus senhores e senhoras nas ruas, em ajuntamento de música e reuniões domésticas, o que dava ampla possibilidade de leitura ouvida, cujos conteúdos reprocessados fariam um escravo fiar-se na idéia de que os ingleses iriam libertá-lo, um forro atribuir-se a posse de um terreno pelo trabalho ou processar o vizinho que deixava seus animais destruir suas plantações.

Um lojista, munido de prevenções, escreveu um ofício ao presidente da província contra qualquer "funesto acontecimento" que pudesse surgir do que exporia. Disse que um sapateiro, ao ir à sua loja receber um par de botinas de seu escravo para consertar, surpreendeu-se de saber que o tal mulato era seu escravo, dizendo: "deixe estar, vozes brancas não tarda que são de servir por suas mãos, pois nós estamos para fazer uns barulhos e depois verão o que custa aos brancos trabalharem".

Um freguês até tentou persuadir o sapateiro do contrário, mas ele não titubeou, retrucando que todos veriam (OC, ordem 867, 1831). Temas como os de liberdade, garantias, questões diplomáticas com os ingleses em relação ao fim do tráfico, anunciando a extinção da própria escravidão passavam a fazer parte do repertório de leitura ouvida deste segmento social.

Especialmente as pressões inglesas, e as leis que daí surgiram, não eram desconhecidas dos cativos, que batiam à porta da justiça munidos do argumento da lei de 1831.[3] Uma preta saiu furtivamen-

---

2 É o caso das iconografias de Jean-Baptiste Debret da Ponte de Santa Ifigênia e do pátio da Sé.
3 Oficializada a independência com o episódio de 1822, o governo brasileiro, precisando do reconhecimento do governo britânico, endossou os anteriores acordos feitos entre Inglaterra e Portugal, comprometendo-se a extinguir o tráfico em três anos. Em virtude disto, a Regência foi obrigada a assinar uma lei, em 1831, declarando livres todos os escravos que entrassem a partir desta data no Império, impondo ainda severas penas aos traficantes.

te da casa de seu senhor, em Bragança, e foi para a capital, dizendo ao juiz que havia sete anos fora trazida de sua terra natal – o ano era 1844 – e por isso não devia ser cativa.

Outro saiu de Itu, argumentando que fora introduzido no Brasil depois da cessação do comércio da escravatura. Dizia que todos lhe falavam disso, não só em casa, mas entre os caipiras com os quais se encontrava, que lhe diziam ser meia-cara e que se fosse para a capital ficaria totalmente livre (OC, ordem 882, 1841; DE, EO1493, 1844). Assim, graças à leitura tomava-se conhecimento destes direitos, depois tratados nas conversações informais travadas em qualquer canto da cidade, acrescentando um recurso a mais de luta nas mãos dos cativos e dos indevidamente escravizados.

A experiência coletiva da leitura, não restrita ao mundo masculino, aparece num artigo sob pseudônimo, publicado n'*O Farol Paulistano*, que tratava do tema dos bens dos religiosos. Aquele que assinava sob pseudônimo estava na casa de uma "sua amizade", quando apareceu o n. 7 desta folha. A companhia era quase toda de senhoras que queriam "ouvir ler" o periódico.

Depois da leitura, discorreram sobre diversos assuntos: o tratamento violento dispensado aos índios de Itapeva, a justiça ou não de privá-los de seus bens (OC, ordem 882, 28.3.1827). Esta poderia ser uma situação fictícia, mas baseada em algo comum e que não causava estranhamento aos leitores, ou seja, a reunião de homens e mulheres para a leitura coletiva.

Na casa do reverendo tesoureiro-mor havia um ajuntamento suspeito de várias pessoas, quando passava o correio, para a entrega dos papéis impressos que vinham do Rio de Janeiro, o que demonstra que a leitura conjunta era experiência bastante comum, suscitando, inclusive, alguma preocupação entre aqueles incumbidos de defender a ordem pública, no âmbito da municipalidade.

Em certa medida, as notícias dos conflitos no Norte também chegavam à cidade através de suas folhas, ajudando a difundir a luta pelos princípios liberais, por meio da palavra impressa. *O Observador Constitucional*, de vida tão curta quanto a de seu fundador, o médico Libero Badaró, em um ano foi o responsável pela veiculação das notícias d'*Olindense* sobre as agitações populares e sedições das tropas militares em Pernambuco (Oco, 8.8.1832).

Tipografias e associações

Na cidade, embora tenha sido tardia e modesta a introdução da litografia e de oficinas autográficas e tipográficas, a partir de 1831 a Câmara abriu um livro para anotar as seguidas solicitações de autorização para a instalação dessas oficinas, inclusive uma de Hercules Florence, pioneiro introdutor da fotografia no Brasil (Impressos, Oficinas de Impressão, litografia e gravuras [Termo de responsabilidade por jornais]. AHMSP, 1831-1839).

Como parte do contexto de mudanças que vivia a capital, a imprensa formou-se sob as vistas das instituições normativas, tanto da municipal como da policial em formação. Na realidade, a imprensa floresceu no bojo de um processo de ebulição política (Lustosa, 2000) que durou até a maioridade, incitando os setores ligados à implantação de uma nova ordem a intimidar sua pena, em certa medida e até onde fosse possível.

Assim, pelo Registro de Alvarás e Petições da Câmara da cidade de São Paulo, era solicitada a abertura de um livro para "se assentarem as tipografias, litografias e gravuras conforme o artigo 303 do Código Criminal" (Registro de Alvarás e Petições da Câmara da Cidade de São Paulo, AHMSP, 1742-1832).[4] O processo de instauração de uma nova ordem caminhou associado ao poder restringidor e repressor de polícia, que passou a interferir em sociabilidades muito estreitas, tampando o tinteiro da pena rebelde e inibindo quaisquer tipos de associações questionadoras da autoridade e da ordem emergente.

Por isso as festas sacro-profanas, a imprensa, a reunião informal das ruas, os divertimentos públicos ambulantes – circo de cavalinhos, carreiras de cavalos, as incipientes demonstrações ópticas e

---

4 O Código Criminal foi promulgado em 16 de dezembro de 1830.

mecânicas – tenderam a passar cada vez mais para o âmbito normativo, em virtude da obrigatoriedade de licenças e do pagamento de avenças.

Simultaneamente às manifestações impressas, nas salas e no teatro começaram a ganhar viço os "ajuntamentos ilustrados" das elites de cabedais e que se letravam. Entre os muitos pedidos de autorização para instalação de uma tipografia havia também a do secretário de uma "sociedade de vários cidadãos". Era a Sociedade Patriótica (Registro de Alvarás e Petições da Câmara da Cidade de São Paulo, AHMSP, 1742-1832). No contexto da passagem do alvará à lei, o culto à instrução, com base na agremiação, difundiu-se, reunindo os letrados e as elites locais em torno das idéias ilustradas propagadas à época. Eco da expansão do associativismo laico por todo o Ocidente, com fins filantrópicos, culturais e políticos, que no Brasil e numa cidade como São Paulo iria congregar parte das elites preocupadas com novas formas de distinção social e em tratar das problemáticas políticas próprias de um momento de formação de uma nova ordem.

A Sociedade Harmonia Paulistana aglutinava estudantes e negociantes com tais preocupações. Em 1832 era composta por sessenta sócios que se reuniam no edifício do Palácio, provavelmente no espaço do teatro. Surgia e tinha andamento como vontade política de um segmento social e anunciava seu objetivo de procurar

> um objeto em que cada um de seus membros pudesse em horas vagas não só aliviar-se dos penosos trabalhos da vida, mas distrair a atenção dos objetos filhos da ociosidade ... somente próprios para induzir o cidadão público ou particular à prática de crimes sempre nocivos e ... reconhecer que existem objetos ... mais úteis e capazes de seguir o mesmo fim que procuram, quais a aplicação às ciências literárias. (OC, ordem 868, 1832)

Numa sociedade senhorial-escravista, uma agremiação desse tipo, como a Harmonia, era uma forma de distinção num meio que passava a contar com uma geração de jovens letrados, como os estudantes do curso jurídico, e ao mesmo tempo inseria-se na dinâmica da ilustração, que apregoava a busca de entendimento da sociedade por meio do conhecimento, que no caso do Brasil seria literário, poético, dramático e filosófico. Graças a associações como estas, os segmentos de cabedais e letras locais adquiriam *status* local e assim, encetavam uma movimentação intelectual até então bastante retraída, mas que entrou em processo contínuo e firme de maturação.

Tal sensibilidade agremiadora encontrou condições e ânimos propícios para crescer entre os estudantes de São Paulo e Olinda. Na capital da antiga Piratininga, a formação da Sociedade Filomática, no começo do decênio de 1830, por estudantes e professores não nascidos em São Paulo,[5] relacionou-se aos destinos do movimento Romântico (Candido, 1969, p.309). O curso jurídico desempenhou papel decisivo na vida cultural em São Paulo em termos literários, artísticos e de criação de novos espaços que reforçavam hierarquias.

A sociedade foi responsável pela publicação de uma revista, em 1833, que levou o mesmo nome e durou apenas seis números, fundamentais, porém, para o pré-romantismo (Revista da Sociedade Philomathica [RSP] [1833], 1977).[6] As sociedades filomáticas estavam em voga na Europa por volta dos anos 1830. Eram instituições "amigas do aprender", que proporcionavam aos associados a oportunidade de lidar com os conhecimentos ditos "úteis", no caso a literatura, a filosofia e a poesia, como mostra a epígrafe de abertura da revista, escrita em francês: "todo homem que se esforça conscientemente por esclarecer os homens no estudo deles mesmos tem direito ao respeito e ao reconhecimento de todos; ele fará marchar a humanidade" (RSP).

A sociabilidade acadêmica na cidade, portanto, contribuiu para a formação de um pensamento e de um movimento literário responsáveis pela libertação dos velhos cânones clássicos e pela valorização dos elementos locais, que permearam a formação da nacionalidade.

Na introdução do primeiro número dessa revista era invocado o "espírito de associação", já que se entendia que a "reunião de esfor-

---

5 Francisco Bernardino Ribeiro, Justiniano José da Rocha e Francisco Pinheiro Guimarães eram cariocas. Antonio Augusto e José Salomé Queiroga eram mineiros (cf. Candido, 1976, p.148).
6 Esta tese é de José A. Castelo (1950).

ços, a associação de experiências [era portanto] indispensável" (RSP, p.7). A agremiação laica, que tinha por objetivo o estudo, o exercício poético e literário e reunia estudantes e negociantes, era uma forma não só de discussão das questões político-culturais do momento, mas de prestígio e distinção. As letras, mesmo apenas como verniz, tornavam-se um meio de hierarquização e prestígio numa sociedade senhorial escravista.

Por sua vez, como espaço diferenciado e diferenciador para tratamento das questões político-culturais, as associações de letrados foram uma forma de luta contra a antiga ordem no plano da retórica e das idéias, pois, como se dizia,

> a invenção da Imprensa foi um rebate para que todas as idéias se insurgissem contra toda a espécie de opressão e tirania, foi um brado soltado da Alemanha para que todos os homens se reunissem a fim de se constituírem de novo, a fim de derrubarem as colunas góticas do antigo edifício político e religioso ... (RSP, p.10)

Dessa iniciativa libertadora e distinguidora surgiria, posteriormente, um movimento literário.

Creditando o melhoramento humano e social aos agrupamentos, o segmento dos que se letravam demarcavam sua diferenciação e expressavam uma vontade também política e de interferência nas novas instituições. Na própria revista expressavam este desejo, deixando transparecer o caráter extraliterário da associação, voltada para a

> discussão constante de problemas filosóficos, de questões científicas, e literárias; ali para sustentarem difíceis observações da natureza, ou árduas pesquisas comerciais; acolá, para vigiar, por auxiliar a marcha do governo, e das instituições, para apresentar meios fáceis de remediar as necessidades do país. (RSP, p.11)

Seu objetivo era criar um "pequeno centro de luzes dispersas, procurar desta maneira meios para seu adiantamento individual e incitar maiores capacidades a reunirem-se para proveito geral", com o fim de "bem servir a Pátria", conceito ainda muito vago e difícil de delimitar.

Teatro: palco da distinção e da discussão

Além da Sociedade Filomática, de vida efêmera e conseqüências decisivas, o teatro foi outro meio de distinção social e de discussão das problemáticas político-culturais que permeavam a instauração de uma nova ordem. As manifestações teatrais, contudo, não surgiram na cidade com o advento da Academia Jurídica e da atuação dos estudantes. Estes não foram os fundadores do teatro, mas apenas uma centelha de novas idéias, demarcando uma linha diferencial entre o palco oficial e as expressões teatrais de rua (Vargas, 1982, p.12).

Desde o período colonial, as ruas descalçadas da antiga Piratininga viviam uma teatralidade instaurada pela religião, pois a procissão e os autos públicos eram eventos de forma teatral (ibidem).[7] Cerimônias como as de Corpus Christi, Visitação de Nossa Senhora, Anjo Custódio, Via Sacra expressavam teatralidade no gesto, no figurino, na personificação de figuras históricas. A instauração do palco como outra possibilidade de manifestação teatral criou um espaço diferenciado para um dado segmento, profissionalizou o ator e deu vazão a uma produção literário-dramática que maturava com a movimentação das transformações do tempo.

Até então com caráter festivo, sociável e democrático, as danças dadas pelos diferentes ofícios, nas festas reais, eram marcadas por instantes de teatralidade. Casas e ruas eram o próprio palco, cenograficamente preparado para receber cortejos e festejos: caiadas as testadas, arrancados os formigueiros, estendidas as colchas adamascadas das janelas e sacadas, tampados os buracos, espalhadas flores e folhas pelo chão, acesas as luminárias – a cenografia escondia provisoriamente a fisionomia original e preparava o espaço da ação (Vargas, 1982, p.23-5).

De acesso mais restrito às elites, ou seja, aos negociantes, autoridades e estudantes, o teatro foi outro veículo difusor de notícias,

---

[7] A autora faz uma crítica à historiografia que limita o conceito de teatro, não admitindo que uma manifestação de rua, religiosa ou profana, possa ser "deflagradora de uma ação teatral".

palco de conversações contestatórias e principalmente, a partir de 1830, passou a ser um tipo de mobilização intelectual. Desde o século XVIII vigorava na cidade uma vida teatral relativamente diversa. Em 1762, alguns homens de cabedais alugaram uma casa na rua de São Bento e pátio do Rosário e montaram um teatro nos moldes lusos. O Conselho Municipal, contudo, proibiu seu funcionamento.

Pouco tempo depois, o governador D. Luís Antonio de Souza Botelho e Mourão autorizou a montagem de uma sala de espetáculos no andar térreo do Palácio do Governo. No mesmo pátio, entre 1793 e 1795, foi erguida uma autêntica Casa da Ópera, por iniciativa do governador Bernardo José de Lorena. Dizem que não era muito diferente do teatro de Sabará: fachada simples, três portas no andar térreo e três janelas no primeiro andar (Cacciaglia, 1986).

Em 1798 foi assinado um contrato por dez atores, dos quais duas atrizes e um mestre de música, estabelecendo prazos para a montagem dos espetáculos e determinando as ocasiões de peça nova (Prado, 1968, p.433). A Ata da Câmara de 1830 menciona uma companhia de cômicos do teatro da cidade, isentando-a do pagamento de convenção dos espetáculos, nada mais era dito porém (ACa, 1830). Percebe-se, portanto, que desde o século XVIII existia uma elite na cidade ávida por meios de distinção social e prestígio.

Saint-Hilaire parece ter sido um dos únicos, entre os poucos viajantes animados a visitar uma vila que não oferecia os atrativos arquitetônicos e culturais de outras capitais, a assistir à encenação de uma peça em seu pequeno teatro. Às oito horas da noite foi até o Palácio, pois "era em frente do prédio que ficava a Casa de Espetáculos. Distraiu-se com a representação de *O avarento*, de Molière e de uma pequena farsa. Na sua opinião, os atores eram artesãos, em sua maioria mulatos, e as "atrizes, prostitutas" (Saint-Hilaire, 1976, p.144).

Na América Portuguesa a manifestação teatral foi um dos recursos de catequese empregados pelos jesuítas (Prado, 1993, p.15-23). Até meados do século XVIII, persistiu com maior vigor a tradição dos espetáculos teatrais nos conventos, nos adros, nas igrejas e no interior dos palácios. Contudo, os conselhos municipais começaram a se preocupar com a constituição de teatros públicos, não só pelas pressões da Igreja (Cacciaglia, 1986, p.19) como pela retomada da prática teatral como civilizadora e propagadora das luzes.

Assim, a partir de meados do século XVIII, algumas das principais e mais ricas capitais passaram a dispor de sua Casa de Ópera ou Casa de Comédia, como Salvador, São Luís, Rio de Janeiro, Recife. Algumas cidades também ergueram sua Casa de Espetáculos, como Mariana, Sabará, Ouro Preto, São Paulo. Da independência em diante, essa vida teatral se dilatou, renovada pelos ecos do romantismo.

A revitalização da atividade teatral, principalmente após 1822, na vida cultural de várias cidades está relacionada ao processo de transformações socioeconômicas e instauração de uma nova ordem política. O recinto fechado passou a impor-se, vagarosamente, como veículo de vida intelectual e espaço de elevação social. A partir de então, a manifestação teatral na cidade esteve inexoravelmente associada aos estudantes do curso jurídico. A Academia, tornou-se, portanto, campo de experimentações de um segmento que se letrava internamente.

Embora fosse espaço das elites, letradas ou não, o teatro, assim como todas as outras manifestações artísticas ou informais populares, esteve cada vez mais sujeito às interferências municipais e policiais. Para tanto foi criado o cargo de juiz inspetor do teatro, que licenciaria as récitas ou pantominas antes que subissem ao palco. Era uma maneira de manter sob vigilância os conteúdos dos textos, aplainando termos, ênfases, gestos, enredos que pudessem incitar indagações inconvenientes.

Na medida em que o teatro era um veículo de vida intelectual, o que ocorria em seu interior passou a ser submetido a rigorosa prescrição. Assim como ocorria nas ruas, contra as ações espontâneas e informais dos segmentos populares, no interior do teatro público paulista maior atenção passou a ser dada à voz alta e aos gritos, que deveriam se restringir às saudações aos atores, e mesmo assim o juiz tinha autoridade para impor silêncio quando fosse "perturbada a tranqüilidade do espetáculo" (P, ordem 2454, 1850). A onda normatizadora própria de contextos de reordenamento político não distinguia, portanto, segmentos abastados e pobres.

Embora o teatro fosse um espaço restrito e elitista, aglutinava setores sociais que contestavam as contradições da sociedade. A função do ilustrado, egresso das famílias tradicionais e enriquecidas, era contestar a ordem até o limite de sua manutenção. Parte significativa dos estudantes do curso jurídico agiam imbuídos deste papel, preocupados em romper cânones, em termos literários e poéticos, e em defender as instituições e idéias liberais. Pertenciam às camadas privilegiadas de uma sociedade escravista, e muitos eram promessa da elite futura, ligada aos negociantes e grandes produtores do café.

No contexto específico de constituição de uma nova ordem a partir da Corte, marcado pela efervescência da disputa política e pela emergência dos localismos, quaisquer manifestações, mesmo quando oriundas dos filhos das elites, eram vistas com desconfiança. Conforme a centralização política mostrou-se a alternativa mais viável para a organização do Estado, por causa da escravidão e do caráter dispersivo dos poderes, processos normatizadores nas capitais de província adquiriram maior consistência, envolvendo inclusive a criação de forças policiais.

O teatro, portanto, enfeixou o político e o social. Era espaço de distinção social, freqüentado por um segmento diminuto e também de contestação, pois nos idos das revoltas liberais de 1840, a partir de seu interior, estudantes da Academia Jurídica "dirigiam insultos diretos às autoridades" e contra algumas famílias (OC, ordem 885, 1843). Tendo em vista a ebulição política do tempo, estes comportamentos não foram pueris e desprovidos de cunho político, já que dirigidos, inclusive, contra autoridades locais.

A veia rebelde que pulsava no teatro estava relacionada ao elo entre assuntos públicos e as artes, algo próprio dos países nos quais os complexos temas da consciência e da unidade nacional estavam em pauta (Hobsbawm, 1989, p.278). Assim manifestou-se a Sociedade Harmonia Paulistana, julgando útil estabelecer um pequeno teatro, para representar "temas acomodados às luzes do século" e dos quais "pudessem tirar duas utilidades, uma, o fim a que se reuniram, outra, não só o estímulo do amor à pátria, sinal característico do verdadeiro cidadão..." (OC, ordem 868, 1832). Dada a divergência e a defesa de interesses específicos de grupos suscitada por estes temas, o papel do juiz inspetor do teatro como mediador das tensões mostrou-se necessário.

Para acautelar-se contra a fervura dos ânimos num contexto escravista e de difusão das idéias liberais e de interregno político, as autoridades policiais passaram a observar para que ninguém declamasse ou recitasse "de cor ou por escrito dentro do teatro fala alguma nem [repartisse] escritos não impressos sem ter entregado ao juiz inspetor do teatro uma cópia assinada pelo responsável que a [recitasse]" e na qual o mesmo juiz deveria pôr um visto (P, ordem 2454, 1850).

Os estudantes passaram a ser estritamente observados nas encenações, proibidas no tempo letivo, mesmo em teatro particular o que limitou bastante sua atuação teatral, já que boa parte retornava para suas províncias de origem no período de férias. Muitas vezes, mesmo solicitando licença para suas apresentações, como aconteceu com a peça *O triunfo da Natureza*, que pretendiam levar ao palco nas comemorações do 7 de Setembro, seu pedido foi diretamente indeferido pelo imperador, "com o fim de evitar distúrbios", como argumentou o monarca (OC, ordem 876, 1838; DE, E00313, 1844).

As manifestações artísticas na cidade passaram a ser, assim, campo de atuação de burocratas e da polícia.[8] O juiz de paz deveria inspecionar e presidir o teatro nos dias de espetáculos. Exigia dos "empresários do teatro, um camarote para sua assistência em ocasião de espetáculos", pois lhe cumpria, na condição de juiz de paz, "assistir a todas as representações ... examinar as peças que se [tinham] de representar", cabendo a ele decidir seu caráter ofensivo ou não às leis que garantiam a decência e a moral (OC, APESP, ordem 888, 1837).

Os "empresários do teatro" estavam também diretamente subordinados à polícia, que lhes emitia "portaria ou faculdade". Em contrapartida, deveriam apresentar ao chefe de polícia petição na qual exporiam os fins da empresa, esclareceriam o número e a natureza dos espetáculos que pretendiam dar ao público (P, ordem 2439, 1843).

---

8 Este processo ocorreu em teatros de várias cidades, como em Ouro Preto, Mariana e São João Del Rey (cf. Prado, 1993, p.111).

Assim, entre as instâncias normativas disseminavam-se maiores preocupações em relação à arte dramática, em processo de formação coincidente com o da literatura nacional. Em certa medida, o teatro passou a ser um espaço de manifestação política também, porque o momento era de particular efervescência e de implantação de uma nova ordem político-institucional. O teatro funcionava ainda como um termômetro entre as elites de uma localidade, medindo seu grau de descontentamento ou satisfação em relação às transações de poder na Corte, quando se manifestavam-se em "vivas" e "morras".

Tal situação levava as autoridades policiais e municipais de cada vila, capital ou cidade a interferir na espontaneidade indagadora da arte dramática. Por razões políticas, tornava-se necessário amiudar-se à obra normatizadora em cada fresta da sociedade, inclusive no teatro de jovens futuros bacharéis numa cidade como São Paulo, com inserção relevante no processo de constituição de uma nova ordem política institucional pelo menos até o golpe da maioridade.

Estes "estados de exaltação desenfreada" dos que se letravam – segmentos que, de modos diretos ou indiretos, tinham maior contato com as idéias liberais e as transformações dos regimes políticos na Europa – passaram a ser associados com "desordem", "falta de respeito à platéia", "algazarra", suscitando interferências das esferas normativas, do mesmo modo como faziam nas ruas em relação às manifestações espontâneas populares.

A fermentação política da época impregnou a atividade teatral e o comportamento das pessoas no teatro, condicionou as primeiras manifestações do teatro de tema nacional e preparou sua fundação.[9] A arte dramática, portanto, ao coincidir com o processo de formação da unidade nacional, passou a ser antes caso de polícia do que propriamente artístico. Como se dizia,

---

9 *Grosso modo*, a partir de 13 de março de 1838, data em que foi encenada a tragédia *Antonio José*, de Gonçalves de Magalhães, foi fundado o teatro nacional. Martins Pena consolidou o fato com a criação da comédia de costumes. João Caetano e Emílio Doux, propondo novos processos cênicos, completaram a obra dos dois. (cf. Sousa, 1960).

as peças de recitado e mímicas, uma vez aprovadas, serão rigorosamente executadas ... que os atores não dêem às palavras e gestos um sentido equívoco ou ofensivo à moral e decência, não excederão seus papéis aplicando-os com ditos seus ou com ações e gestos ilícitos e *nem os alterem, e se refiram de qualquer modo, a pessoas e fatos conhecidos.* (P, ordem 2439, 1843)

A inserção das elites paulistas no processo de reodenamento político do período inspirava, portanto, cuidados em relação à vida sociocultural da cidade. As elites agrárias e negociantes de animais da província paulatinamente amealhavam poder na Corte e chegaram mesmo a compor o bloco do sul que liderou a emancipação. A capital, como centro administrativo, político e religioso, era um ponto de atração obrigatório para este segmento, que via no teatro público, em mãos acadêmicas, um espaço também de nobilitação.

A ebulição política em todas as províncias, liderada e contando com ampla participação de membros da elite local, civil ou militar, numa aproximação relativa e momentânea com o grosso da tropa e a gente miúda, escrava ou livre, forçava o andamento de um processo normatizador que atingiria também a incipiente vida teatral. Cartazes não podiam de modo algum sair das tipografias para os locais públicos sem o visto do chefe de polícia. O "diretor ou empresário do teatro" não podia substituir peças, alterá-las ou transferi-las sem o conhecimento da autoridade policial, que também devia sempre ter um camarote à beira da caixa do palco (cf. Sousa, 1960).

O que talvez parecesse, em princípio, um exclusivo processo de refinamento dos hábitos e comportamentos públicos, como ressonância do que acontecia na Corte, podia estar relacionado à imposição de normas com o intuito de conter as tensões próprias do período, algo que chegou mesmo a implicar um processo longo e difícil de separação das pessoas. Por circunstâncias peculiares à sua organização de vida e inserção social, este esforço praticamente inviabilizou-se entre as camadas populares, mas entre as elites econômicas e que se letravam teve certo êxito.

Esse esforço de separação dos indivíduos como parte de um processo de normatização insinuava-se em prescrições como a proibição do hábito de permanecer parado nas portas, escadas e corredores dos teatros, deixando-os apenas como fluxo de pessoas, apesar de possuírem natureza de encontro. A proibição de assobios, arrastar pé e ditos também procuravam individualizar num local de reunião, tendo em vista que as ações normativas, a fim de conter as tensões do tempo, objetivavam quebrar as possíveis trocas comunicativas entre os espectadores. Por isso a prescrição sobre os "entre-teatros", os intervalos, que deveriam ser o mais curtos possível e preenchidos com a execução de peças de música, cantoria, dança ou qualquer outro entretenimento, como as entremezes e farsas curtas (ibidem), que inviabilizassem as conversas do público.

De 1827 a 1850, inegavelmente, o teatro em São Paulo esteve nas mãos dos estudantes, que encenaram textos dramáticos estrangeiros e nacionais.[10] Dois documentos sugerem que os primeiros textos dramáticos escritos por acadêmicos datam de 1830. Ambos versavam sobre episódios cotidianos, debochando dos poderes instituídos, embora não seja possível falar numa produção empenhada ou que se atribuía missão contestadora dos poderes estabelecidos, porque a manifestação teatral em São Paulo, a partir dos anos 1830, não tomou a direção imediata de um movimento, mas foi uma produção fragmentada de alguns estudantes específicos, e trazia, portanto, apenas os indicativos de pensamento de um segmento social.

As contestações próprias de um contexto de redefinições político-institucionais não latejavam apenas no palco bacharel, mas no diz-que-diz das ruas, nos jornais, nos pasquins condenatórios, na difamação. Principalmente nos turbulentos anos 1830, tomou no-

---

[10] É muito difícil um levantamento preciso desse repertório. As indicações estão pulverizadas em estudos gerais sobre o teatro no Brasil e em São Paulo. Alguns textos encontrados foram: *Os sete instantes de Laura* (Pierecourt e Mallefille); *O pobre das ruínas*; *O meirinho e a pobre*; *O avarento*, de Molière; *O convidado de Pedra*; *Sganarello*, baseado em Molière; *O juiz de paz da roça*, *O Diletante e Manoel Mendes Enxúndia*, de Martins Pena; *O triunfo da natureza*; *O elogio dramático*, de Antonio Augusto de Queiroga; *O Filantropo, Próspero e Vicente*.

vas direções, com textos como *O cabido escolhendo um prebendado*[11] e *Os badalos fugidos e um tenente coronel pedindo um corpo de guarda para guardá-los à vista*. Não foi possível conhecer seus autores, mas eram dois entremezes – farsas ou comédias que ocupavam o intervalo entre um ato e outro da representação dramática – que o Ministério do Império prontamente vetou, numa portaria que proibia todas a peças que desautorizassem corporações.[12]

O rumo tomado pela manifestação teatral na cidade após a independência incitou o dilema civilização *versus* ebulição social. Anunciava a portaria do Imperador:

> sendo das intenções de sua majestade, o Imperador o favorecer, quanto esteja ao alcance do governo, os estabelecimentos teatrais, que todas as nações cultas têm reconhecido como um dos meios mais eficazes para ensinar no coração dos povos os ideais de virtude e adoçar a rudeza e barbaridade dos costumes, mas desejando ao mesmo tempo prevenir e evitar por meio de uma circunspeta vigilância e prévio exame das peças que hajam de representar, que tão úteis estabelecimentos não degenerem daqueles louváveis fins pela introdução de doutrinas, umas opostas aos bons costumes e a moral pública e outras tendentes a inflamar as paixões exaltadas e a destruir de qualquer maneira o sistema constitucional" (apud Silva, 1930, p.524).

Na época, tornava-se malvisto aquele que recebia a acusação de ser ou ter comportamento anticonstitucional. Esta expressão foi um recurso amplamente empregado pelas autoridades para justificar perseguições, proibições e no caso das manifestações teatrais, esvaziar intenções políticas. Na qualidade de público, autor e ator, os estudantes do curso jurídico criticaram formas de poder e autoridade. Traziam para os textos a realidade que viviam e através deles irmanavam-se a outras esferas – jornais, arte da conversação, difamação,

---

11 Cabido = cônego; prebendado = aquele que se encarrega das rendas de um bispado.
12 Portaria que proíbe a encenação dos dois entremezes anunciados no número 62 d'*Observador*, bem como quaisquer outras peças que desautorizem corporações (apud Silva, 1930, p.524).

pasquins – envolvidas no debate do tempo, relacionado à nova constituição de poderes.

No texto *O cabido...*, por exemplo, a crítica era contra os favoritismos de poder e privilégios no meio clerical. Ou seja, ao vagar a cadeira de tesoureiro-mor da catedral da Sé, o bispo se limitou a tomar opinião com um único cônego para a escolha de um novo ocupante de posição tão disputada, por envolver o controle das rendas de um bispado. A crítica poderia ser a ressonância de um anticlericalismo que acompanhava os ventos liberais.

Em *Os badalos fugidos...*, seu sumiço, real ou fictício, ao justificar a presença mais amiúde de uma sentinela no pátio São Francisco, criticava os esforços normativos para ordenar, silenciar e inibir o burburinho num local intensamente freqüentado por escravos, ambulantes, estudantes. A troça era feita com a ação normativa das autoridades, até como meio de contestação e resistência, em forma de texto e manifestação teatral.

Primeiras tintas da dramaturgia paulista

Deste terreno acadêmico-teatral, além de terem florescido os primeiros ramos de um movimento literário, também ergueu-se muito timidamente uma produção dramática local, que contou com os importantes mas raros trabalhos dos estudantes Paulo Antonio do Valle e Martim Francisco Ribeiro de Andrada.

Seus textos possuem importância e valor históricos por terem sido escritos nos primórdios da formação de uma produção literária e artística de cor local. É uma rara oportunidade para percebermos como a obra dramático-literária paulista, em sua fase germinal, interagiu com o meio e foi influenciada por ele. Se o processo de emancipação implicou também um processo de emancipação intelectual, conforme as condições específicas de cada localidade e tradição, este processo brotou como texto poético, literário e dramatúrgico.[13]

---

13 Elisabeth Azevedo viu no teatro acadêmico uma forma para os estudantes de expressar seus "ideais nacionalistas" e influir na sociedade. Tratava-se, segundo

Paulo Antonio do Valle era paulista, nascido em 25 de janeiro de 1824. Foi da turma acadêmica de 1844-1848 e *Caetaninho ou o tempo colonial* (1849) (apud Moura, 1998) foi inegavelmente sua melhor produção. Martim Francisco Ribeiro de Andrade, nasceu no Havre e era filho do senador de mesmo nome, sobrinho de José Bonifácio. Pertenceu à turma de 1841-1845. O drama que escreveu, *Januário Garcia, o sete orelhas* (Andrade, 1849), é o texto dramático mais antigo de que se tem notícia e fez muito sucesso na época (apud Nogueira, 1977).

Além de *Caetaninho...*, Paulo Antonio do Valle escreveu entre 1849 e 1850, outros dois textos para encenação: *As feiras de Pilatos* e *Capitão Leme ou a palavra de honra* (ambas em Valle, 1869a, 1869b). Os quatro textos são dramas ambientados no período colonial e retratam situações de intenso conflito em termos amorosos, de luta por justiça e em nome da honra que parecem metáforas da realidade de reordenamento político-institucional vivida por um segmento social que se letrava e fazia uso das letras para participar desse processo.

Esses textos, mas especialmente *Caetaninho...*, representam de maneira incipiente e difusa, da perspectiva do meio intelectual paulista, as bases do pensamento do "ser nacional" com base em uma produção localizada, que se arrojaria em criações literário-artísticas futuras nos idos de 1870, com a crise da monarquia.[14] Nas linhas destas manifestações dramáticas foram esboçados os primeiros

---

ela, de um teatro empenhado, com pano de fundo essencialmente político e social, ou seja, não no sentido partidário, mas como representação dos conflitos latentes na sociedade. Acredita também que os estudantes tomaram a sério uma "missão civilizatória" quanto ao teatro. Como toda movimentação nacionalista teve estreita relação com as teorias românticas, estas conclusões podem ser bastante válidas para os textos produzidos a partir dos anos 1850, quando as bases do Estado Nacional centralizado já estavam bastante assentadas no governo imperial e firmou-se uma produção artístico-intelectual de cor acentuadamente local (cf. Azevedo, 1995).

14 Elisabeth Azevedo, fundamentada em vários autores, mostra que o teatro brasileiro no século XIX, foi orientado pela questão da formação da nacionalidade

traços de uma missão nacional, de tom local, preocupada com temas como Estado e identidade.

A emancipação política encaminhou-se já prenhe do desejo de emancipação intelectual, e em São Paulo este processo esteve diretamente relacionado à pequena aglutinação estudantil em torno da Academia Jurídica. No contexto mais amplo das transformações do período foi um foco, apesar de microscópico, significativo para a formação da idéia de nação e a produção de um pensamento autônomo. Os textos destes estudantes foram um retalho da vasta colcha que é a idéia da nacionalidade no século XIX.

De modo semelhante ao que faria a geração modernista paulista da Primeira República – como na pessoa de Paulo Prado, mecenas da Semana de Arte Moderna de 1922, filho da elite cafeeira, que ingressou já cinqüentenário na atividade intelectual –, a geração da recém-fundada Academia Jurídica também projetava seus dramas para o passado colonial da antiga Piratininga, procurando nas raízes locais ingredientes que contribuíssem para a delimitação do "ser brasileiro" num ambiente mental no qual o organismo Metrópole–Colônia já havia perecido em certos aspectos da organização político-econômica e em que era urgente fincar as bases de novas instituições – para tanto, a definição da identidade era um dos pilares.

Fazia-se necessário, portanto, desenterrar os feitos, a trajetória e a moral de personagens fundadores e formadores,[15] pois graças a eles se daria a delimitação da identidade brasileira, que antes de tudo era "ser paulista". Ser brasileiro, na pena de Paulo Antonio do Valle, era ser local. Entre suas personagens, contudo, não houve papel para o índio, devidamente europeizado, do ápice do romantismo.

---

como afirmação do "eu nacional", já desde a fase pré-independência, fortalecendo-se ao longo do período monárquico (1995, p.9).

15 Antonio Candido fala em uma "consciência heróica do passado, emergindo do sentimento nativista, aparece como recurso de integração, como justificação de uma sociedade em crise das suas atividades" (1976, p.144).

No julgamento do soldado Caetaninho pela agressão ao filho do capitão-general Martim Lopes Lobo de Saldanha,[16] um dos capitães encarregados de decidir pela pena de morte evocava estes personagens da história local que naquele contexto agiam no sentido de afirmação do "ser paulista"

> se nestes desgraçados tempos já não há paulistas que intimem ao governo a vontade do povo, se já não temos um Amador Bueno, um Fernando de Camargo,[17] um Miguel Garcia Carrasco ... mas é agora que nos cumpre ser paulistas, pagar o devido tributo àqueles que se vivessem hoje estariam agora com o povo à porta deste palácio ... como nessa época gloriosa de 1641[18] na casa do Conselho da Câmara...

Na trajetória do sanguinário *Januário Garcia, o sete orelhas*, movido pelo ódio de vingança contra sete assassinos de seu filho, aparece o valor nobiliárquico, possivelmente inspirado na *Nobiliarquia*, de Pedro Taques, que seria um outro ingrediente na definição do "ser paulista".

Como diria Januário à sua mulher Ana:

> os paulistas de hoje são degenerados filhos dos paulistas d'outrora ... já não há quem recorde a lealdade de um Amador Bueno e a valentia dos Tybiriças[19] porque ninguém hoje é capaz de imitá-las ... os sanguinolentos combates em que venceram os Emboabas[20] são taxados de fabulosos, por aqueles que deviam ufanar-se de sua verdade.

---

16 Foi governador capitão-general de São Paulo e tomou posse em 14 de junho de 1775. Consta que enviou para a forca o trombeta do corpo de voluntários reais, mas Azevedo Marques não informa as razões desta decisão (cf. Marques, 1980).

17 De importante família de São Vicente. Os Camargo foram ligados aos Pires, da mesma região, mas posteriormente passaram a hostilizar-se na disputa por cargos do governo. No texto *Capitão Leme...* esta situação é mencionada.

18 Data de aclamação de Amador Bueno da Ribeira, filho de Bartolomeu Bueno da Ribeira, como rei de São Paulo, em 1º de abril deste ano.

19 Assim era chamado o índio chefe de uma parte da nação Guaianas, estabelecida nos campos de Piratininga, convertido e batizado com o nome de Martim Afonso.

20 Apelido dado aos portugueses pelos paulistas na guerra que levou o mesmo nome e os opôs na disputa pelos domínios auríferos, no distrito das Minas, no século XVIII.

No enredo, a personagem Januário justifica o implacável sentimento de vingança com o argumento do combate, também sanguinário, empreendido pelos antigos paulistas. Os protagonistas destas histórias, construídas no limite entre realidade e ficção, contribuíam para a definição do "ser paulista".

Na introdução de *Capitão Leme*, Paulo Antonio do Valle, seu autor, tomou a frente dos personagens, para sugerir este propósito de partir do caráter de antepassados ilustres para delimitar a identidade local : "tomei pois um fato não menos verdadeiro da história dos nossos antepassados – o fanatismo da palavra – para estudar ainda dois caracteres principalmente – Amador Bueno e Fernando de Camargo – cujos nomes andam na boca de todos ...". Proponha-se ainda a mostrar "Amador Bueno como um Cid e poético como um mito".

A metáfora da definição da identidade paulista aparece na cena final de *Capitão Leme*, quando Amador Bueno surge como uma aparição sobrenatural para impedir o casamento da personagem Maria, cuja mão havia sido prometida por seu pai, o capitão Leme, a Fernando Camargo. Amador Bueno, na realidade, resgata a honra do capitão, que não cumpriria a palavra empenhada porque Maria desejava casar-se com seu irmão de criação, um enjeitado, como o texto faz questão de não deixar o leitor esquecer.

No enredo, Antonio, o enjeitado, termina por enobrecer-se, ligando-se a Amador Bueno por amizade. Como dizia Amador Bueno:

> apressei-me ... e vim impedir-vos de fazerdes a desgraça de vossa filha, e praticardes uma ação indigna de vossa qualidade. A família ... é a virtude e por isso eu considero Antonio tão nobre como a vossa filha ... de minha parte aceitai parabéns pelo feliz consórcio de vossa filha com o nobre Antonio, que desde agora tomo para meu amigo.

Ser paulista era estar enraizado às antigas cepas familiares da terra, mesmo que por fortes vínculos de amizade.

O antigo domínio colonial também foi tema metaforizado nestes textos pela dicotomia português *versus* brasileiro/paulista (sic). O contexto de reordenamento político-institucional com base no Rio de Janeiro traduzia-se nos textos dramáticos de jovens estudantes das ciências jurídicas por meio de posições explicavelmente opostas, como se houvesse um conflito entre bem e mal, tirania e democracia, absolutismo e liberalismo, escravidão e liberdade.

Em *Caetaninho*..., a tirania está representada no capitão-general Martins Lopes Lobo de Saldanha contra o pobre soldado "sem pai nem mãe". Caetaninho, símbolo de virtude, também condena o tráfico de escravos, recusando o convite do filho do capitão-general para que lidassem com esse negócio. Ou seja, a questão do tráfico africano começa a emergir, neste caso, como elemento que reforça a boa moral de Caetaninho, representante de forças novas, e antagoniza estruturas próprias da antiga condição político-institucional.

Januário Garcia, protagonista da história de mesmo nome, representa a arbitrariedade e a intransigência dos poderes absolutos, pois não poupa a vida do último assassino de seu filho, mesmo com as revelações de sua filha. A última vítima da vingança de Januário na realidade era seu genro, pai do filho que ela esperava e que no passado, quando da ausência do pai vingativo, a havia livrado da prostituição e da condição de miséria.

No texto *As feiras de Pilatos*,[21] este capitão general é o outro exemplo da truculência da dominação colonial contra um paulista, o tenente Fernando, que almeja casar-se com a mulher cobiçada por Pilatos. Tal situação evoca o confronto do domínio português com o paulista/nacional, pois o major Fernandes, pai de Leonor, ao entrar em cena e presenciar a prisão do Tenente pelo capitão, adianta-se: é preciso "restabelecer a honra de um paulista ultrajado". O texto não explicita, mas o tenente Fernando bem pode ser uma alusão a Fernando de Camargo, membro de uma das estirpes paulistas e que disputa o amor de Maria com o enjeitado Antonio em *Capitão Leme*.

Nesta última peça, contudo, a ênfase é na honra, traduzida na angústia do patriarca Leme diante da necessidade de sacrificar a felicidade da própria filha, em nome da palavra empenhada, metafori-

---

21 Pilatos foi o apelido dado ao capitão general Antonio Manoel de Melo Castro e Mendonça, que no início do século XIX instituiu feiras públicas no campo da Luz.

zando o valor moral dos antigos paulistas que serviam como referencial de identidade.

A tensão português/paulista expressava-se em situações como a da constatação do capitão-general comunicada ao ouvidor que absolvera Caetaninho da agressão a seu filho: "enganei-me convosco, penseis que éreis português...". Ao que retruca o ouvidor: "vós impondes a todos uma vassalagem, que eu devia chamar escravidão ... agora São Paulo inteira lamenta essa perseguição que fazeis a um desgraçado e amaldiçoa vosso nome ... vós ... sois um tirano".

A metáfora mais contundente das confissões dos capitães incumbidos da decisão de aplicar a pena de morte ao soldado sugere esta tensão: "sou brasileiro e paulista, votarei conforme a minha consciência, embora seja ele general e déspota e eu um simples e desvalido capitão"; o outro afirma: "sou também paulista e detesto igualmente ao inimigo comum".

Local e nacional esbatiam-se no texto: "estava eu pensando agora no infortúnio dos povos oprimidos, pensava na sorte do Brasil e dos brasileiros ...". A antiga opressão imposta pelas metrópoles às colônias aparecia também como referencial para o entendimento do que seria a partir de então o "ser local/nacional" e, portanto, cada vez menos ibero-americano.

Quando um dos capitães insinua que se Caetaninho fosse português talvez se livrasse da pena, o outro prontamente afirma: "mas (concentrado) Caetaninho é Brasileiro e como nós Paulista ... que importam as iras de Martim Lopes ...". A mesma dicotomia entre o português tirano e o bravo paulista aparece na fala de Leonor, cujo amor era disputado pelo tenente Fernando e pelo capitão-general Pilatos em *As feiras de Pilatos*: "meu pai é paulista ... e o general é um Pilatos". Não só pelo nome, mas também pela tirania das atitudes, fazia alusão ao imperador romano que condenou Jesus à crucificação.

Em termos cênicos e como texto, os estudantes se mobilizaram em torno da complexa noção de pátria, embora de modo muito esmaecido, não como missão deliberada. Quando Caetaninho foi condenado à morte, o capitão se voltou contra o ouvidor responsável pela condenação e disse:

nesta hora cruel em que são postergados e aniquilados todos os direitos do homem e todas as garantias do cidadão, eu ouso fazer diante de vós um protesto ... protesto à posteridade contra vós e contra o autor de nossas misérias presentes e suplico a Deus para que nos depare no futuro um governo digno da minha pátria.

O tema pátria aparece em outro trecho:

deixai-me esperar que há de vir um dia em que um governo nacional e sábio reunirá os Brasileiros e os protegerá e reajustará, como um pai a seus filhos (em êxtase). Oh! Salve dia glorioso da liberdade de minha pátria [e conclui:] o domínio de Portugal há de acabar-se para sempre.

A metáfora materna/paterna na relação com os governantes, intrínseca a uma formação cultural ibérica, na qual o trânsito pelas esferas de poder ocorreu sob diretrizes domésticas, privadas e personalistas, teve ressonâncias no próprio rompimento político com a Metrópole. Vigorava uma relação umbilical entre Portugal e América Portuguesa, cuja separação provocou um traumatismo nos referenciais da elite ilustrada – trauma pelo rompimento que encontrou nas letras o caminho para a superação.

Quando Antonio Lobo, ajudante de ordens do governo, em *Caetaninho...*, e filho do capitão-general Martim Lopes Lobo de Saldanha, se opôs à decisão de seu pai, a favor do soldado, em nome da justiça e contra a tirania, remeteu-se a este desligamento de uma ligação uterina. Como disse o filho ao pai: "a razão acordará e ao seu brado espantoso os povos se alevantarão triunfantes sobre os cadáveres dos tiranos".

Deste rompimento umbilical surgiria então a pátria, entidade abstrata e nova para as elites econômicas, políticas e ilustradas. As movimentações nativistas e pré-românticas do final do século XVIII e início do XIX lançaram suas sementes, que ainda brotavam nos primeiros anos de um império com cetro adolescente. Em *Januário Garcia*, a personagem que dá nome à peça já podia afirmar para sua esposa: "amo a minha pátria mais do que a mim mesmo", e dizer que a primeira paixão a desabrochar no homem nos primeiros vislumbres da inteligência era "o amor da pátria", concluindo: "nem a ti mesmo nem a meus filhos amo mais do que a pátria". Por isso, em certo momento cênico, só, sentado e pensativo, se lamentaria: "só as desgraças da Pátria que me atormentam".

A pátria surgia como problema a ser reprocessado pelas formas de pensamento das elites dirigentes, letradas e que se letravam, pois a independência inoculou no romance, na poesia e no teatro o "intuito patriótico". Pode-se dizer que os estudantes, comungando com a movimentação intelectual do tempo, escreveram estes textos imbuídos de um sutil "senso de dever patriótico", que os levava, em pequenas frestas de seus dramas, a declarar o amor à pátria.[22]

A passagem do alvará à lei, coincidente com a interiorização dos cursos jurídicos em duas academias, em Olinda e São Paulo, e a necessidade premente de emancipação jurídico-legislativa animariam esta discreta produção dramática dos jovens bacharéis em relação ao rigor na aplicação das leis, tema que entraria em conflito com o histórico direito consuetudinário e de cunho privado.

Em *Caetaninho...*, *As feiras de Pilatos* e *Januário Garcia*, um dos grandes temas é também o do confronto entre arbitrariedade na aplicação da justiça e a legalidade. As justificativas do ouvidor ao capitão-general Martim Lopes para a absolvição do soldado Caetaninho foram as seguintes: "cumpriram-se à risca, escrupulosamente, as leis militares", e como magistrado que era acreditava que se devia "fazer justiça ao cristão, como ao mouro", o que muito indignou o mesmo capitão.

O exacerbamento do direito consuetudinário e do trânsito privado e personalista no campo da lei aparece em *Januário Garcia*, que se evade vida afora, não sossegando até matar e cortar a orelha do último assassino de seu filho. O fato é que o drama da lei arbitrária parecia ferida não cicatrizada na memória dos que se letravam na cidade desde o tempo recente do governo provisório, quando o soldado Chaguinhas, de uma guarnição rebelada em Santos pelos baixos e

---

22 Expressões usadas por Antonio Candido (1969, p.9-10).

atrasados soldos, não obteve a clemência do governo, liderado pelos Andradas, mesmo com o rompimento sucessivo da corda que o enforcaria. Principalmente Caetaninho, que inclusive é executado no final da encenação, evoca a figura do soldado, real ou fictício, e tudo o que sua situação representava, ou seja, o confronto com o despotismo e a arbitrariedade da lei (Piza, 1899-1900).

Na medida em que a transmigração da família real para o Rio de Janeiro trouxe o problema dos limites do sistema escravista, dada as pressões britânicas pela extinção do tráfico atlântico, a escravidão também se tornou tema cênico e textual, provocando os contemporâneos para uma problemática que esteve na base das opções políticas do período.

O contexto da emancipação intelectual e artística numa cidade como São Paulo mobilizou um segmento em torno de temas relativos à identidade e à pátria, com base em referenciais histórico-culturais locais. Aí, o problema da escravidão opunha um português a um paulista ou comovia um patriarca de estirpe. Em *Caetaninho...*, o convite do filho do capitão general para negociarem com escravos foi repelido pelo soldado com um veemente: "não! É uma desumanidade (surpreende-se Caetaninho)".

Em *Capitão Leme* esta problemática alçou vôos mais altos, com escravos que atravessavam o fundo do espaço cênico carregando foices e machados, e entoando um canto:

1º coro

Ah! Nem bem desponta o dia
Já o pobre escravo se ergue
E sem que ainda enxergue
Ai a tarefa encetar.

2º coro (refrão)

Enxada, machado e foice,
Corta derruba, ligeiro
– Meu senhor interesseiro
Não quer descanso e vagar.

1º coro

Arda o sol, alague a chuva
A tarefa continua
Enquanto não vier a lua
Enquanto o dia brilhar.

2º coro (refrão)

1º coro

Alta noite sobre a terra
Deite-se o escravo arquejando
E não durma se lembrando
Que nasceu pá trabalhar

2º coro (refrão)

Em seguida, contou com a própria reflexão do capitão

quanto eu daria por uma enxada e por um coração como o vosso, minha pobre gente! Tendes razão de queixar-vos ... mal haja o homem que primeiro se lembrou de tirar-vos de vossas brenhas felizes, para vos vender à barbaridade de outros canibais! ... Amaldiçoados sejam para sempre os traficantes, principalmente esses que vão aos mares d'África pescar homens, como se iscam os peixes ... maldição eterna sobre esses mais que ladrões, que assassinos, que aniquilaram a liberdade do africano e o ataram a dura braga do cativeiro.

Contudo, o texto dramático não era um panfleto contra a escravidão. Nada era mencionado sobre liberdade.

O palco bacharel num meio movediço e de todos os caminhos fez parte do exercício de emancipação intelectual de um agrupamento, diferenciando-o da gente de uma economia de trocados e andanças que ocupou o cenário social da capital de uma província em mudança. Não instruiu o areeiro suado pelo lidar com os animais, a quitandeira ocupada em fritar o peixe do passante, o negro distraído em costurar o rasgo do sapato de seu freguês.

Estes se ajustariam ao meio no qual viviam através de um denso circuito vicinal e familiar que não passava pelas associações de estudo e leitura e em certa medida envolvia o recurso às instâncias de poder local. Seus filhos e netos muito teriam ainda de brigar contra as omissões, as arbitrariedades e o favoritismo que prosseguiriam do palco aos gabinetes, dos textos às salas senhoriais.

5
VIVER SEMPRE JUNTO

"Voz pública"

Além dos impressos e do teatro existiam na cidade de São Paulo outros veículos de divulgação mais ampla das questões político-institucionais do período, tais como os bandos mascarados que anunciavam as festas do 7 de Setembro, o aniversário do imperador ou a sua aclamação, os espetáculos com fogos de artifício, apresentando as armas do Império, com um letreiro em círculo da corte imperial, onde se lia: independência e constituição; as salvas de artilharia e girândola indicando data comemorativa, a elevação do pano do teatro exibindo o retrato de sua majestade imperial e o presidente da Câmara aos berros, dando vivas à Constituição, ao imperador e à Assembléia Legislativa (FP, 30.9.1830).

Os problemas políticos vividos pela sociedade não ocuparam posição proeminente na vida dos segmentos populares. Preocupavam-nos mais a carestia, a falta do toicinho e da farinha, os recrutamentos, o arranjo de serviços, os preparativos das festas do Espírito Santo, do Rosário, dos três santos de junho, o batizado de um afilhado, as dificuldades de um vizinho, as discórdias alheias de um casal conhecido. Contudo, quando reivindicavam um direito ou precisavam se defender das arbitrariedades do poder local, demonstravam conhecimento das novas condições político-institucionais em andamento.

O costume da Câmara de São Paulo de divulgar editais da Corte ou da própria municipalidade nos ajuntamentos festivos, os quais, paradoxalmente, se esforçou por suprimir, fazia a população tomar conhecimento das questões políticas coletivamente, levando a leituras ouvidas, comentários e reinterpretações segundo valores, referenciais, posições sociais e preocupações imediatas.

Os editais sempre eram publicados nos lugares de costume para que as notícias chegassem a todos, como aconteceu no aniversário de sagração e coroação de Sua Majestade Imperial. Na freguesia de Santo Amaro, a Câmara aproveitou os dois dias festivos para publicar a cópia do manuscrito do imperador e mais quatro decretos na porta principal da igreja. Os ajuntamentos populares não eram bem-vistos pelas elites e autoridades, mas eram apropriados e recebiam formato oficial, legitimando e divulgando determinações da nova liderança e ordem política.

Outras situações comprovam o recurso das autoridades à prática popular e aos locais costumeiros de ajuntamento para fins oficiais. Na Penha, os nomes dos eleitores das eleições paroquiais para a segunda legislatura do Império foram apregoados e fixados no lugar de costume. Ainda na freguesia de Santo Amaro, após a missa paroquial, "no tempo em que o povo se achava junto no pátio da Matriz, foi lido em voz alta, clara e bem inteligível" o edital da Câmara e depois afixado no local mais público, ordenando a nova eleição paroquial. Na freguesia do Brás, o edital foi afixado em 6 de janeiro de 1836, "por ser dia santo e ficar o povo mais sciente [sic]". As portas das principais igrejas e da Matriz anunciavam o número de fogos das freguesias ou a lista com os nomes dos eleitores de paróquia (ACa, 27.11.1824; PA, 8.1.1822, 1828, 1829, 1836; RGC, 1829).

Tais locais costumeiramente de ajuntamento eram profícuos para a leitura lida ou ouvida. As autoridades da localidade, contudo, incomodavam-se com a voz pública e a direção independente dada ao que era ouvido. O que se lia, ouvia e conversava, fosse na porta da igreja, na folha impressa ou no livro, circulava como ávidos boatos, que talvez pouco tivessem de invenção, já que recebidos com tanta preocupação. Tais boatos cresciam em momentos de crise, como na época das derradeiras revoltas liberais na província, o que levou o diretor da Academia Jurídica a dizer que eram "falsos todos os boatos" que corriam (OC, ordem 883, 1843).

Receio maior havia em relação à difusão destes boatos entre os segmentos populares, diante da instabilidade política provocada pela disputa de poder entre grupos relativamente divergentes e da estruturação do Estado nacional. Conversações e notícias sobre a revolta liberal de 1842, de explosão mais violenta no interior da província, como Sorocaba e Silveiras, eram amplamente ouvidas na capital: nos quartéis, na boca de comerciantes graúdos ou medianos, religiosos e populares. Falava-se em "diferentes boatos acintemente espalhados por homens e desordeiros para incutir terror na população pacífica, já dizendo-se que haverá rusga", e que com isto as pessoas vinham de muitos pontos da província já armadas e prontas para o combate (P, ordem 2437, 1842).

Murmurava-se sobre a tentativa de um "movimento revolucionário na capital", levando à prisão várias pessoas, como aconteceu com um ex-comandante da Guarda Nacional, um capitão e um sargento. Com um deles chegou a ser encontrada, inclusive, uma carta dirigida a um tenente pronunciado no processo do norte, com as iniciais de seu nome invertidas (P, ordem 2440, 1843).

Embora os conservadores já tivessem, seguramente, as rédeas da unidade nacional, não convinha vacilar quanto à possibilidade de alteração dos ânimos.

Numa cultura de legado oral, boatos eram sólidos circuitos de informação, favorecidos ainda, no cenário urbano da cidade de São Paulo, pelas formas de convívio bastante estreitas e pela presença rotineira de forasteiros. Incomodavam pelo potencial que possuíam de desestabilização da ordem. Sob a bandeira de proteção da ordem pública, as autoridades policiais e municipais criminalizavam os boatos, mobilizando soldados e reforçando a guarda para vigiar os ajuntamentos, momentos propícios para conversas que resultavam na difusão das anônimas notícias.

Rumores antecipavam o conteúdo dos editais e incomodavam os segmentos dirigentes, pois as notícias circulavam sem as devidas censuras e aparas oficiais que poderiam frear contestações e a exaltação de ânimos políticos. Quando a informação da dissolução da Câmara dos deputados se espalhou por toda a cidade, temeu-se muito pela tranqüilidade pública, embora ela não tivesse sido alterada. O chefe de polícia reiterou ordens e providências a fim de intimidar qualquer excesso que porventura ainda viesse a ocorrer (P, ordem 2442, 1844).

Autoridades e elites dirigentes mantiveram atitude paradoxal em relação a acreditar no que saía da boca popular e se esforçar por esvaziá-la de qualquer credibilidade. Ao dar crédito aos boatos, reconheciam e admitiam a capacidade popular de interpretação das notícias que poderiam resultar em conseqüências político-sociais imprevisíveis. O conteúdo de inúmeros ofícios demonstra o valor atribuído à fala popular e a maneira como ela determinava a atuação das autoridades. Por aviso expedido pela Secretaria de Estado, trocava-se informações sobre as ocorrências que tiveram lugar na corte, nas eleições de 1848. Pedia-se que um resumo do acontecido chegasse a todas as autoridades policiais, a fim de que os fatos não fossem adulterados na província.

Escrevia-se sobre o aparecimento de algumas ocorrências que, "exageradas ou desfiguradas na província", poderiam fazer acreditar que a tranqüilidade pública fora profundamente alterada na capital do Império, "não convindo que assim adulteradas" circulassem. Era importante fazer que a autoridade tomasse conhecimento de tais notícias, a fim de "habilitá-la a desmentir quaisquer boatos que em sentido contrário pudessem ser propalados", tendo o maior cuidado para que não fossem "desfigurados" (P, ordem 2450, 1848) O processo normativo e vigilante, tomava, assim, a direção que a falação e as ações populares definiam.

A "voz pública" foi o principal meio divulgador do que acontecia na cidade, das esferas políticas à sacristia do vigário, com poder de absolvição ou condenação. As elites dirigentes e autoridades tinham consciência da "voz pública", temiam cair em sua língua imperdoável. Oscilaram, contudo, entre não reconhecer sua força e recomendar que fosse levada em consideração.

Quando o ouvidor Ladislau Jupiassú, numa postura de resquícios absolutos, decidiu abrir devassa para apurar os nomes dos que deram vivas de contentamento pelos acontecimentos da França, atrás da banda do batalhão que tocava o toque de recolher, ateou tal fogo de descontentamento, que a voz pública soou incontrolável em cada canto do perímetro urbano da capital.

Dizia-se num ofício: "não é que a Câmara seja de parecer que a denúncia por estes factos se deva apoiar unicamente n'essa voz pública", porém julgava ela "de seu dever indicar" o que ela denunciava para que se conhecesse, "ainda no caso de ser infundado semelhante rumor", pois que a tal "voz pública", apoderando-se dela, "dá-lhe a direção que lhe parece e incutindo terror aos cidadãos, gera as desconfianças e os sobressaltos, precursores das maiores perturbações" (PA, 1830; Officio da Câmara ao Exmo. Vice-presidente da Província de São Paulo apud Silva, 1930, p.553).

Mesmo um jornal liberal como *O Observador Constitucional*, de um liberalismo retraído e afeiçoado à escravidão, procurava amornar o calor da voz pública, anunciando que as folhas nada traziam que fundamentasse os boatos espalhados pela cidade quanto às movimentações de gente e tropas no Pernambuco (OCo, 8.8.1832).

A "voz pública" era temida por sua força de impelir a insatisfação dos vários segmentos para as praças e ruas: no ato de sacramentar o corpo do liberal Libero Badaró, "deo [sic] motivo a diferentes conversações e o povo em magotes rompeu por toda a parte em busca dos agressores indicados pela voz pública" (Officios remettidos, livro n.2, apud Silva, 1930, p.540). Funcionava também como recurso para os segmentos populares revidarem as arbitrariedades das autoridades locais ou destruírem moralmente os que agiam de modo prejudicial ao grupo social. O clamor público, com mais êxito do que as autoridades policiais, apontava aqueles que havia tempo atravessavam gados (PA, 1826), impedindo os alimentos de chegar ao comércio de abastecimento, encarecendo ou simplesmente fazendo desaparecer a carne da mesa dos mais pobres.

Correram boatos de que os negociantes pretendiam fechar suas casas de negócio quando da crise da moeda de cobre (ACa, 1834; OC, ordem 869, 1834), o que atingiria diretamente a subsistência de todos, mais diretamente a dos de menos recursos, que lidavam costumeiramente com trocados. Negociantes que baixassem suas portas teriam sua reputação seriamente abalada no meio, pior forma de punição, pelas conseqüências futuras de vivência coletiva, pois a "voz pública" era eficiente em localizar cada um deles.

A "voz pública" era o principal mecanismo de vingança popular, não poupando humilhações às autoridades. *O Observador Constitucional* desempenhou bem este papel, representando um segmento mais abastado e letrado, sem dúvida, mas chegando aos pobres e escravos pela leitura ouvida, imediata ou em conversações. Destacava-se pelos "continuados ataques e chincalhações às autoridades", chegando-se a dizer que eram essas matérias que "a gente miúda" lia com apetite (Registro de officios ao ministério do Império, de 1830-1838, apud Silva, 1930, p.526).

Este mecanismo informal também era usado para caluniar comandantes da guarda e fiscais, como aconteceu muito na Penha de França, para achincalhar a moral e para difamar pelas tabernas com uma das acusações mais odiadas e temidas: a de ladrão (OC, ordem 864, 1831; ordem 869, 1833; ordem 874, 1837). Na freguesia de São Miguel, o fiscal encarregado do toque do sino, às horas de recolher, sofria com as "caçoadas, rizadas, dizotes [sic]" (P, ordem 2454, 1850), que fragilizavam pretensões hierárquicas e de mando. Às vezes a "voz pública" poderia aparecer na forma de pasquins, como ocorreu na freguesia de Santo Amaro, quando foram afixados nas esquinas papéis contra o tenente do Batalhão de Caçadores, insultando-o, fazendo-lhe deboches, desejando seu desaparecimento, comparando-o a um diabo que assolava a freguesia, chamando-o caranguejeiro.

"Caranguejeiro" designava a pessoa que vivia andando de casa em casa, em visitas que se tornavam inconvenientes pela repetição, por ocorrerem em ocasiões inoportunas e pela permanência demorada. Por mais íntima que fosse a existência social, era potencialmente tensa, pois, como dizia o provérbio antigo, "hóspede mais de três dias/instalado em casa alheia/pagando com cortesia/almoço, jantar e ceia/afora o quarto que habita .../má visita" (Freitas, 1985, p. 54). O autor dos pasquins confessou-se ao tenente, seguro da "voz pública" que endossava o conteúdo dos escritos deixados nas esquinas mais movimentadas da freguesia (JP, ordem 4842, 1829).

Estardalhaços em torno do comportamento público ou pessoal das autoridades eram um tipo de reação e resistência das camadas populares, muitas vezes compartilhados por segmentos da elite local, em seus desentendimentos mútuos. Um comandante de polícia, ao desentender-se com o subdelegado, saiu à rua e começou a gritar bem alto, insultando-o e fazendo o mesmo no dia seguinte (ACi, ordem 3682, 1847). Quando feitos no interior das tabernas, nas ruas, entre uma partida e outra de jogo, estabeleciam cumplicidades. Desconfortavam comandantes e fiscais no meio em que viviam, mas aproximavam mais os que falavam e comentavam.

Espalhar que um fiscal era mal depositário de escravos, zombar de sentinelas e guardas também eram mecanismos para ludibriar determinações oficiais, desviando a atenção e as razões de perseguições e punições (ACi, ordem 3677, 1834). As camadas populares inseriram questões políticas num quadro de interesses próprios que lhes permitia lidar de modo defensivo contra os desmandos e os excessos do poder, fazendo estardalhaços em torno da conduta de autoridades, associando algumas de suas decisões e atitudes à infração da Constituição e à violação da liberdade individual.

Um delegado chegou a advertir sobre os muitos que trabalhavam para "desacreditar as autoridades, tirando-lhes a força moral", para ao final derrubá-las (ACi, ordem 3682, 1847). Tratava-se de um meio de defesa na tensa relação com as autoridades locais, misturando hábito de embriaguez, atração e vícios por jogos e funções com acusações de prisões arbitrárias de escravos, pessoas livres, cárcere privado ilegal – por exemplo, manter um taberneiro preso, atrás de seu balcão, por horas seguidas.

A credibilidade atribuída à "voz pública" fica patente em documentos como os processos judiciais, nos testemunhos fundamentados predominantemente no ouvir dizer ou nas "conversações na rua", que inocentavam ou condenavam os réus. Ouvia-se dizer, mas não se sabia ou não se lembrava de quem, porque garantir o anonimato significava poupar-se de inimizades e rusgas desaconselháveis no meio e no contexto da vivência social. A falação nervosa não se limitava aos acontecimentos da vida política ou às referências às autoridades policiais e da Câmara.

Falava-se de alguém da administração municipal que criticava outras autoridades e espalhava seu desejo de aliar-se às tropas inimigas recolonizadoras para vingar desafetos. Urdia-se contra um capitão que injuriava muito a Câmara em reuniões de várias pessoas. Tramava-se através das frestas de janelas e sob o manto escuro da madrugada sobre um "projeto de república".

Mas também corria solta a boataria sobre as brigas dos estudantes no pátio São Francisco ou sobre um vigário e seu escravo, ambos da Penha de França, que viviam apalpando com varinha o cofre com os depósitos dos fiéis, até que um dia apareceu arrombado (P, APESP, ordem 2452, 1848; PA, 1829 e 1831; RGC, 1824; OC, ordem 869, 1833). Nos meios populares de organização social com forte senso simbiótico, as notícias, as conversações e os estardalhaços públicos incluíam bastante o plano doméstico e vicinal. O histórico amálgama de público e doméstico fazia, portanto, uma associação natural entre a conduta da casa e a da rua.

Por isso o teor sempre "novidadeiro" das conversas, fazendo público em cada venda, esquina, onde havia duas ou mais pessoas reunidas, a prisão de um conhecido, os desentendimentos de vizinhos, as espertezas do vigário ou de seu escravo, as brigas entre marido e mulher (ACi, ordem 3682, 1847). Estas notícias sempre se fundamentavam num "ouvir dizer geral" (ACi, ordem 3675, 1825-27) que lhes assegurava credibilidade (ACi, ordem 3673, 1821).

Uma das dificuldades que as autoridades sempre tiveram no trato com os segmentos populares foi lidar com a urdidura de suas conversações, que poderiam ou não se tornar boato ou clamor público. Quando se tornavam boato, causavam apreensão pelas conseqüências imprevisíveis. Caso isso não ocorresse, permaneciam como mecanismo de estreitamento social ou de defesa de hábitos costumeiros e fundamentais, como o de ajuntar-se.

Graças à conversação traduzida em boato, tomavam conhecimento antecipado dos recrutamentos para a guarda local e nacional. Num sítio no distrito de Santa Ifigênia, onde havia "funções diárias", um cabo imiscuiu-se ocultamente entre os homens e mulheres, lá observando "conversações e chacotas... como que já sabiam da dita diligência" (OC, ordem 878, 19.10.1939) para os tais recrutamentos.

Na extensa rede informal de informações, sempre havia alguém devidamente posicionado e capaz de dar conta das movimentações daqueles incumbidos de aplicar e executar as determinações oficiais. Foi assim que duas escoltas, ao se dirigir para o Lavapés, com intenção de prender alguns escravos reunidos e metidos em jogos de parar, se frustraram, pois um "vigia sagaz sobre o oiteiro" costumava sempre avistar a escolta ao longe e avisar sua aproximação. Todos os cativos desataram em fuga pelos fundos alagadiços da chácara dos ingleses (P, ordem 2441, 1844).

Esta rede de informações permitia aos segmentos populares desafiar as autoridades e resistir ao esforço normatizador de seus modos de vida. Como mecanismo de sobrevivência, aproximava-se da criminalidade, como demonstra a dificuldade de prisão de dois escravos fugidos da cadeia, conhecedores das marchas das patrulhas pelas sondagens de uma escrava (JP, ordem 4844, 1832-38). Esta rede, contudo, superava cochichos e conversações nas ruas, como mostra o caso de uma preta, acusada de acoitar escravos e roubos. Comunicava-se com seu companheiro de furtos, preso na cadeia, através de cartas, posteriormente interceptadas pela polícia (P, ordem 2441, 1844). Resistência e sobrevivência na cidade de São Paulo diziam também respeito às práticas informais de comunicação.

Vendas

A legislação municipal relativa a armazéns, botequins e tabernas, que procurava proibir sua proliferação, mantendo-os sob controle rígido, por meio de licenças e avenças, e moderando até o mais possível a freqüentação de escravos ou livres, mostra quanto o autoritarismo previdente das elites locais fez o que pôde para interferir numa existência orgânica, embora visceralmente violenta.

Era encostado ao balcão de uma taberna, à sua porta ou numa de suas mesas que podia nascer o boato, que principiavam os estardalhaços, depois públicos, em que as autoridades eram desacreditadas. Nestes recintos a "fama pública" dessas autoridades também era urdida, conforme desafeições e com o intuito de vingança pessoal.

A Câmara, principalmente depois do episódio de 1822 e com ênfase no contexto da regência, insistiu no cumprimento do toque de recolher para armazéns, botequins, tabernas e casas de jogos, não consentindo ajuntamento nestes recintos, nem mesmo com as portas fechadas, prevendo punições para seus donos se o fiscal notasse em seu interior "bulha ou algazarra". Este tipo de normatização sobre um espaço importante e dinâmico de sociabilidade poderia favorecer o estancamento das conversas e trocas de informações entre grupos humanos como os de escravos, livres e pobres, forros.

Embora não como projeto político, no contexto de implantação de uma nova ordem político-institucional, pairava um clima de vigilância sobre o conteúdo das conversas. Por outro lado, preocupava-se a Câmara com as prisões dos infratores, que só poderiam ocorrer se houvesse estrita desobediência às ordens pronunciadas (FP, 18.3.1829). As autoridades interferiram com autoritarismo em práticas costumeiras populares, mas sabiam até onde podiam ir, conscientes de que, ajuntados, escravos, forros, pobres ou os mais abastados tomavam conhecimento dos direitos individuais, reelaborando-os segundo seus referenciais familiares, vicinais. Por isso, empreendiam uma combinação bem dosada entre o autoritarismo do toque de recolher e a cautela nas prisões.

O que acontecia dentro de vendas e tabernas era visto pelas autoridades municipais e policiais como "corrupção da moral pública" e favorecimento de roubos e crimes. Com o uso desta classificação reuniam argumentos necessários para legislar sobre estes espaços, solicitando o aumento do valor das avenças como meio de frear sua multiplicação ou cobrando separadamente as casas que, simultaneamente, reuniam loja, armazém, botequim e taberna, onerando bem mais seus donos (FP, 13.5.1829 e 28.1.1830).

O rigor no controle colocava fiscais em peregrinações periódicas para tirar relação exata de todas as tabernas, armazéns e botequins. Todos os taberneiros deveriam declarar os gêneros que vendiam, o número e a rua da casa, de forma que fossem facilmente localizados e vistos (ACa, 1826).

Escravos e mulheres, no entanto, nem sempre tinham recursos suficientes para avençar-se e era desses negócios que tiravam seu sustento. Outros, habilidosos no exercício de uma economia de ocasião, só abriam as portas de suas vendas nos domingos e dias santos, aproveitando o fluxo de povo, o que irava as autoridades municipais (LC, 1830; P, APESP, ordem 2454, 1850).

Embora se tenha conseguido conter muito pouco os fluxos nas tabernas e vendas, não cessavam, no jornal da cidade e nos papéis da Câmara, de surgir prescrições contra batuques e jogos em seus interiores (OC, ordem 870, 1834; FP, 25.1.1830, 10.5.1831). Não é novidade que os comportamentos populares eram associados a tumultos e que se pregava contra os taberneiros que negociavam com escravos, comprando objetos furtados (FP, 13.2.1830). Numa sociedade formada predominantemente por negros, escravos, forros, pobres e mestiços, jogos, funções e ajuntamentos reforçavam laços de amizade e reciprocidades inconvenientes em termos concretos, e não retóricos, para o quadro de incertezas políticas e institucionais vivido.

As vendas e tabernas eram locais de ebulição social por misturar os segmentos sociais em contatos provisórios, de origens e destinos distintos. Nelas, os escravos demoravam-se tempo muito maior do que o recomendável, fazendo muito taberneiro ver-se obrigado a assinar termo de bem viver (OC, ordem 870, 1834).

Misturavam-se a estes pretensos compradores morosos e a mando de seus senhores ladrões e desertores, que escolhiam a proteção da noite para vagar e fazer compras (P, ordem 2454, 1850), algo que acontecia muito na então extinta aldeia de São Miguel, onde quase não havia obediência ao toque do sino para fechar os negócios. A distância da freguesia do núcleo original da capital e a mata ainda densa faziam do local ponto favorável para os desertores e os que fugiam dos recrutamentos, fermentando uma população de párias que em suas conversações nas vendas tendia a desacreditar ainda mais o serviço militar num momento em que era fortemente necessário.

Galés, presos da cadeia condenados a trabalho nas obras e serviços públicos da cidade também eram assíduos freqüentadores de vendas, onde urdiam as tramas de seu ganha-pão. Diariamente percorriam as ruas em fileiras de correntes, munidos de pás, enxadas e com os "objetos de seus negócios". Entravam e saíam das vendas para conversar, beber e negociar, fiando-se nas vistas grossas dos guardas encarregados de escoltá-los (ibidem).

Discussões sobre legitimidade de poderes, à luz de referenciais domésticos, aconteciam nas vendas, incomodavam autoridades locais, ocasionavam desentendimentos pessoais e eram classificadas como desordem. Vigorava uma "cultura política" nas vendas, tabernas ou botequins orientada pelos níveis de estima e ódios pessoais com relação à autoridade laica ou religiosa local.

Um capitão conversava com o dono de uma loja sobre o cônego Paz, quando chegou um sargento-mor de seu círculo de *conhecenças* e meteu-se no mesmo assunto. Correu uma teima calorosa sobre o religioso: o capitão achava que o cônego deveria agir bem com os fregueses, sob pena de perder seu posto, já que o povo estava de olhos mais abertos; na opinião do sargento-mor, um cônego deveria ser sempre estimado, tratasse mal ou bem os povos, por comparar-se a uma primeira autoridade do lugar (OC, ordem 870).

Às vezes, as tabernas não passavam de um quarto com um balcão feito de tábua e umas garrafas de aguardente em cima, como descreveu o fiscal da Penha (RGC, 1829), mas eram antes de tudo retaguarda de uma vivência tensamente orgânica, ponto de discussão sobre a vida política – traduzida na perspectiva doméstica –, sobre o vizinho e a autoridade. Eram também locais para tecer arranjos da sobrevivência material ou social. Foi numa venda que o negro forro João Campanha convidou a escrava Maria para fugir, afinal "para que aturar o seu senhor?" (Q, ordem 6019, 1803-31).

Mesmo os segmentos mais abastados da capital freqüentavam tabernas. Iam à casa de negócio na ponte do Lorena, perto do Piques, e se entretinham horas em jogatinas, enquanto negociavam os gêneros trazidos pelos tropeiros (P, ordem 2451, 1848). Quando ligados ao poder municipal, legislavam com rigor sobre estes recintos, inspirados nas conflituosas experiências de seus cativos junto às portas e beiras de balcões de vendas.

Vendas, tabernas ou botequins não traziam risco iminente, nem ameaçavam posições, *status quo* ou ideologias dominantes. As inclinações previdentes das elites, porém, recomendavam legislar sobre elas, de forma que sua *freqüentação* costumeira por pobres, forros, cativos e livres, com conversações e ajuntamentos que tomavam o rumo que lhes convinha, não desandasse em ações incontroláveis e então, sim, ameaçadoras.

As autoridades policiais reconheciam a necessidade das vendas e tabernas, principalmente numa cidade que alargava seu quadro populacional, fixo e móvel. Concordavam que não era possível seu fechamento às oito da noite, quando a maioria dos que não tinham escravos iam às compras. Além do mais, davam "muita animação às ruas, nas primeiras horas da noite", conforme acreditava a polícia, cedendo aos costumes da população.

A Câmara, que neste período desempenhou rigorosa função normatizadora de hábitos e comportamentos públicos, terminou por sucumbir às pressões policiais, impondo toque de recolher diferenciado, conforme os meses mais quentes e mais frios do ano. Ficou determinado que de abril a setembro seria às nove da noite e de outubro a março às dez. Casas de molhados deveriam estar com suas portas devidamente fechadas (P, ordem 2453, 1849).

Decisões como estas eram parte de um esforço mais amplo de afastar os segmentos sociais dos espaços públicos, moderando formas de convívio estreitas, mesmo quando diziam respeito àqueles apenas de passagem pela cidade. As elites brasileiras sempre acautelaram-se quanto aos convívios sociais mais densos, em certos espaços informais, apoiando-se num discurso amedrontador (RGC, 1809), que apontava riscos de crime, desordem e assassinatos para desestimular os pobres, forros e escravos à vivência compartilhada das ruas, botequins, tabernas e vendas.

Com a dilatação do perímetro urbano da capital, que alcançava maior densidade populacional com os negociantes de mercadorias, açúcar e animais e os estudantes e professores do curso jurídico – embora estes últimos fossem parcela ínfima –, surgiram botequins de clientela mais restrita e elitista, enquadrados nas exigências da Câmara, como acontecia com o "botequim Independência", inaugurado na rua do Carmo, onde se consumia chá, chocolate, café, limonada fria ou quente, vinhos, petiscos, frutas, queijo, advertindo-se que só seriam "admitidas pessoas de bem" (FP, 17.8.1830). Ajuntamentos formais e normatizados das elites aos poucos passavam a concorrer com os informais e populares.

Festas e sociabilidades

O convívio estreito de pobres, forros e escravos acontecia ainda em outras esferas da cultura e do costume, como nas festas populares e profano-religiosas. Câmara e autoridades policiais agiam de modo ambivalente, se esforçando por controlar e vigiar as festas e deixando-as se manifestar livremente, aproveitando a quantidade de homens reunidos para recrutá-los, incorporando-os às tropas de primeira linha ou enviando-os para os campos do sul (FP, 4.4.1827).

Como ressonância das mudanças políticas em curso na Corte, na cidade de São Paulo teve ocasião um esforço de cerceamento e estrita vigilância das práticas e da cultura popular. Certos segmentos das autoridades, contudo, sabiam que não conviria o rigor de uma suspensão abrupta das festas e manifestações informais, pois tinham função definida em contextos cotidianos. Ao longo de décadas, porém, tais práticas foram arredadas para as fronteiras da sociedade, onde os segmentos menos privilegiados teceram espaços de resistência, recriando formas culturais que as elites sempre tentaram apagar, mas em vão.

Nos idos de 1828, grande foi o conflito entre os membros da Câmara de São Paulo sobre a criação de uma lei que desonerava o poder municipal de festas e propinas, sob a alegação de se tratar de recursos que poderiam ser aplicados em obras públicas. Os dispêndios com as festas de Corpus Christi, visitação de Santa Izabel, Anjo Custódio e São Sebastião eram elevados, mas mesmo assim foi rejeitado o projeto de lei que isentava a Câmara de fazê-los.

Um artigo publicado n'*O Farol*, sob pseudônimo "Respeitador do Tempo", traduzia este espírito previdente das instâncias normativas em relação às práticas populares. No trato com forros, escravos e pobres livres, as elites sabiam até onde podiam ir. No texto, o "Respeitador" era argüido por um ancião sobre as "conseqüências" mais temerárias: as que vinham de espíritos pacatos, respeitadores da lei ou as que provenientes de "tantos festins e sobre Bacco".

À resposta de que eram as segundas as mais temíveis, o ancião retrucou que as festas eram atos religiosos para aplacar a fúria dos deuses, a fim de torná-los favoráveis, pois delas esperava-se felizes êxitos (FP, 30.1.1829). As elites, portanto, contavam com o apaziguamento dos ânimos por meio das festas e dos ajuntamentos festivos de toda ordem, por isso eram controlados ou afastados para as beiras da sociedade, mas nunca suspensos. Antes, foram aproveitados até onde foi possível. Uma certa necessidade de consentir ajuntamentos festivos noturnos fica evidente na exceção do toque de recolher quando houvesse "pacíficos espetáculos".

Na sua obra normatizadora, a Câmara esbarrou incessantemente na tensa e contraditória arena das relações sociais. Foi obrigada a jogar com concessões aos segmentos sociais – principalmente populares –, permitindo certas reuniões festivas mas também controlando-as quando previam determinações de que apenas "pessoas muito conhecidas, inteiramente fora de suspeita" não sofreriam o toque de recolher quando estivessem assistindo a espetáculos públicos. De outra forma, não deveria permanecer viva alma na rua (FP, 18.3.1829). Critérios para definir pessoas fora de suspeita e conhecidas eram inteiramente elitistas e pessoais.

Os dilemas enfrentados pela obra normatizadora da Câmara, ora cedendo às pressões do costume, ora efetivando tendências e aspirações repressivas e controladoras, foram nítidos em relação ao Entrudo, festejo corrente em todas as províncias, capitais e cidades. Era intensamente praticado nas ruas de São Paulo, nos dias antecedentes à Quaresma. De matriz portuguesa, tratava-se de uma batalha encetada por laranjinhas e limões confeccionados em cera ou baldes cheios d'água, atirados mutuamente.

Affonso de Freitas definiu-o como "jogo d'água", no qual os mascarados molhavam-se com laranjinhas. Lamentava, porém, ainda não ter sido possível documentar estes "banhos forçados" (Freitas, 1985, p.147-8). De fato, isto ainda não é possível. O processo político que tendia a firmar uma nação européia civilizada no Brasil independente implicou vigorosa perseguição e combate a práticas festivas de herança colonial, classificadas como bárbaras. Na prática, porém, a Câmara sucumbiu à herança. Em 1830 suprimiu o Entrudo como 7º artigo das posturas. Contudo, após sua aprovação e "renhida discussão", "tomarão [sic] melhor acordo" rejeitá-lo.

Num artigo d'*O Farol* nota-se que a Câmara havia julgado prudente não tocar, no momento, em tal uso, "posto que bárbaro", conforme escrevia, contudo bastante arraigado no espírito dos povos, advertindo-se que inveterados costumes não se arrancavam de repente. Com ar de prudência, dizia que não poucos exemplos poderiam ser apontados, devido a imprudência "daqueles que queriam reformar o mundo em um dia só". Recomendava tempo, não bulir com os costumes e ser conveniente esperar que se pudesse arrancá-los pela raiz, "sem que nisso ouvesse [sic] o menor perigo" (FP, 25.1.1830).

Este espírito ponderado direcionou a atuação e as decisões das elites municipais, provinciais e nacionais, moderando os encaminhamentos repressivos e autoritários de todo processo normatizador. As elites sabiam que precisavam ser tolerantes com as práticas costumeiras populares para alcançar níveis de governabilidade estáveis, já que os segmentos populares estavam bem pouco dispostos a deixar de praticar um jogo do tempo de seus avós, intransigindo contra qualquer determinação que viesse "de cima".

Embora dividindo os membros da Câmara, a postura que proibia o Entrudo terminou por ser aprovada, favorecendo-se os jogadores de uma certa permissividade dos juízes de paz, que sempre absolviam os denunciados pelo fiscal. Impossível era atalhar a venda pública dos limões-de-cheiro expostos nas ruas, nas portas das casas ou das tabernas (ACa, 1831), já que faziam parte importante do ganha-pão circunstancial, movimentando a indústria doméstica que, confeccionava a munição aquosa para que o jogo avançasse pelos dias santos, desaguando por completo as tensões de uma existência marcada pelo provisório e pelo imprevisto.

Essa permissividade cautelosa das elites em relação ao Entrudo se estendeu até 1848, quando num ofício a polícia notificou a moderação havida no divertimento, não incomodando as pessoas que seguiam para a igreja ou para o teatro (P, ordem 2450, 1848). A jogatina de água poderia visar pessoas que ocupavam posições específicas na sociedade da capital e o dia do Entrudo seria o da desforra popular. O fiscal da Câmara, ressabiado em expor-se no dia do Entrudo, pediu uma escolta ao presidente da província para o Largo do Chafariz, "para assim eu não passar por algum vexame, nem os meus ajudantes" (PA, 1832). Temia enxovalhar-se publicamente, já que as autoridades locais eram alvo certo das iras populares.

A política de vigilância ao Entrudo, já que não era possível eliminá-lo, tinha o objetivo, portanto, de barrar, até onde fosse possível, a veia contestatória traduzida em risos debochados, golpes d'água e correrias pelas ruas da cidade. Um negociante ou um juiz de paz, encharcado pela sorrateirice popular, não representava ameaça para a posição social e os privilégios de grupo, mas incomodava pela exposição do ridículo e da fragilidade, numa fase delicada de firmar novas instituições e dar-lhes credibilidade e segurança, ao menos na aparência.

Anualmente a Câmara reforçava artigos das posturas proibindo o entrudo (PA, 1846), mas estudantes (PA, 1832), escravos e outros eram sempre absolvidos quando denunciados pelo fiscal. Nestes dias entravam livremente nas casas de uns e outros, sendo acusados pela Câmara de entrar sem consentimento (PA, 1830) em moradas alheias. Contudo, a força das relações vicinais e de amizade fazia desta intromissão mais um mecanismo revitalizador destas relações, embora pudesse desandar em conflitos (FP, 18.3.1828).

As tendências ambivalentes e a disposição dos segmentos sociais, não só os populares, em persistir em práticas historicamente estabelecidas acompanhariam outro divertimento, o de máscaras, herança colonial-lusa. Com a turbulência política da regência, não convinha a andança mascarada pelas ruas, principalmente porque as autoridades locais estavam sob a mira popular. Contudo, a dificuldade de conter este costume devia-se ao fato de a Câmara aproveitá-lo nas festas oficiais, abrindo uma exceção que assanhava os ânimos dos segmentos sociais, estimulando-os a manter o antigo divertimento.

Em 1830, auge da crise regencial, a Câmara proibiu as máscaras, mas em 1840, em razão das festas de coroação do imperador infante, propôs alteração do artigo da postura (OC, APESP, ordem 869, 1833; ordem 880, 1840), para "poder haver divertimento de máscaras", reforçando, assim, a exceção dos dias de festa nacional (ACa, 1840 e 1842). A esfera normativa, portanto, aproveitava as práticas tradicionais para fixar os símbolos da nova ordem, mas também era forçada a essa atitude pelas pressões dos segmentos sociais que aconteciam pela desobediência à postura contra esse divertimento.

Nos festejos da independência, em 1830, correram muitas máscaras pelas ruas da cidade, montadas a cavalo, anunciando um bando composto em verso, comunicando as festas e convidando "todas as classes de cidadãos". As máscaras ainda deram danças ornadas à antiga (FP, 30.9.1830). No aniversário do príncipe e sua aclamação, houve um grupo de "bem vestidas máscaras com danças" (FP, 19.10.1830).

Embora toleradas e submetidas à prescrição, nos dias de festas oficiais, o reformismo municipal procurou dosar até onde pôde a liberdade do divertimento, permitindo farsas e brincos apenas durante o dia, proibindo-os à noite (RGC, 1812). Tratava-se de uma permissividade prudente, porque escravos e pessoas de origens sociais diversas se mascaravam e não abriam mão do costume do porte de armas, do qual podiam advir conseqüências imprevisíveis. Como diziam, este era um costume impróprio para o "atual estado de civilização e mesmo perigoso".

A Câmara tinha atitude ambígua, condenando as máscaras e emitindo licença para seu uso (RGC, 1822). Os populares insistiam, usando-as inclusive na festa do levantamento do mastro de Santa Ifigênia, já que eram autorizadas nos dias de festa oficial. Quando não conseguiam licença do fiscal, sempre havia um juiz de paz pronto a dar-lhes ganho de causa na defesa de uma prática ancestral (PA, 1833) usada como meio de realização de pequenas vinganças cotidianas, resguardadas sob o anonimato mascarado e como exercício da convivência.

A municipalidade apropriou-se de todas as práticas populares de divertimento e festejo possíveis como meio de controlar, moderar e pôr sob permanente vigilância o ajuntamento, porque o via como obstáculo a suas pretensões de estabilidade política. Em sua sanha legisladora, titubeava quanto ao enforcamento do Judas, no Sábado de Aleluia, pois o fiscal não sabia se o encaixava na postura de espetáculos públicos (FP, 15.6.1830), até ser definitivamente proibido (ACa,1829-1830), embora tenha persistido ainda por décadas. Uma oportunidade como a do enforcamento do Judas para extravasar as iras contra personagens definidos da vida doméstica ou não seria facilmente cedida à pesada mão da norma e prosseguiria desobedientemente.

O ajuntamento festivo cumpria função primordial no convívio, principalmente dos segmentos menos privilegiados que precisaram sempre uns dos outros para sobreviver. As festas religiosas, que a Câmara também se esforçou por controlar com licenças e avenças, eram uma das engrenagens dessa sobrevivência orgânica. Tanto Saint-Hilaire como William May, viajantes e cronistas do século XIX paulista, surpreenderam-se com a religiosidade displicente, dos segmentos populares aos mais abonados, nos atos pios, ecumênicos e festivos religiosos. Não se tratava da festa deste ou daquele santo, mas do povo, de oportunidade para ajuntar-se, encontrar-se, jogar, comer, beber, brigar, sempre em tensa comunhão.

Os viajantes viram muitas igrejas em todas as capitais e cidades que percorreram, mas notaram grande "falta de decoro" em seus interiores, "onde as pessoas se reuniam com propósitos de conversas e divertimentos". Soldados e potenciais recrutas aproveitavam a missa para conversar sobre deserção (OC, ordem 885, 1843), motivando freqüentes vistorias nestas horas e até nas procissões (RGC, 1816), cenário de encontros e combinações com as mais diversas finalidades.

Saint-Hilaire, acompanhando as festas da Páscoa de 1822, ficou boquiaberto com o que chamou de "falta de atenção dos fiéis", não havendo "compenetração espiritual no ofício de Quinta-feira Santa". Viu que homens e mulheres olhavam para todos os lados e conversavam ininterruptamente. Entravam em cada igreja aberta e compravam doces das quitandeiras sentadas ao chão, que aproveitavam esses dias para amealhar ganhos maiores que os da semana (May, 1810; Saint-Hilaire, 1974).

O amálgama de matrizes culturais na formação do catolicismo brasileiro impediu a expansão da devoção introspectiva e meditativa. A própria relação com os santos formou-se sob diretrizes familiais, de amizade, vicinais, o que os submeteu a uma histórica sucessão de castigos, andanças intermináveis, chegando a Câmara, num certo momento, a condenar o que chamava "de extravagante costume de expor os santos à mendicidade, levando-os de porta e porta, como si [sic] fossem... muito infelizes" (PA, 1830), mas este foi um argumento para conter a mobilidade popular.

Numa sociedade na qual o convívio doméstico era a base da organização social, a religiosidade era extrovertida e oportunidade para o exercício das ligações de parentesco, de amizade e vicinais. Se se ganhava a vida graças a mil e um expedientes, os encontros litúrgico-festivos eram momentos apropriados. Era sobre tabuleiros amuadamente iluminados com rolo de cera preta que as doceiras e quituteiras das ruas manejavam possibilidades de ganhos extras durante as procissões, ao final da missa, nos dias santos e de festas religiosas.

Ir à missa, a qualquer ato litúrgico ou festa de santo sempre foi ocasião propícia para ajuntar-se, fazer pequenos acordos comerciais, justar serviços, combinar mútuas de mãos, intensificar cumplicidades de parentesco e vicinais através das conversações sobre a vida de um ou outro do meio ou sobre a própria vida. Estas ocasiões propiciavam, ainda, o funcionamento de um circuito de informações e divulgação de notícias informal e oficial. A Câmara afixava editais com decretos, avisos imperiais e a população discorria, numa conversação sem fim, sobre a conduta de autoridades civis ou eclesiásticas e de qualquer outra pessoa do meio que de algum modo fizesse parte de suas relações.

Era muitas vezes com esse intuito que a população de forros, livres e cativos, pobres ou remediados permanecia aglomerada no interior, no adro e na porta principal da igreja do Mosteiro de São Bento (P, ordem 2448, 1847). Autoridades civis e eclesiásticas eram ambivalentes em relação a essas aglomerações, condenando-as, reclamando a presença da patrulha e aproveitando-as como o momento ideal para a divulgação das determinações oficiais. Agiam, portanto, de modo autoritário, permissivo e tolerante.

A importância dos dias santos não estava em seu caráter sagrado. Para os segmentos sociais de mais ou menos recursos, sagrada era a oportunidade de socializar-se, como demonstra a ira dos escravos da obra da calçada do morro do Rio das Pedras, que desobedeceram aos feitores com firmeza. Não queriam trabalhar num dia santo, e declararam ser mais fácil todos morrerem do que se sujeitarem (OC, ordem 867, 1831).

Em dias assim todos agiam com explicável displicência: homens, mulheres, escravos, forros, estudantes, livres, ricos, pobres remediados. O vigário da freguesia do Brás confirmava que os estudantes se comportavam "um pouco mais ou menos como os da cidade", aparecendo na Igreja apenas nos dias de festa paroquial (OC, ordem 885, 1843). Poderia até parecer desrespeito às solenidades dos templos e do Deus sacramentado, mas não era.

As autoridades pensavam desse modo e assim escreveram, mas quando jovens do curso jurídico, nas matinas das festividades do Espírito Santo, se encostavam às grades debaixo do Arco Cruzeiro, obedecendo apenas momentaneamente às advertências para que mantivessem silêncio (ibidem), expressavam o comportamento coletivo da sociedade, em virtude do histórico amálgama de religiosidade e sociabilidade.

Explicavelmente, os memorialistas da história da cidade tributaram tal religiosidade extrovertida aos estudantes, vendo-os como símbolo de mudança num meio social beato e introvertido. Talvez os tenham levado a este tipo de interpretação as muitas referências na documentação sobre o comportamento dos jovens alunos nos interiores das igrejas, nas procissões, as solicitações de aumento de patrulhas nestes dias e a descrição de conflitos com os guardas. Outras referências permitem ao historiador inferir que tais atitudes não eram exclusivas dos estudantes, pois como escreve um: "pela desgraça da época [a] falta de respeito [afetava] as diversas classes da sociedade" (ibidem).

Para cada segmento social, a sociabilidade nas cerimônias religiosas tinha finalidades específicas em seu contexto de sobrevivência material e social. Embora nestas ocasiões estivessem movidos por forte sentido de reciprocidade, eram muitas vezes responsáveis por situações de conflito, dando argumentos para que as autoridades municipais, associadas com as policiais, justificassem prescrições e controles em nome de uma suposta ordem e de um pretenso sossego públicos, que na verdade correspondiam à pretensão maior de conquista, a todo custo, de estabilidade político-social.

As festas profano-religiosas do Divino Espírito Santo (Abreu, 1999) e do Rosário foram as mais visadas pelas instâncias normativas. Se não convinha suspendê-las definitivamente, era preciso enquadrá-las, até onde fosse possível, em medidas restritivas. Para a realização das festas e do peditório ambulante, com folia e música do Divino, passaram a ser obrigatórios pedidos de licença (ACa, 1839). Além disso, ficou determinado que as concessões de licença deveriam ter prazo definido, que não excedesse a 20 dias, nem permitisse o afastamento dos festeiros de seus municípios (ACa, 1842 e 1846).

As tradicionais festas do Divino, que mobilizavam parentes, amigos e vizinhos por vários dias, revitalizando suas ligações moral-afetivas através da visita, da música, da comida, do peditório, da oferta e do pouso, estimulavam também festeiros a expressar sua insatisfação ou sua revolta contra autoridades locais, como aconteceu com um juiz vintenário, apedrejado por um grupo de pedintes do Divino quando saía da Igreja (OC, ordem 864, 1825).

As esferas normativas e repressivas sabiam o que descontentava as camadas populares, levando-as ao confronto com as autoridades. Procuraram, então, cercear suas manifestações espontâneas e o excesso de mobilidade nos preparativos desta festa religiosa popular, proibindo o trânsito descomedido entre municípios e a intensidade das visitas e folias. Decisões como estas também visavam controlar os próprios membros das instâncias normativas, obrigados moralmente, no meio em que viviam, a tirar esmolas para o Espírito Santo, às vezes faltando por dias às suas obrigações oficiais (PA, 1833). Criavam, assim, um quadro contraditório perante a população, tolhida em seus costumes diante de fiscais displicentes esquecidos de suas obrigações em peditórios errantes para o Divino.

O presidente da província, junto com a municipalidade, influenciava as interferências normativas nas práticas culturais populares, proibindo danças, ajuntamentos pelas ruas e toques de tambor (OC, ordem 866, 1829) nos dias de festas do Divino. O "concurso de povo" nas ruas da capital, como se dizia, implicava o aumento do patrulhamento nas Ave-Marias, na festa do Divino, nas festividades da Semana Santa e da padroeira. Como a religiosidade era vivida e exercida como sociabilidade, estas festas eram ocasiões potencialmente tensas, que podiam ou não gerar situações de conflito, como ajustes pessoais de contas, recrutamentos imprevistos para o corpo fixo ou para a Guarda Nacional e "enxovalhamentos públicos", ou seja, agressão física ou verbal à frente de todos, aproveitando mesmo a reunião de muita gente (P, ordem 2553, 1849; OC, ordem 872, 1834; ordem 873, 1836; ordem 874, 1837; Q, ordem, 6019, 1803-1831).

Ajuntamentos barulhentos

Notou um viajante que tão logo o sol se punha "as ruas [da capital] se tornavam muito mais movimentadas do que durante o dia" (Saint-Hilaire, 1974, p.137), embora houvesse o toque de recolher.

Na prática, este não era extensivo a todos, poupando os que eram tidos como muito conhecidos e fora de qualquer suspeita, ou seja, os mais abonados e todos aqueles que por alguma razão pessoal, de prestígio ou posição hierárquica favorável podiam contar com as vistas grossas dos guardas e comandantes.

Para a grande maioria de forros, mulheres pobres e chefes de família, cativos e trabalhadores ambulantes, valia a autoridade, muitas vezes violenta, das patrulhas para separá-los quando ajuntados, especialmente à noite, depois do famigerado toque de recolher, intimando-os a se recolher às suas casas. Quanto aos escravos, as instruções organizadas pelo juiz de paz da freguesia da Sé ordenavam que não deveriam se reunir nem de dia e que fossem dispersados (FP, 18.3.1829). Qualquer exaltação de voz poderia levar a prisões, receosas que viviam as autoridades em relação às soadas e aos ajuntamentos noturnos (OC, ordem 864, 1831; P, ordem 2440, 1843), conforme o conhecimento que tomavam dos quadros de instabilidade política de outras capitais e províncias.

Ajuntamentos públicos populares aconteciam todos os dias, já que compunham a tessitura da sobrevivência, mas eram muito mais consistentes e demorados nos dias santos, quando as populações dos arredores vinham se somar às do pequeno núcleo urbano, fazendo fermentar seu ambiente social não com o brilho semelhante ao das festas da Corte, mas com a essencial presença nas ruas dos mais variados segmentos sociais.

A maioria provisória que transitava pelo perímetro urbano do planalto, desarraigada por andanças intermináveis de tropas, ajuntava-se também para "vivas" e "morras" que deixavam as autoridades de sobreaviso (FP, 5.4.1831). Esta ocupação descomedida dos espaços públicos, escapando das ingerências municipais, gerava situações costumeiras e desconfortáveis para as elites, como as do aluguel de quartos para escravos, para ajuntamentos e batuques, justamente o segmento mais vigiado.

Assim acontecia sempre na rua da Cruz Preta (idem, 13.2.1830; RGC, 1832; ACa, 1831). Cientes da necessária tolerância de juízes de paz, negros em festa silenciavam ante as batidas nos portões das chácaras da Tabatinguera, emudecendo, momentaneamente, seus tambaques, retomando a gritaria com o afastamento da autoridade (JP, ordem 4844, 1832-1878). Mas esta também foi hábil em tirar proveito dos ajuntamentos, tolerando-os, em certa medida, por colocar bem à mão, distraídos em batuques e amortecidos pela bebida, potenciais recrutas (OC, ordem 884, 1842).

As ruas de concentração do comércio miúdo, como do Comércio e das Casinhas, eram as de maior ajuntamento. Escravos, em suas vigílias diurnas e noturnas para comprar, vender, fazer negócios com "os da roça", com os galés, viviam nestas ruas numa movimentação nervosa e cheia de insultos (OC, ordem 867, 1831; Saint-Hilaire, 1974, p.133; e P, ordem 2451, 1848), de fundo hostil ou lúdico. Em suas reuniões de domingos e dias santos, entre tensos assobios e assuadas, a idéia de ser brasileiro medrava num senso de localidade, opondo negros da Corte e de São Paulo (OC, ordem 867, 1831).

Diariamente reuniam-se nas pontes, como a do Ferrão, metendo-se em brigas reais ou supostas. Com vozes altas e molejo corporal que traduziam a própria mobilidade da sobrevivência, confundiam as autoridades, levando-as a pensar em desordens e brigas (Oc, ordem 864, 1831).

No movimento de corpos das ruas, era graças ao jogo da capoeira em torno dos chafarizes, embaixo das janelas de senhoras bisbilhoteiras de frestas, no pátio da cadeia, na entrada da rua da Esperança e sob as barbas dos guardas, que se tornavam mais ou menos cúmplices e afirmavam seus valores hierárquicos (OC, ordem 868, 1832; NFP, 29.2.1832).

Em 1833, uma portaria da Câmara proibiu o jogo da capoeira nas ruas da capital, algo que atravessou o século como letra morta, já que a permissividade tolerante das autoridades garantia relativa impunidade aos jogadores (OC, ordem 870, 1834). Este gênero de luta, jogo ou dança, tal a complexidade de sua definição (Soares, 1999), cumpria funções específicas na sociabilidade cativa e incomodava as autoridades locais envolvidas com o plano de realizar na microesfera da municipalidade a nova ordem centralizada, livre das tensões e divergências inerentes a uma sociedade culturalmente tão complexa.

Cativos ajuntados, armados, misturados a outros segmentos sociais que também praticavam a capoeira, como um professor de francês do curso anexo à Academia, inviabilizavam cenários sociais estáveis e homogêneos (OC, ordem 869, 1833; RGC, 1832; FP, 5.8.1829).

As pretensões civilizatórias europeizantes dos segmentos dirigentes, pulverizadas na ação reformista das Câmaras municipais, previam silenciamento das ruas, pelo que significava em estabilidade social, num contexto de regência barulhentamente conturbado pelas divergências políticas e sua emergência de grupos sociais.

Diante destas pretensões, proibia-se falar alto, em certas horas da noite, mesmo com a porta fechada (FP, 10.5.1831), as carreiras de cavalo passaram a ser cuidadosamente vigiadas, em virtude do alarido das disputas que soava quase como briga. A presença cativa e forra em ajuntamento era algo sempre ruidoso, já que se tratava de uma cultura fundada na oralidade e que precisava burilar constantemente sociabilidades de rua. Para as autoridades, contudo, a continuada vozeria negra em torno dos chafarizes era algo perturbador do sossego público e razão de rixas (OC, ordem 886, 1844).

O processo normatizador da Câmara pretendia apartar os segmentos sociais, especialmente os escravos. Pregavam incansavelmente contra grupos de pretos aglomerados nas ruas e chafarizes, onde proferiam palavras tidas como obscenas e ofensivas à então moral pública, que na realidade era a moral de um grupo social específico.

Sentinelas postavam-se no chafariz da rua da Quitanda, em frente aos ajuntamentos diurnos e noturnos de negros, atraídos pela conversa em torno de potes d'água já cheios, num alarido ininteligível para o negociante fardado, o fiscal ou o juiz de paz, esticando até um armazém junto da Misericórdia um grande círculo, no qual discorriam em "linguagem enigma" sobre tudo o que queriam (P., ordem 2451, 1848).

Tal como nas congadas do interior da província, dominavam um léxico próprio historicamente construído que os permitia tramar, articular serviços, combinar batuques e jogatinas, falar das autoridades, fazendo-se entender apenas mutuamente. As elites dirigentes locais, embora numa relação tensa e obrigatoriamente permissiva com essas ruidosas reuniões, cautelosamente sempre frisaram seus "funestos resultados" (P., ordem 2441, 1844), como forma de antecipar medidas que poupassem precipitações sociais.

O costume da população de ajuntar-se atrás do toque de retreta – tipo de formatura de soldados, ao final do dia, para verificação de presença – que corria as ruas da cidade passou a sofrer ingerências municipais e policiais, pelo que passava a significar perante um clima de instabilidade e definições políticas e pelo rumo que tomava.

O toque de retreta, algo que pertencia à disciplina militar, foi apropriado pelos segmentos populares como espetáculo e oportunidade para ajuntamentos, algazarras e conversações. Estas reuniões, "de pessoas de todas as classes", aconteciam rotineiramente no Pátio do Palácio, como retratou Jean-Baptiste Debret numa aquarela (ver Figura 3, p.37).

O tenso processo de implantação de uma nova ordem política incitou muitos receios em relação a esta mistura historicamente incontrolável. Clamava a autoridade local contra "a perigosa tendência de tais ajuntamentos de toque de recolher com música, a fim de evitar os maus resultados que [podiam] haver desta reunião promíscua, de gentes de diferentes sexos e de todas as classes".

Principalmente quando esta gente ajuntada resolvia dar uns vivas, pelo Pátio do Palácio e pela Sé, que "não [pareciam] bem" (P, ordem 2441, 1844; FṖ, 9.10.1830, 12.10.1830; RGC, 1830). Dizia-se que do costume de acompanhamento da banda militar até o quartel do Batalhão de Fuzileiros ainda não havia ocorrido nenhuma desordem, mas recomendava-se que pelo menos por algum tempo cessasse esse motivo de reunião de povo numeroso, "a fim de evitar qualquer desaguizado [confusão] que porventura [pudesse] d'ahi [sic] resultar" (P, ordem 2442, 1844).

A abertura de devassa promovida pelo mal-afamado ouvidor Ladislau Jupiassú contra a algazarra ocorrida atrás de um toque de retreta, quando os ajuntados alegraram-se com os golpes liberais recebidos pelo governo da França, despertou a ira popular e sobressaltou as autoridades municipais, conscientes de que "quando o povo quer, não há baionetas, canhões que lh'o impeção [sic]" (FP, 9.10.1830).

As práticas espontâneas dos segmentos sociais e sua apropriação criativa dos espaços públicos e das manifestações oficiais levaram mesmo à retomada das Ordenações do Reino, livro V, título 81, que recomendava evitar os inconvenientes das músicas que "algumas pessoas costumam dar de noite, cantando ou tangendo com alguns instrumentos às portas d'outras pessoas".

No processo de implantação de uma nova ordem política, recorrentes e convenientes foram os socorros a certos recursos herdados do antigo organismo Metrópole–Colônia, principalmente quando visavam moderar condutas que desarmonizavam a obra da unidade nacional. Nesse sentido se entende a proibição de músicas e toques noturnos, com a repressão tanto dos que tocavam como dos que assistiam, tomando-lhes ainda os instrumentos (FP, 27.11.1830).

Era uma forma de desfazer costumeiros ajuntamentos para música nas ruas, chácaras, quintais, portas das casas, pátios, que, assim como propiciavam o exercício dos vínculos de amizade, podiam também ensejar tensões. Diante do clima de instabilidade política vivido, parecia recomendável manter os diversos segmentos sociais afastados entre si.

De fato uma militância pelo esgarçamento das formas de convívio domésticas, especialmente dos segmentos populares, acompanhou os rumos de afirmação da nova ordem, mas esbarrou sem cessar na resistência destes segmentos. A histórica desobediência às proibições aos ajuntamentos para música alcançaria a segunda metade do século XIX, num ambiente de exacerbada campanha de valorização do trabalho manual e combate à vadiagem.

Até então, essa desobediência dizia respeito à desestabilização da ordem e do sossego públicos, que mesmo aqueles encarregados de mantê-los resistiam a abandonar, já que o costume se sobrepunha quase sempre às obrigações prescritivas. Foi por isso que o contramestre de música do Batalhão de Fuzileiros e outros paisanos fizeram tanto pouco-caso das advertências da patrulha para que cessassem com os toques de flauta e violão, evitando ajuntamentos.

Despreocupados, iam da rua da frente para a detrás do Quartel (P, ordem 2439, 1843), surdos às prescrições e ordens, prosseguindo com os serões musicais que só ajuntavam gente.

Em meios cujas relações sociais eram essencialmente informais, mesmo quando provisórias, a rotina era vivida de modo festivo, sempre contando com a reunião de povo. Provam os litígios de limites de terrenos juntando no mesmo quintal curiosos espectadores de diferentes condições sociais, do negociante ao cativo e aos parentes dos litigantes (ACi, ordem 3670 e ordem 3672, 1817).

Formou-se, assim, um campo de forças no qual se confrontavam a municipalidade e os segmentos populares. Tributar pesadamente era uma das formas que a Câmara encontrava para coibir ou dificultar as manifestações espontâneas das ruas. Festas cívicas eram isentas de tributos, mas corridas de touros, apresentações de volantins – tipo de equilibrista que andava e volteava numa corda de arame –, cavalhadas, bonecos e fogos de artifício tinham de despender bons recursos se quisessem acontecer.

As danças, práticas fundamentais de celebração de rituais de passagem, comunicação e sociabilidade nas tradições africanas e indígenas, estiveram sob o fogo cruzado das prescrições municipais, preocupadas em levar para as margens tudo o que revelasse dessemelhanças étnico-culturais. Muita patrulha era enviada para o Pátio do Rosário ou para a Santa Ifigênia, à tarde, nos dias de danças de pretos ou dos caiapós, para intimidá-los com altos valores de avenças e fiscalizar seus pedidos de licença (RGC, 1833; *O Farol Paulistano*, 9.5.1829; P, ordem 2447, 1847; PA, 1833; P, ordem 2451, 1848).

Pronunciavam-se já na capital, não com a mesma voracidade da Corte, métodos europeus de dança de salão, arrebanhando a elite de esporas, fardas e negócios e o pequeno segmento de estudantes do curso jurídico. Um professor anunciava seus serviços n'*O Farol*, propondo-se embelezar e ornar "pessoas civilizadas" com o método francês, o mais seguido nas capitais da Europa. Suas aulas serviam, como propagandeava, para a polidez do porte, dos movimentos, das atitudes e para maior civilidade (FP, 21.2.1831), civilidade que teve de sincronizar-se à batida dos pés descalços dos caiapós no chão de terra e pedregulhos e ao ágil meneio de braços e pernas azeviches em torno de chafarizes da capital de São Paulo.

Condenação bastante enérgica sofreram os jogos e os jogadores, prática difícil de combater porque disseminada entre as próprias esferas do poder local. Não escapou a um viajante a extração de loterias para erguer uma igreja, teatro ou edifício público, fazendo do vigário ao presidente de província protagonistas de intensas jogatinas. As loterias recebiam roupagem de legalidade, mas os jogos das ruas eram combatidos com veemência e violência.

Espalhavam-se pelos municípios os pontos de venda de bilhetes, e nos mais distantes os vendedores galopavam de casa em casa, oferecendo-os (Kidder & Fletcher, 1941, p.140). O generalizado hábito e a costumeira crença na oportunidade de ganhos no jogo dificultaram e tornaram mais tenso o processo normatizador da Câmara.

O circuito de jogatinas da capital envolvia a ponte do Lorena, perto do Piques, ponto de passagem de tropeiros e seus trabalhadores, clientela ávida por desbaratar as tensões adquiridas nos dias em cima de lombo de burro. Dissimulavam seus conflitos e discórdias numa pedra numerada ou no manejo do baralho, embora também pudessem extravasá-las na prática.

A rua detrás da cadeia também tinha sua casa de jogo, atendendo soldados e galés, e também as ruas do comércio miúdo, como a da Quitanda e o Beco do Inferno, sempre e diuturnamente com freqüência variada de gente. No Pátio São Francisco, na Bica do Gaio, nas ruas, praças e campos dos subúrbios, na rua do Hospital ou da Esperança, filhos-família, soldados, vigários, escravos, forros, trabalhadores de roça e tropas, negociantes baralhavam as cartas ou sacolejavam as pedras, esquecidos do que o vereador na mesa ao lado havia determinado na postura (P, ordem 2441, 1844; ordem 2438, 1842; ordem 2440, 1843; ordem 2451, 1848; RGC, 1831; FP, 10.5.1831, 18.3.1829, 28.11.1829, 29.9.1830; OC, ordem 871, 1835; ACa, 1839; PA, 1846)

Na condição de jogadores invertiam hierarquias, ao redor da mesa de jogo sedimentavam dependências moral-afetivas que tornariam a sobrevivência material menos árida, diante de um cotidiano violento em todas as suas dimensões. De uma partida de jogo poderiam sair brigas, desordens e assassinatos, mas em virtude do próprio teor violento das relações sociais, que nestas ocasiões encontrava ampla possibilidade para se manifestar.

Com a ação insistente contra os ajuntamentos espontâneos em todos os níveis procurava-se retrair as manifestações violentas que as autoridades associavam a "conseqüências funestas" contra a ordem e o sossego público. Contudo, a violência é algo inerente a uma sociedade de formação senhorial-escravista, dissimulada nos jogos, embaralhada nos ajuntamentos, imprevista nas festas, disfarçada de mil e um modos nas relações sociais e familiares.

Nos interstícios deste cotidiano em ebulição, as forças policiais foram se sedimentando, pois para as elites e autoridades elas se tornavam cada dia mais necessárias. Em suas insistentes solicitações de maior número de guardas e sentinelas vê-se o quanto a cidade de São Paulo, na primeira metade do século XIX, era um cenário urbano em fermentação social

Nas tensas reciprocidades de guardas e sentinelas com a população em trânsito e local latejariam os germes dos dilemas e limites da obra normatizadora. O guarda incumbido de encerrar uma partida de jogo poderia ser o mesmo que justava com um dos jogadores parte substancial de seu ganha-pão. Neste caso, bastante contraditório foi o processo de formação da força policial na cidade.

6
FARDAS, OFÍCIOS E SERVIÇOS

Costume de fardas e armas

A polícia foi instituição que ganhou força ao longo do século XIX, e a ação policial difundiu-se pelo espaço público como um dos pilares da nova ordem independente.[1] Nas ruas das capitais de províncias o surgimento e a expansão dessa instituição indicaram o andamento das mudanças, em termos políticos, de valores e mobilidade dos segmentos sociais. As formas de vigilância e controle até então existentes sucumbiam lentamente, em meio ao burburinho de população fixa e em trânsito.

No período colonial, a vigilância era feita por civis desarmados, contratados pelo Conselho Municipal. Havia inspetores de quarteirão ou de bairro, escolhidos pelos juízes de paz, que tinham poder de convocar destacamentos de tropas do Exército da guarnição local, unidades de milícia ou a força reserva conhecida por ordenanças. Somente o Exército tinha caráter profissional, e no século XVIII o corpo de oficiais era um grupo corporativo semifechado.

---

1 Holloway (1997, p.19) associa o surgimento da instituição policial ao advento do Estado moderno.

As milícias eram formadas por regimentos de infantaria e cavalaria compostos de moradores locais que vestiam uniforme nas ocasiões de serviço, estampavam patente de oficial ou não, usavam armas e só saíam às ruas em convocações de emergência. Em caso necessário, poderiam marchar para além dos limites da província.

Os chefes das milícias eram coronéis, encarregados de zelar por sua ordem. As elites de negociantes paulistas, donos de loja, ocupavam estes postos. Como não recebiam soldos, somente os dotados de recursos poderiam arcar com os custos sociais da patente, pois um coronel, como um potentado local, obrigava-se moralmente e com o intuito de lustrar o prestígio e o *status*, a dar assistência às festas religiosas e oficiais.[2] Ofertavam e prepararavam as cavalhadas das festas oficiais reais e do Império e reforçavam sua visibilidade na sociedade local ocupando posições de destaque nas procissões, carregando as varas do pálio (ACa, 1825; PA, 1808).

O maior núcleo militar era o das ordenanças, no qual a maioria dos homens entre 16 e 60 anos ocupava algum posto. Eram particularmente incumbidos da manutenção da ordem interna e de zelar pelo cumprimento das determinações das autoridades administrativas (Spix, 1981, p.146-7). Os oficiais de mais alta patente desta tropa eram os capitães-mores e os oficiais, que tinham de arcar com seus próprios custos de armas e uniformes.

Foram unidades paramilitares importantes na administração local e deram aos homens livres de maiores ou menores recursos oportunidade de estampar patentes que os elevavam a posições mais favoráveis na hierarquia social. O grande apreço por fardas e patentes militares, notado por vários viajantes que percorreram a cidade de São Paulo e mesmo a província na primeira metade do século XIX, quase confundindo-o com espírito militar, provinha da sua característica de elemento de distinção social. Vários comerciantes de fa-

---

2 Por intermédio da milícia os chefes de famílias abastadas se integravam à política local. Tornavam-se autoridade principal no bairro, escolhida por fortuna e notabilidade (cf. Kuznesof, 1986, p.17-8).

zendas secas ocupavam posições importantes na milícia e na Guarda Nacional (Rabello, 1988, p.94).

Esta elite de fardas e patentes esteve em relação estreita com os segmentos sociais de menos recursos nas vendas, nas manifestações profano-religiosas e nos vínculos íntimos e afetivos com parentes ou vizinhos de posições inferiores. Tão dilatadas eram suas relações sociais que o liberal Líbero Badaró, no dia de seu assassinato, horas antes entretinha-se com o jogo do voltarete na casa de um oficial do Exército (Silva, 1930, p.505).

Tais cumplicidades e dependências não tornavam o ambiente social da capital mais igualitário, democrático e menos hierárquico. Na ausência de divisões espaciais e símbolos de ostentação mais rígidos e visíveis, as relações sociais se tornavam mais tensas, pois através delas firmavam-se as hierarquias.

Intensos eram os vínculos de dependência com os oficiais, pela proteção e pelos privilégios que podiam conceder aos seus filiados, pois compunham a elite da capital. Demonstra isto o caso das recolhidas da Luz, que, desejando o fechamento de uma passagem ao lado do convento, primeiro comunicaram a um vizinho capitão, pelo muito que as favorecia e porque a "casa" era obrigada com ele (PA, 1826).

Capitães, tenentes-coronéis, sargentos-mores expressavam seu prestígio preparando a iluminação, o fogo de artifício, alinhando a praça de touros ou escolhendo-os nas cerimônias públicas (ACa, 1817; RGC, 1818). Outros alugavam seus pretos para tocar tímbale e trombeta, levavam o estandarte, ajustavam seu cavalo ou vestiam o anjo de São Jorge para o dia da procissão de Corpus Christi (ACa, 1825, 1827; PA, 1808, 1817) Em muitas ocasiões eram ressarcidos pela Câmara, mas pelo menos tinham o cavalo, o touro e o escravo para expor na festa e assim enfatizar seu *status* e sua autoridade.

Com a independência, esta estrutura militar, de vigilância e controle, fragmentária, personalista, que servia como instrumento de distinção social, com excessivas atribuições aos civis e convocações condicionadas às explosões de tensão social, adotou formas mais sistemáticas e formais.

Da ebulição social desse período, com níveis de intensidade próprios de cada região, brotou a força policial como instituição para conter, intimidar e controlar especialmente os segmentos populares, livres ou cativos, rebeldes, que representassem algum tipo de ameaça à ordem que se instituía.

Não significou, porém, o prevalecimento de mecanismos impessoais de coerção às maiorias populares e não desanimou hierarquias personalistas. A primeira metade do século XIX no Brasil foi de transição para uma nova ordem, mas em transação com as antigas formas coloniais que se realojaram nos novos encaminhamentos institucionais.

Durante o Primeiro Reinado não houve modificação no sistema militar herdado do período colonial, persistindo o Exército, Corpos de Auxiliares e os Ordenanças. Estes, contudo, começaram a aparecer nos documentos paulistas como sentinelas, patrulhas e guardas. Continuavam submetidos ao poder municipal e incumbidos de vigiar e controlar os usos e a ocupação do espaço público. Somente após 1831, as forças policiais e militares seriam reajustadas, com o objetivo de adaptar o aparelho repressivo à nova situação. Mas as antigas forças ainda competiriam com as novas, criando um ambiente social bastante tenso.

Na capital, os mecanismos policiais de coerção passaram a ser insistentemente requisitados e renovados. A animosidade entre as antigas e as incipientes forças policiais veio reforçar os níveis de tensão social já em vigor. O caráter pessoal e doméstico das relações sociais no Brasil e o convívio orgânico próprio de perímetro urbanos pequenos influenciaram o processo de institucionalização da polícia na cidade.

A dispersão política oriunda do funcionamento próprio do organismo Metrópole–Colônia fez dos antigos donatários pequenos chefes militares, com seus exércitos privados. Esta situação não só se prorrogou na história, como enraizou o hábito de porte de armas, inclusive nos centros urbanos. Portavam-se armas não só com o intuito de defesa pessoal, mas para o trabalho, para demonstrar honra e virilidade, para completar os acessórios do vestuário.

Este antigo hábito, favorecendo a formação de uma força policial pessoal e privada, rivalizou agudamente com os esforços de institucionalização da polícia. Principalmente porque a tônica do tempo, da primeira metade do século XIX, era desarmar os segmentos sociais, transferindo, assim, as forças de defesa, policiamento e repressão para esferas burocráticas.

Na rotina da cidade, contudo, predominava o costume de transitar pelos "lugares mais populosos" com bacamartes, garruchas, facas de ponta e espadas, não só as pessoas das "classes comuns, como ricos fazendeiros, opulentos proprietários, acompanhados de pagens, camaradas e capangas sobrecarregados de armas" (P, ordem 2450, 1848). Autoridades municipais e policiais se acusavam mutuamente de omissão nesse assunto, enfrentando o duro dilema de combater um costume que também compartilhavam.

Simultaneamente à institucionalização da polícia, portanto, persistiu a polícia pessoal, através do hábito de armar-se ou armar capangas e camaradas. Conforme a Câmara e a polícia nascente se mobilizaram contra este costume, os conflitos com a população foram freqüentes, de forma que este se tornou um dos problemas mais sérios enfrentados pela força policial em formação.

Tanto homens livres como escravos reuniam-se em botequins, batuques e festas como se estivessem prontos para uma guerra. Armavam-se com facas, pistolas e espingardas, pois estavam também sempre prontos a enfrentar as arbitrariedades vindas "de cima", que os surpreendiam com recrutamentos (OC, ordem 884, 1842) para enviá-los às litigiosas bandas do sul, afastando-os de seus serviços e obrigando-os a disciplinas desajustadoras de esquemas de convívio e trabalho costumeiramente exercidos. Historicamente, portanto, os segmentos sociais viveram a contingência do porte de armas por inúmeras razões: de ordem cultural, por segurança pessoal, pelas imposições do trabalho.

Com os reformismos municipais do período, muitos estudantes, homens e mulheres (AC, ordem 3902, 1850) trabalhadores das ruas, livres ou escravos, foram surpreendidos por fiscais, sentinelas ou pela polícia com a prisão. Dois estudantes foram presos porque estavam armados, mas imediatamente soltos, por se reconhecer que vinham da caça (DE, EO1493, 1842). Carreiros usavam facas e machados; tropeiros e condutores também precisavam delas, assim como lenheiros usavam machados e foices (RGC, 1831). Situações como estas forçavam a Câmara a abrir exceções que na realidade eram a regra, não só pelo costume, mas pela natureza do trabalho, no qual era sempre preciso ter à mão um objeto cortante.

Um escravo foi defendido com veemência por seu proprietário, um tenente, ao ser preso na rua da Tabatinguera, às oito da noite, por trazer uma faca quando comprava toicinho. Lidava com carro e enxada, alegando que costumava carregá-la na chácara onde vivia, usando-a para cortar capim, como faziam todos os carreiros e os que conduziam carro de capim (AC, ordem 3918, 1850). Conforme avançava o processo normativo oriundo do assentamento das novas bases políticas, simultaneamente à maior ocupação do espaço público da capital pelos inúmeros trabalhadores com seus negócios e expedientes, cresciam as tensões entre o costume e o poder instituído.

O costume de porte de facas e armas era ainda um canal de passagem da tensão latente para o conflito. Estas peças cortantes ou de fogo facilmente passavam da condição de instrumento de trabalho a objeto de agressões e assassinatos, afinal estavam logo à mão. Foi assim que um homem, seguindo com uma navalha e uma tesoura para fazer a barba de um estudante, no caminho meteu-se numa briga e feriu um escravo (AC, ordem 3919, 1850). Outro dirigia-se para trabalhar em sua roça, em Santo Amaro, carregando uma foice. No trajeto encontrou um vizinho que arrancara uma roda de cipó que lhe servia de porteira. No nervosismo da tomada de satisfação e dos desaforos mútuos, a foice virou arma. O curioso é que a faca caída da cintura do vizinho não foi usada como arma. O contendor pegou-a e quebrou sua ponta numa pedra, antes de atirá-la ao chão. Este episódio da faca veio à tona na fala de todas as testemunhas, o que demonstra sua importância (AC, ordem 3918, 1850).

Na verdade, a faca era também um instrumento de trabalho, tornando-se arma apenas em momentos específicos, e assim quebrá-la tinha o objetivo de ofender moralmente. Este tipo de agressão atingia diretamente a obrigação moral de obtenção diária dos meios vitais de sobrevivência e de sustento da família. Ao inviabilizar, momentaneamente, o trabalho, o agressor atingia a honra do agredido. Processo semelhante ocorria no recrutamento, ao impossibilitar o recrutado de cumprir sua obrigação moral de sustento de si e sua família.

Também o costume da autodefesa impedia que a arma fosse deixada em casa. Um estudante preso pela patrulha às onze da noite, atrás do Mosteiro de São Bento, com uma pistola carregada e escovada, defendeu-se dizendo que seguia "confiado no costume geralmente admitido para sua defesa" (AC, ordem 3913, 1850). Desde a colônia coube aos segmentos sociais o papel de defesa, como milicianos ou ordenanças, enraizando traços de autoritarismo e violência na sociedade brasileira.

Um juiz de paz, em contenda com um vizinho que extraía lenha de seu terreno, armou dois de seus parentes e quatro escravos, com porretes e foice, para ajuste de contas (PA 1832). Demandas de terra costumavam ser resolvidas pelos próprios capitães ou tenentes, que armavam libertos, seus escravos e os de seus vizinhos, com ferramentas e espingardas, para resolver de mão comum o litígio (ACi, ordem 3670, 1813; ordem 3672, 1817).

A incumbência militar de repressão e policiamento atribuída desde a colônia traduzia-se numa infinidade de fatalidades, violências premeditadas ou não, e na resolução de questões com as próprias mãos. Foi em nome do governo, mas sem o recurso a qualquer instância dele, que um ajudante, para desforrar intrigas pessoais, foi com mais de dez pessoas armadas prender um carroceiro, seu irmão e seu padrasto (PJ, ordem 313, 1818).

Patrulhas mal fardadas e guardas afamados

Cabia ao Conselho Municipal, mesmo após o episódio de 1822, arregimentar entre a população local os sentinelas, guardas e patrulhas que se incumbiriam de rondar as ruas da cidade em vigilância, repreendendo, prendendo e mantendo o controle da ordem pública, tema caro às elites dirigentes do século XIX. Um documento de polícia de 1846 ainda apostava com veemência na ação destas patrulhas, que deveriam vasculhar os distritos nos domingos e dias santos, já que inexistia ainda na cidade força policial permanente suficiente. As rondas eram feitas pelos próprios moradores da capital, forçados ou voluntários. Como não havia remuneração, eles próprios eram responsáveis por seu sustento, tirando-o de seu trabalho diário, sendo "oficiais de ofício com pequenos salários", o que dificultava o preenchimento do contingente destacado (P, ordem 2444, 846).

Embora revestidas de autoridade policial, as patrulhas não eram uma força institucionalizada, mas um sistema de vigilância e controle herdado dos tempos coloniais que atribuía esta função aos próprios moradores livres da cidade, voluntários ou recrutados. Se este caráter informal levava alguns a recusar participação nas rondas policiais (OC, ordem 864, 1831), à noite, quando era feita a escala do patrulhamento, aparecia de tudo, já que era pela atribuição provisória da prerrogativa policial, sem submissão à disciplina dos quartéis, que os mais marginalizados tinham a oportunidade de ocupar posição relevante na hierarquia social.

Mesmo que a duração dessa prerrogativa fosse de uma noite, era possível usá-la em muitas situações conflituosas ou de vaidades pessoais. Neste caso, autoridade e autoritarismo se propagavam em manifestações de truculência que vinham dos próprios segmentos populares contra seus iguais. Nestas horas, desafetos podiam ser recrutados e antipatias pessoais terminar em prisões ou em abordagens violentas.

Por isso apareciam para as rondas negros descalços, doentes, idosos, meninos de 12 anos (JP, ordem 4842), homens "pobríssimos" e calejados, que enviavam principalmente para as pontes, para que ficassem de olho nos atravessadores de alimentos (P, ordem 2438, 1842), vigiassem a movimentação em torno dos chafarizes, nos becos escuros, observassem a obediência ao toque de recolher, o trânsito noturno de cativos, estudantes e paisanos. Não era a autoridade da farda que procuravam, já que esta nem havia, mas a atribuição da autoridade bastava para fazê-los momentaneamente atravessar a linha da marginalidade.

Como não havia fardamento, assim que assumia seu posto de patrulhamento o guarda recebia uma senha secreta, comum a todos os escalados na noite, devendo pronunciá-la imediatamente quando argüido por um comandante, um fiscal, um juiz de paz ou um de seus companheiros (ACi, ordem 3415, 1847). Todos os sentinelas, portanto, eram facilmente confundidos com os paisanos e se não se perguntasse a senha não se saberia se estava ou não investido do poder de polícia.

Com o hiato de poder já anunciado anos antes de 1831, ficou cada vez mais patente para as elites dirigentes a necessidade de reorganização das forças de repressão, de modo a formar um aparato eficiente que asfixiasse o quanto fosse possível o quadro sociopolítico vigente de ebulição social. Então, com a lei de 5 de junho de 1831, criou-se a Guarda Municipal, também chamada Guarda Municipal Permanente, organizada no ano de 1832, sob o comando do juiz de paz, subordinado ao Ministério de Justiça, e sob o governo provincial de Rafael Tobias de Aguiar (Fernandes, 1974, p.68). Formada por alistamentos voluntários, sua função era manter a tranqüilidade pública.

Inicialmente sua implantação foi proposta apenas para a Corte, mas o deputado Rodrigo A. Monteiro requereu a Feijó autorização para organizar uma tropa semelhante em São Paulo, argumentando que o clima político da província também exigia um corpo permanente. O assassinato do liberal Líbero Badaró, naquele ano, reforçou sua justificativa, somado à conversa que corria de que o 7º Batalhão de Primeira Linha estacionado na cidade não era fiel ao governo (ibidem, p.70).

De fato, a cidade passou a contar com corpos de guardas municipais, em concorrência com os patrulhas e os guardas nacionais. Este quadro policial dispersivo estimulou inúmeros conflitos de jurisdição e em certa medida diluiu a tensão de cunho político, impregnada nos quartéis de todas as províncias, nos confrontos de autoridade local.

Inicialmente a Guarda Policial Permanente foi uma força bastante acanhada, aquartelada no pavimento térreo do Convento de Nossa Senhora do Carmo. Lá seria o quartel dos permanentes (ibidem, p.77). Manteve um quadro de efetivos insuficiente, pelo menos na primeira metade do século XIX. Consta que em 1833 o efetivo desejável era de 96 praças, mas havia somente 77. Em 1834 havia apenas 75 homens destacados (ibidem), o que obrigava a permanência dos sentinelas como força policial.

Dos civis que procuraram engajar-se na guarda municipal permanente, muitos foram recusados, por serem muito jovens ou por não conseguirem atestado de idoneidade moral, expedido pelo delegado ou pessoa influente na cidade (ibidem). A dificuldade que o corpo municipal permanente encontrou para ampliar seu quadro efetivo pode estar relacionada a seu caráter de força policial institucional. Alistar-se nesta força significava cumprir disciplina rígida de apresentação e serviço, sob ameaça de punições, que não condizia com a plasticidade da rotina dos pretensos soldados.

A institucionalização da polícia local com o estabelecimento dos permanentes e da força militar provincial desnorteou a tradicional forma de vigilância e controle dos guardas, intimidando homens acostumados a envergar autoridade exclusivamente com base em designação superior, dispensando uniformes e emblemas. Permanente e guardas nacionais, na cidade de São Paulo, ainda não faziam parte de instituição militar sedimentada, tanto que em 1833 o comandante responsável pela guarda das igrejas de Santa Teresa e Boa Morte reclamava que os guardas nacionais, justamente a tropa de elite, ainda nem sequer tinham uniformes (OC, ordem 869, 1833). No entanto, envergavam prerrogativas de poder e autoridade que lhes permitiam impor-se perante sentinelas graças a inúmeras arbitrariedades.

Embora como força policial de contingente modesto e em formação, os permanentes arrogavam-se amplos poderes, considerando-se acima das patrulhas. Bastante hostil era a relação entre os dois segmentos. Como permanentes, faziam uso da autoridade de soldados inclusive fora de serviço, já que estampavam uma patente, mesmo quando eram inferiores e aquartelados.

Um guarda que não havia sido nomeado para acompanhar uma procissão resolveu de última hora e por conta própria investir-se da autoridade de soldado. Para obstar a passagem do povo que queria ganhar o pequeno largo junto à "sacristia do Colégio", começou a dar-lhe às cegas com a coronha da espingarda (P, ordem 2454, 1850). A incumbência da autoridade de polícia àqueles que não tinham escravo que lhes poupasse as mãos dos calos do trabalho sinalizava, em certa medida, a possibilidade de distinção social.

A polícia permanente, contudo, embora institucionalizada, regia-se por um teor pessoal e doméstico, o que condicionava situações como a de um escravo que entrou numa venda "com palavras atacantes à mulher" do vendeiro. Foi agarrado por um soldado e o próprio vendeiro, que o levaram até sua senhora – em vez de conduzi-lo à cadeia –, debruçada no parapeito da janela de sua casa. Esta, ao avistá-los, pediu que entrassem e o "amarrassem para ela o jurar" (ACi, ordem 3673, 1821).

O serviço de patrulhamento era totalmente volátil, sendo todos obrigados a cumpri-lo. Para tal serviço não havia uniformes, os patrulhas não precisavam apresentar-se todas as noites, não tinham necessidade – e talvez nem quisessem – de incorporar uma disciplina rigorosa de quartel. Esta condição informal era atraente aos que viviam de expedientes – uma das explicações possíveis para a continuidade deste tipo de serviço policial simultaneamente à instalação da guarda policial permanente, com organização formal.

A municipalidade determinava aos patrulhas que em caso de algum alarme deveriam reunir-se na porta de seus respectivos comandantes, homens de negócios com patente de oficial, e marchar para o Largo do Curro, região da atual Praça da República, onde aconteciam as touradas nas cerimônias oficiais. Contudo, a tendência dos paisanos com obrigações de sentinela foi inibir-se em relação à ausência do fardamento, até então inexistente e desnecessário, principalmente diante da casaca vistosa da Guarda Nacional e dos uniformes, ainda que modestos e incompletos, dos policiais permanentes. Fugiam de se apresentar em "espetáculo", já que não tinham os trajos "que a moda [vinha fazendo] uma necessidade". Temiam, com isto, que recaísse "sobre eles o ridículo que perseguia as ordenanças" (OC, ordem 864, 1831).

Conforme o espaço público foi reocupado no processo de representar o Brasil como corpo político autônomo,[3] em cada municipalidade, local de teatralização da autoridade centralizada e da política nacional, as patrulhas, embora não devotassem apreço à farda, passaram a envergonhar-se por não vesti-la. Cada vez mais freqüentes eram as paradas policiais e militares na cidade de São Paulo. Podiam acontecer simultaneamente, nas praças dos distritos do sul e do norte da Sé e Santa Ifigênia, no Brás,[4] ponto de cruzamento de muitos transeuntes, e especialmente no Pátio do Palácio, como retratou Jean-Baptiste Debret (ver Figura 3).[5]

Homens simples, trabalhadores livres, roceiros, jornaleiros – o grosso da tropa – passaram a ser personagens desta teatralização. Para aqueles que compunham as fluídas patrulhas tornava-se cada dia mais constrangedor apresentar-se em parada, pelos deboches a que se viam submetidos. Esta atuação simultânea à de uma polícia incipiente mas que se sedimentava levou os sentinelas a socorrer-se num mercado sub-reptício de fardamentos, que acontecia em algumas tabernas (P, ordem 2441, 1844). Era uma maneira de se equipararem à autoridade que os permanentes começaram a concentrar, embora o poder municipal ainda mantivesse por longo tempo esta sua força policial própria.

Isto favoreceu a formação de um contexto bastante conturbado no processo de institucionalização da polícia na cidade de São Paulo, pois os permanentes e nacionais também eram quase diariamente exibidos em paradas. O que dava o ar solene das cerimônias religio-

---

3 Expressão usada por Iara Lis Carvalho de Souza (1999). Mostra como a praça pública forja a soberania na figura do príncipe D. Pedro I.
4 Como acontecia com as paradas das Companhias de Guardas Policiais (Atas da Câmara. AHMSP, 1839).
5 No aniversário do imperador e sua aclamação, o comandante interino das armas tomou o comando da divisão na Praça de São Gonçalo. Eram duas brigadas, com tropas de primeira e segunda linha, que desceram para o Pátio do Palácio (FP, 19.10.1830).

sas não eram as voláteis patrulhas, mas os fixos, segundo um ofício da própria Câmara, que pedia ao subdelegado uma guarda militar com música na entrada de Nossa Senhora da Penha, na cerimônia de devoção e súplicas contra a "calamidade da seca" (RGC, 1841).

Nas procissões da Boa Morte quem dava a música era a Guarda Nacional (OC, 890, 1848), e quando aconteciam as festas nacionais, como o aniversário de D. Pedro II, a parada e as descargas de tiros após o Te Deum eram feitas por legiões de guardas nacionais defronte ao Palácio do Governo (OC, ordem 874, 1837). Contudo, na vigilância noturna e diurna das ruas, ainda eram requisitados os paisanos trabalhadores, que se travestiam de sentinelas desfardados ou uniformizados com o que encontravam na taberna do alemão.

Ainda no ano de 1850, reclamava-se que na patrulha "uniformava-se como queria" (OC, ordem 892, 1850), o que contribuía para reforçar o clima provocativo que pairava sobre a relação dos sentinelas com a população, com os permanentes e com os guardas nacionais.

Nas cidades, o grosso da tropa de permanentes sempre foi composto das camadas socialmente inferiores e de trabalhadores, que se alistavam espontaneamente. A polícia nasceu, portanto, como oportunidade de ganho e sobrevivência numa sociedade na qual predominava o trabalho escravo e o trabalho livre traduzia-se em expedientes.

A polícia, em seus anos iniciais, também foi mecanismo de amansamento de comportamentos tidos como socialmente levianos e ilícitos, por meio da disciplina dos quartéis. Pouco dizia respeito ao aproveitamento da vocação militar para a criação de uma instituição. Embora a idoneidade moral fosse um dos pré-requisitos para a admissão na guarda municipal permanente, talvez o baixo número de alistamentos tenha incentivado o recrutamento. Se havia notícias de funções em algum sítio da redondeza, rapidamente uma escolta de soldados e um sargento de primeira linha eram destacados para recrutar os reunidos (OC, ordem 884, 1842).

Na realidade, a polícia permanente tomava de empréstimo uma prática comum da milícia, que ainda se manteria como força paralela por meio das patrulhas, e que também não funcionava como instituição de vocação militar. Mesmo após a independência, prosseguiriam os recrutamentos que tomavam de assalto os participantes das festas reais, como aconteceu no aniversário da princesa imperial e nas festas religiosas, como na do Corpo de Deus. Em dois tempos fazia-se do participante da festa um miliciano (RGC, 1824; FP, 4.4.1827).

Esta ação personalista de recrutamento foi apropriada por soldados e usada na solução de seus enfrentamentos cotidianos, pois com um posto na polícia muniam-se de autoridade, superioridade e ascendiam na hierarquia do meio. Foi com esse intuito de desforra que o clarim do Corpo Fixo de linha irrompeu na sacristia da igreja de São Gonçalo, durante as festividades religiosas, fazendo um motim para agarrar um moleque, neto de uma preta (P, ordem 2453, 1849).

O contingente inferior dos permanentes incluía, em boa parte, os muito pobres, ou seja, aqueles destituídos de recursos monetários, escravos ou terra. O contrário acontecia na Guarda Nacional. A incontrolável ebulição social da Regência levou o governo de Feijó a criar, em 1831, além do Corpo de Guardas Municipais Permanentes para patrulhamento interno, a Guarda Nacional, tropa de elite para aplacar a fúria contestatória das províncias e quartéis. A milícia cidadã (Castro, 1979), como era conhecida, foi organizada em moldes militares, com a função de defender a "constituição, a liberdade, a independência e a integridade do Império" (apud Fernandes, 1974, p.69).

Concebida em termos nacionais, ramificava-se em unidades espalhadas por todo o país, inclusive em São Paulo. Todos os cidadãos que podiam ser eleitores, com idade entre 18 e 60 anos, eram obrigados a sentar praça na Guarda. Pela carta outorgada de 1824, a renda mínima exigida para ser eleitor beirava um nível suficientemente baixo, de modo que incluía no amplo universo de votantes do período artesãos, comerciantes, pequenos lavradores e os de ganhos independentes e diversos. Eram excluídos os segmentos urbanos inferiores que serviriam como patrulhas e policiais permanentes. Brancos e negros poderiam ocupar as fileiras tanto da Guarda Nacional como das patrulhas e da polícia permanente.

A Guarda Nacional, contudo, era suficientemente elitista para agregar às suas insígnias aqueles que, brancos ou negros, podiam se dar ao luxo – ou eram obrigados a este luxo – de não receber soldo e ainda arcar com os custos do uniforme. Até a reforma de 1850, quando de fato assumiu as pretensões mandonistas e eleitoreiras que a rondavam, a Guarda Nacional foi exemplo de democracia numa sociedade inigualitária. A promiscuidade social que vigorava em suas fileiras criava situações como a de um ex-escravo ser comandante de seu antigo senhor (Castro, 1979, p.XX), eco da carta de 1824, que deu ao liberto o direito de acesso às urnas nas eleições primárias, desde que tivesse renda suficiente.

Aproveitando-se deste ambiente democrático dos primeiros tempos da Guarda, muito cativo fez-se passar por Guarda Nacional, como um, encontrado e preso, que trajava poncho e farda (P, ordem, 2438, 1842). Por ser uma tropa de elite e de homens com renda, nunca teve convivência muito amistosa com os permanentes e principalmente com as patrulhas, retrucando suas advertências, desqualificando-as e não as considerando uma força militar. Um soldado da Guarda Nacional preso por embriaguez, quando ameaçado pelo comandante com assentamento de praça na primeira linha, retrucou de imediato que em seu lugar poderia dar quatro escravos que tinha, mais brancos do que ele (OC, ordem 876, 1838).

Mas o clima maior de hostilidade recaiu sobre as sentinelas, que até os anos 1850 assumiram, em boa parte, o fardo maior do policiamento da cidade. Permanentes e nacionais sempre se acharam investidos de maior poder e autoridade do que as patrulhas. Aliás, por toda a fase de institucionalização da polícia, como pelo menos três tipos de forças com incumbências policiais competiam, os conflitos de autoridade e jurisdição se sucediam. Alguém podia ser preso pela patrulha pela manhã, por portar um estoque, algo proibido, e ser solto à tarde, por ser inspetor de quarteirão do subdelegado (DI, EO1493).

Estes conflitos aconteciam sempre com desvantagem para as patrulhas. Um cabo comandante da patrulha incumbido de evitar os busca-pés na Sé defrontou-se com dois vultos cometendo essa infração. No que estava vestido com capote reconheceu um tenente do Corpo Fixo e no de sobrecasaca um alferes da Guarda Nacional que não fizeram caso algum de suas advertências. Antes, passaram a soltar os busca-pés em cima dele, cabo, e do soldado que o acompanhava, dizendo-lhe um deles "que não era pessoa sufficiente para dizer nada a ele como official que era e quanto mais prendel-o". Logo em seguida, deu voz de preso ao patrulha (OC, ordem 892, 1850), mostrando que sua autoridade de nada valia.

A prisão de um soldado permanente por uma patrulha municipal que alegava ter sido insultada "excitou no quartel um pequeno descontentamento e motivou algumas vozes e injúrias contra as rondas municipais" (OC, ordem 864, 1831). A cada dia tornava-se mais tenso e difícil o trabalho dessas patrulhas, que a duras penas tentavam fazer valer a autoridade que lhes era investida, num ambiente no qual a incipiente institucionalização da polícia ainda fazia-lhes pesar o serviço das rondas.

Às vezes, era difícil convencer um oficial de ofício a cumprir a obrigação da patrulha, não somente por desviá-lo de seu ganha-pão original, mas pelas constrangedoras "desautorizações" a que era submetido, algo que se acentuou conforme a polícia se firmava.

Beirava o impossível fazer um policial de primeira linha, mesmo de baixa patente, obedecer até mesmo a um comandante das patrulhas. Costumavam soldados e cabos permanentes freqüentar vendas como se estivessem à paisana, disputando partidas de jogo com as portas abertas, sem se preocupar com o trânsito vigilante das patrulhas.

Embora parte de uma instituição ainda incipiente e tão improvisadamente fardada quanto as patrulhas, os permanentes tinham-se como hierarquicamente superiores, contando com o respaldo dos comandantes (P, ordem 2449, 1848). Por isso o processo de formação das forças policiais na cidade, como parte do assentamento de novas instituições, foi tortuoso e intensamente conflituoso, como demonstra o caso de uma patrulha que não conseguiu arredar de uma "tocata" noturna o contramestre de música do Batalhão de Fuzileiros.

Considerando desaforo obedecê-la, o contramestre foi para a frente do quartel, continuou a música e ainda lançou palavras desafiadoras: "que se fossem capaz que se fossem ali mandar parar com os toquez [sic]". Sucederam-se os insultos, reforçados pelos de um sargento e de um soldado permanente que tocavam com o contramestre.

Preocupado com os "maus fins" que poderiam advir destes desaforos – afinal as patrulhas tinham incumbências importantes com relação à manutenção do sossego público e mantinham contato direto com a população –, o subdelegado passou a recomendar que todo militar fosse preso pela polícia, não mais pelas patrulhas (P, ordem 2439, 1843).

De fato, arcando tão pesadamente com a função de policiamento da cidade, na primeira metade do século XIX, estas demonstrações públicas de desqualificação das patrulhas eram bastante inconvenientes e cada vez mais comuns, conforme a polícia era formada. Num ambiente de fermentação social e no qual esta força como instituição ainda era débil, as desqualificações públicas das patrulhas eram desaconselháveis. As autoridades, cientes disto, desdobravam-se entre formar a polícia e fazer perdurar a função dos sentinelas.

Desprovidos de sinais que os distinguissem como autoridade policial, num meio cultural no qual os sentidos sempre prevaleceram sobre as abstrações, os sentinelas arrastavam consigo um histórico conflituoso com os segmentos populares, perpassado por deboches, desafios, pouco caso. Não eram raros casos em que à beira dos chafarizes tinham de enfrentar gritaria e resmungos das cativas que lavavam louça e pegavam água (PJ, ordem 313, 1818).

Talvez fosse difícil convencer que o sujeito empunhando a espingarda com a camisa tão amarfanhada quanto a do negro que equilibrava um pesado pote d'água na cabeça tinha poder de mando e controle sob os paisanos. Os sentinelas, por sua vez, considerando que deviam ser respeitados durante as horas de sua escala, agiam circunstancialmente com autoridade e autoritarismo.

O governador das armas da cidade reclamava ao governador da província que "as pessoas armadas de pistollas e outras armas occultas" costumavam sempre se opor às diligências do serviço das patrulhas, como fez um paisano que engatilhou a pistola que carregava contra um comandante que dava voz de prisão a um escravo que o "desabonava em voz alta".

Preocupado com as ressonâncias de situações como essas entre a população, o governador pediu autorização para municiar as patrulhas com "cartuxame embalado, para assim se fazerem respeitar como convinha" (ACi, ordem 3415, 1847) e era necessário.

Um comandante de patrulha, ao tentar fechar uma venda no Largo do Chafariz, ainda aberta após o toque de recolher, enfrentou obstinada desobediência de seu proprietário. O vendeiro ainda pôde contar com o apoio de um alferes do Corpo Fixo, que ali estava e deu voz de prisão ao comandante. Os paisanos, portanto, tinham consciência do vazio de poder e autoridade de um sentinela que reunia todas as incumbências sobre os usos e trânsito pelo espaço público, por isso, tanta gritaria, insulto e desobediência defronte de um sentinela. O mesmo comandante, desistindo de fechar a venda, foi aos Quatro Cantos – atual cruzamento da rua Direita com a São Bento e a Praça Patriarca – e abordou um cavaleiro para reconhecê-lo. O homem respondeu que não faria alto, porque ele, comandante, estava preso, pois tinha ouvido a voz de prisão dada pelo alferes, na venda (P, ordem 2453, 1849). Em situações rotineiras e miúdas como estas os populares tomavam conhecimento da débil autoridade dos sentinelas.

O processo de constituição de nova ordem político-institucional criou um clima tenso nas cidades, porque promoveu o esvaziamento paulatino de muitos poderes historicamente instituídos, esgarçando funções que ainda necessariamente se mantinham. Os juízes de paz partilharam a mesma situação vivida pelos patrulhas, num contexto em transformações, mas que muito requisitou os poderes e as autoridades costumeiras. Tiveram de despojar-se de boa parte de suas atribuições, dividindo-as com chefes de polícia, delegados, subdelegados e juízes municipais (Fernandes, 1974, p.67).

Este reenquadramento de poderes traduzia-se, no contexto cotidiano, em conflitos entre a população e juízes de paz, do mesmo modo como acontecia com as sentinelas. Quando um juiz ordenou a um soldado da cavalaria da Companhia de São Bento que prendesse dois indivíduos que brigavam na rua do Rosário, recebeu como resposta palavras pouco atenciosas e desobediência. Disse-lhe não se importar com ninguém (P, ordem 2443, 1845).

Com a independência, a fundação de novas instituições acentuou as tensões e os conflitos na sociedade. Numa cidade de trânsito como São Paulo, isso ocorreu no plano dos confrontos pulverizados e cotidianos, à diferença do que ocorreu em outras capitais e províncias, com quadros de revoltas mais agudos e extensos, em virtude de características históricas específicas.

Convivência entre fardados e paisanos

Oriundos de um meio pobre e mantendo ambígua relação de *conhecença* com diferentes graus de intimidade e autoridade com paisanos, as sentinelas eram objeto de caçoada e zombaria. Ao passarem por uma reunião de paisanos na subida do Acu, à noite, ou por um paisano sozinho na ponte da mesma subida, tornava-se cada vez mais raro escapar do crivo zombeteiro de estudantes e biscateiros livres ou cativos (ACi, ordem 3415, 1847).

Relações de amizade e vizinhança podem suscitar situações como estas, pelo caráter ambivalente da intimidade doméstica: tensa e afetuosa. A guarda municipal, enquanto força policial simultânea ao processo de institucionalização da polícia, funcionou de acordo com os referenciais das relações domésticas, o que explica muito da zombaria de que era vítima. Um patrulha, ao perguntar a um homem que arma trazia, foi motivo de risada (P, ordem 2437, 1842). Um soldado da cavalaria em serviço encontrou-se com dois indivíduos – um deles de sua "íntima amizade" – e indagou de que rio retornavam. Seu amigo, em tom de caçoada, respondeu: "do rio que tinha água". Ofendido com a resposta e fazendo valer sua posição de soldado, pediu-lhes passaporte, mas eles logo retrucaram, dizendo que se nem no tempo da revolução – as revoltas liberais de 1842 – isso era pedido quanto mais por retornarem de um rio, onde tinham ido dar de beber aos seus animais. Com raiva, o soldado desembanhou sua espada, dizendo que lhes daria passaporte (ACi, ordem 3907, 1850).

O tenso exercício do patrulhamento tinha origem na relação informal e familiar dos patrulhas com a população, algo que debilitava a autoridade, incentivava o autoritarismo, gerava conflitos e amaciava no cotidiano os rígidos projetos normativos idealizados e propugnados "de cima".

A polícia trilhou suas rotas institucionais iniciais através do voluntarismo dos paisanos pobres, voluntarismo que tenuemente divisava com o compulsório, pois tanto patrulhas como permanentes estavam sujeitos, nas ocasiões necessárias, aos inesperados recrutamentos.

Desse modo, todo paisano era, primeira e necessariamente, um oficial de ofícios. Ofícios no plural mesmo, porque era difícil numa sociedade escravista dar-se ao luxo de manejar um só ofício. Na Câmara Municipal ficavam as listas com os indivíduos aptos a ocupar postos de guardas policiais. Eram alfaiates, sapateiros, caixeiros, negociantes, carpinteiros, marceneiros, lavradores, pescadores.[6] Por falta de renda, conforme notificava a própria lista, eram excluídos da Guarda Nacional.

Os inspetores de quarteirão, nomeados pelo juiz de paz para fazer a vigilância de um recorte definido de quarteirões, numa freguesia, portanto com função de polícia, também se envolviam em outros ganhos, como um inspetor de Guarulhos, vendeiro, acusado de fazer negócios com um alistado, que andava sumido, para assentar praça (P, ordem 2447, 1847).

Outros "quarteirões" viviam também de venda (P, ordem 2447, 1847), um tipo de negócio que possibilitava o contato diário com gente de todos os segmentos sociais, de passagem ou não, núcleo de conversações de tudo o que acontecia na freguesia e recinto dos oscilantes ajustes legais e ilegais. Como artesãos de uma extensa rede de *conhecenças*, os que viviam de vendas não tinham como escapar da

---

6 Câmara Municipal [guardas policiais]. *Relação dos indivíduos aptos para as guardas policiais de todo o município, 1835-1840*; Polícia. APESP, ordem 2440, 1843.

tensa combinação entre serviço de policiamento, amizades e o funcionamento de seus negócios.

Quão dilatado não seria e não precisaria ser o círculo de ligações sociais de um inspetor de quarteirão que vivia de "lidar com carro", ou seja, de ajustar pequenos transportes, como acontecia com um do Ipiranga (AC, ordem 3907, 1850). Se a economia dos pobres funcionava mais segundo mecanismos pessoais e afetivos do que propriamente financeiros, não havia razão para um chefe de quarteirão se ruborizar ao ajustar negócios com alguém – um desertor – que na realidade deveria prender ou denunciar ao comandante.

Prender ou denunciar um desertor da sua órbita de contatos e *conhecenças* talvez nem fizesse parte de suas cogitações, já que predominavam os referenciais familiares na organização da vida dos extratos inferiores da sociedade, a ponto de não se preocuparem em ocultar suas relações. Na freguesia da Conceição de Guarulhos, não era possível prender um indivíduo alistado para recruta, embora todos soubessem que de dia ele se refugiava nos matos e a noite ia a negócios na venda de um inspetor, em São Miguel (P, ordem 2447, 1847).

Tão decisivo era o plano doméstico, que os soldados às vezes precisavam ser hábeis em inventar histórias que os isentassem do serviço em dias de festa na cidade, momento em que acionavam suas ligações de amizade, parentesco e vicinais com mais intensidade. Forjavam dispensas, moléstias e contavam com a omissão dos companheiros para ir bater perna no Pátio de São Francisco, no Domingo da Ressurreição (OC, ordem 892, 1850), costurando contatos, metendo-se em encontros e reuniões que revitalizavam sua existência social e material.

A estruturação de novas forças repressivas como instituição foi incapaz de desatrelar seus agentes das costumeiras redes de sobrevivência e sociabilidade. Não os muniu para ser soldados permanentes, comandantes das patrulhas, sargentos das guardas, se é que eles o queriam ser. Os fez chefes de quarteirão vendeiros, sargentos marceneiros, soldados que viviam de suas agências.

Mesmo posteriormente, conforme o processo de institucionalização da polícia se tornou mais efetivo e até concluiu-se, os baixos soldos nunca permitiram que o grosso da tropa deixasse de ser um oficial de ofício ou um biscateiro. Sem dúvida, isto influiu grandemente no funcionamento da estrutura policial.

Reforça esta questão o caso do prévio conhecimento do trajeto dos recrutadores, agudizando um dos problemas que acompanhou a formação da polícia, ou seja, reunir um contingente razoável de soldados. Dizia-se que os próprios guardas policiais e mesmo soldados da Guarda Nacional não eram confiáveis para a exploração de busca dos recrutáveis, por isso foi pedido ao comandante da instituição que dispensasse dos recrutamentos um cabo, vizinho e prático num sítio.

Uma diligência enviada ao mesmo sítio ouviu ocultamente as conversações, observando que todos faziam chacota, "como que já sabiam da dita diligência. Depois, sumiram todos os indivíduos" (OC, ordem 878, 1839). As cumplicidades estabelecidas nas relações de trabalho e vizinhança emaranhavam-se, assim, a uma instituição que surgia na cidade.

Como atrás de uma patente policial sempre havia um ofício, as forças de policiamento funcionavam sob diretrizes ambivalentes, combinando permissividade doméstica com extrema violência e autoritarismo. Assim agia o subdelegado do Brás, que também vivia de seu negócio, lavouras, e era pescador. No processo movido contra ele, pesava-lhe a denúncia de recusar proceder corpo de delito num indivíduo ferido (AC, ordem 3915, 1850).

Os ganhos dos quais o subdelegado tirava o sustento comprometiam-no com uma rede de *conhecenças*, amizade e vicinal tão extensa que o forçava a isentar culpados, fazer que não via, que não ouvia. Se por um lado fazia uso de extrema benevolência com aquele que pertencia às suas relações domésticas, por outro era de intensa violência e autoritarismo com quem já havia se indisposto, não fazia parte ou ocupava posição liminar nas suas relações vicinais e de amizade.

Tão violenta era a combinação dos negócios com a farda ou com a autoridade militar, que um tropeiro acusado de matar sua mulher continuava morando na casa de um major, em Santo Amaro, sem ser incomodado (AC, ordem 4003, s.d.). Oficiais de patente, a elite da cidade, viviam de negócios de animais e tropas. Seus acordos e ajustes tinham como negociadores imediatos os tropeiros. Assim, filiações afetivas confundiam-se com as negociações.

Mas eram afetividades hierárquicas, já que se tratava de uma sociedade de formação senhorial. Delegados, subdelegados, os de baixa ou elevada patente desdobravam-se numa extensa rede de relações matizada, como mostra um desentendimento ocorrido na casa do subdelegado do Brás. Um soldado seguia para seu serviço, mas resolveu antes parar na casa do subdelegado, com quem mantinha "íntima amizade". Lá, encontrou-se com um seu credor, um tenente.

Talvez fiando-se na presença do subdelegado, resolveu cobrar do tenente o dinheiro que lhe devia. Foi o estopim para a briga, que não aconteceu na casa do subdelegado, mas numa venda. Este, isentando-se do dever de prender os companheiros, preferiu chamar o inspetor de quarteirão, mas levou o tenente para sua casa. O soldado terminou preso, não por quem tinha "íntima amizade", mas pelo inspetor (AC, APESP, ordem 3915, 1850). Fragmentária mas poderosamente, a pessoalidade e as ligações familiais iam se mantendo, fortalecendo a raiz autoritária e violenta do poder.

O autoritarismo, a violência e a manipulação privada das instituições públicas estavam profundamente enraizados nas esferas das forças militares e repressivas. Foi movido por estes princípios que um capitão forçou um soldado a vender-lhe as terras que ocupava. Segundo o filho do soldado, o oficial serviu-se de sua humildade e seu acanhamento, de modo que o subordinado "sucumbiu a passagem do dito escrito, receoso e temeroso do dito capitão".

Como atenuante desta violência, o mesmo capitão prometeu ao soldado não recrutar seus filhos (ACi, ordem 3399, 1821). Posteriormente, sentindo-se muito prejudicado, o soldado procurou outro capitão, pois era também pelo prisma dos contatos pessoais e relações que enfrentavam os desmandos, violências e espoliações a que historicamente eram submetidos.

Inúmeras situações como estas estimularam a persistência da marca pessoal nas forças repressivas, nas instâncias policiais e militares. Graças a elas as elites se firmaram em posições privilegiadas e dominantes, afrontaram as próprias instâncias oficiais, derrubaram adversários, favoreceram seus filiados.

O caso de um ourives na cidade o ilustra. Notificado para comparecer perante o "delegado do senado" para satisfazer o saldo devedor de jornais a uma sua ex-empregada, desafiou o delegado, dizendo que comparecia à Câmara por política e não por obrigação de obedecer-lhe, "que nenhuma tinha", "confiado", como disse o delegado, no fato de ser sargento miliciano (PA, 1817).

Quando a vigilância dos pesos e medidas dos armazéns, casinhas e vendas caiu no esquecimento, uma autoridade do poder judiciário, em 1820, despertou-a, lembrando que isso acontecia porque quase todos os donos desses estabelecimentos eram milicianos, alguns oficiais de ordenanças (PJ, ordem 313, 1820). Podiam transplantar sua autoridade militar para a relação com os fiscais da Câmara, ou estes mesmos se sentiam intimidados em adverti-los, principalmente se ocupavam alguma posição em suas hierarquias domésticas.

Atravessadores que envergavam patente também podiam contar com as vistas grossas dos soldados, que muitas vezes também envergavam uma patente.[7] A farda de soldado imunizava-os da interceptação dos cargueiros de toicinho e farinha. Acima de tudo, era preciso sobreviver numa sociedade escravista, de oportunidades circunstanciais e que por isso obrigava uma vivência na qual o lícito e o ilícito se arranhavam.

Se as funções de policiamento e o exercício da autoridade e do poder eram regidos por diretrizes domésticas, os paisanos cobravam e se relacionavam com comandantes, soldados e inspetores de quarteirão com base nestas mesmas orientações. Por isso uma mulher foi à casa do inspetor tirar satisfação sobre a prisão de uma outra mulher que lavava sua roupa. A ele disse que não lhe faria caso (P, ordem 2447, 1847). A amizade e a confiança que mantinha com a lavadeira presa superava qualquer relação mais formal e reverenciosa que deveria ter com a autoridade.

---

7 Referência a um soldado atravessador de alimentos em Nuto Sant'Ana (1935, p.108).

Os próprios inspetores de quarteirão, por sua vez, emaranhavam-se numa teia de favores e dependência vicinal que deixava gretas para este tipo de relação mais emocional. Um inspetor de quarteirão do Ipiranga, quando foi prender um soldado que "dava" num escravo bêbado, na descida do Lavapés – soldado, aliás, de "sua íntima amizade" –, mobilizou uma rede de vizinhos para ajudá-lo: um que visitava sua casa; este chamou um cunhado que por sua vez acionou um amigo; e um último conhecido recolhia-se para sua morada quando foi chamado para ajudar na prisão do soldado (AC, APESP, ordem 3905, 1850).

A mistura displicente de homens das tropas e paisanos, durante o exercício do policiamento, fosse dos permanentes ou dos patrulhas, incomodava as autoridades, mas era parte inexorável da têmpera doméstica que permeava a sociedade e a força policial. Circunstancialmente, sentinelas e permanentes poderiam exercer autoridade e autoritarismo, algo que sutilmente se divisava, mas metiam-se em muitas situações que indicavam o quanto confundiam a função com seus compromissos vicinais e de amizade. Caso exemplar é o dos sentinelas surpreendidos dentro da cela jogando com o preso que estavam incumbidos de vigiar (JP, ordem 4842, 1829).

As autoridades reclamavam da não-rendição dos destacamentos estacionados, algo que viam "como summamente [sic] prejudicial à polícia dos lugares, por isso que as praças desses destacamentos" se "familiarizavam" e "contraíam relações com os respectivos habitantes, resultando relaxação do serviço militar" (G, 18.2.1848 apud P, ordem 2449, 1848).

Caso mais grave e que mais embaraçou as autoridades dizia respeito às relações dos patrulhas com os estudantes do curso jurídico no fremente ano da abdicação. Embora o comandante das patrulhas alegasse que não havia reuniões noturnas de estudantes nas ruas, um juiz de paz asseverava que aconteciam diariamente. Contudo, temia dissolvê-las por achar que os sentinelas eram coniventes. Esses encontros estudantis eram associados, de acordo com a tônica do tempo, às "pretensões liberais" e, portanto, manifestações de rebeldia e motins, conforme o que se via e ouvia sobre as províncias do Norte.

Para isentar-se, o comandante das patrulhas alegou em juízo que a suposta conivência de seus homens "vinha da má interpretação que faziam das ordens, achando que era para prender apenas em flagrante delito, deixando em paz os que percorriam as ruas armados, mas com aparência tranqüila e apenas reunidos em numerosos magotes". Diante disto, ficou decidido que as patrulhas receberiam ordens do juiz de paz, não mais do comandante (FP, 24.5.1831).

A convivência estreita e compromissada de patrulhas e permanentes com a população forçava as autoridades a devotar maior cuidado à escolha dos "officiais [sic] inferiores", principalmente em dias de festa, como a do Entrudo, preferindo os "bem morigerados, prudentes e ativos" (FP, 18.3.1828), de forma que evitassem, o quanto pudessem, que o patrulhamento dessas ocasiões se transformasse num momento de acordos, conversações e ajustes de contas.

No entanto, era comum na ronda das patrulhas deparar-se com um comandante enfiado numa taberna e com sua patrulha incompleta (OC, ordem 870, 1834). O serviço de policiamento ou patrulhamento não implicava a interrupção dos contatos vicinais e afetivos, de forma que nas ruas da cidade facilmente soldados ou sentinelas eram encontrados bebendo ou jogando. Um inspetor das patrulhas notava que era costume vê-los parados em portas (OC, ordem 864, 1831). Como habitualmente as portas das casas viviam escancaradas, supõe-se que se entretinham em conversações com seus moradores.

Esta necessidade intrínseca de burilar os contatos e as relações em todo momento possível diariamente estampava os ofícios policiais escritos para o presidente da província. Num dia era a sentinela da rua da Cruz Preta surpreendida à noite com sua espingarda encostada ao lado, conversando com um paisano. Mais adiante, na Tabatinguera, outra sentinela dormia ao lado de sua espingarda, embuçada no capote. Outra patrulha passava o tempo sentada na porta fechada de uma venda. Noutro dia, desconsiderava as ordens do rondante das patrulhas para prender uma suposta louca.

Todos os dias a sentinela do Chafariz da Quitanda era muda espectadora da reunião dos escravos (P, ordem 2451, 1848). Pudera, pois as fronteiras entre o mundo livre e cativo eram corroídas ininterruptamente pelos acertos e tratos cotidianos, estabelecendo certas cumplicidades, potencialmente tensas, e uma obrigatoriedade de não se indispor no meio social.

Era neste plano sub-reptício das relações que os processos normativos esbarravam, afrouxando-se, fazendo da instituição policial na cidade algo não tão pessoal, formal e distanciado da população quanto esperavam as autoridades. Movidos por cumplicidades e dívidas de favores, paisanos intercediam pelos policiais ou solidarizam-se com eles em seus embustes e fugas. Desconfiava-se que um vendeiro da rua da Cruz Preta havia ajudado um soldado recruta a fugir da prisão, porque o pai do soldado tratava de sua doença na casa do vendeiro, que também protegia o soldado, tendo várias vezes ido ao quartel interceder para que ele pudesse visitar o pai doente (P, ordem 2452, 1848).

Havia também a contrapartida dos policiais e sentinelas. É inegável que, como parte dos mecanismos de repressão, tinham uma relação bastante tensa com a população, relação da qual eram exemplares os confrontos cotidianos para fazer que as posturas municipais fossem cumpridas quanto ao uso e à ocupação do espaço público. Contudo, mantinham níveis de entrosamento bastante intensos.

Muitos dos galés, por exemplo, eram antigos soldados, condenados por deserção ou motivos diversos. Soldados que acompanhavam correntes de galés para os serviços públicos da cidade faziam vistas grossas a muitas de suas ações contrárias ao prescrito. Assim, os galés circulavam à vontade, embora atados às correntes. Furtavam, bebiam, adquiriam objetos, divertiam-se, levavam objetos para negociar entre um intervalo e outro de suas obrigações (P, ordem 2454, 1850).

Um dos galés, acusado de assassinar o Guarda Nacional que os acompanhava, "tirava dinheiro dos chapéus de palha que fazia e vendia a tostão cada um". No depoimento, disse que cortou as correntes que o prendiam a seu companheiro com uma lima que tinham comprado numa casa de ferragens na rua Direita, no primeiro dia em que haviam trabalhado fora da cadeia, e que o Guarda Nacional não entrara na loja com eles. O suposto assassino fora soldado, o que pressupõe um convívio prévio com o Guarda Nacional que o acompanhava.

Esta suposição ganha força no fato de que, antes do crime, quando seguiam para o trabalho de capinagem do quintal do Pátio do Palácio, os três beberam juntos em várias vendas, no beco das Casinhas e na rua da Cruz Preta. Depois, um dos galés convidou o Guarda Nacional para ir até o local onde uma mulher lhes traria comida. O Guarda concordou prontamente, respondendo "que estava pronto para tudo". Ao chegarem ao local, um dos galés sussurrou ao outro que era o momento para fugir, dizendo ao companheiro, desencorajado, "que tinha conhecimento com os soldados de tropa de linha" e "era de supor que achasse algum que lhes desse ocasião de fugir".

Ainda no depoimento, os galés contaram sobre as conversas que tinham com um soldado, que lhes dava dicas de como fugir: que aproveitassem quando fossem guardados por "soldados velhos que ... estes soldados eram muito amigos de embriagar-se" (AC, ordem 3915, 1850). Este Guarda Nacional foi morto, mas eram comuns os ofícios dando conta da fuga de soldados com os galés que conduziam (P, ordem 2453, 1849).

Do mesmo modo acontecia com os inspetores de quarteirão, todos muito bem instruídos nas posturas, já que recebiam um exemplar da coleção destas determinações quando assumiam o posto (ACa, 1839). Reclamava a Câmara sobre a não-execução das penas das posturas sobre cães, busca-pés e roqueiras, quando era certo que as infrações a respeito ocorriam com freqüência. Alegava um fiscal: "não sei o que fazem os inspetores de quarteirão, pois ainda não tive uma só denúncia deles" (PA, 1834).

A inserção do inspetor de quarteirão numa intensa rede de vizinhança e amizade surpreendia uma testemunha que presenciou um rapaz avançar com a foice contra um inspetor que se preparava para prendê-lo, a mando de seu padrasto. Enfatizava a testemunha, com estupefação, que vítima e réu não eram desafeiçoados (AC, ordem 3915, 1850).

Referenciais domésticos orientaram a ação de um outro inspetor. Ao acudir uma briga entre um livre e um escravo, separou-os dizendo que deveria prendê-los, mas para "evitar maiores incômodos deixava de o fazer". Em seu depoimento disse conhecer o escravo e que na ocasião da briga ele não estava em seu juízo perfeito, pois era pessoa pacata e não furiosa como estava (AC, ordem 3919, 1850).

A fronteira entre forças repressivas e população era tênue demais para que o reformismo da municipalidade avançasse com vigor. Inspetores de quarteirão e população eram mais compromissados uns com os outros do que propriamente inimigos. As tensões permaneciam latentes, emergindo em situações específicas.

Como as sociabilidades aderiam ao serviço das guardas e patrulhas, rotineiras eram situações como a de um corneta do corpo de municipais permanentes repreendido por um juiz de paz por distrair-se em brigas com um preto, na rua do Rosário, esquina com o Beco do Inferno, em momento de serviço (AC, ordem 2443, 1845). Ajustes de contas pessoais não precisavam esperar a hora de se estar à paisana, porque a autoridade policial investida no soldado vinha impregnada de suas relações domésticas.

Para os segmentos populares, a apropriação e o desempenho da função de policiamento segundo diretrizes domésticas significava, além da possibilidade de distinção social no meio, o prolongamento de suas agências e de todos os conflitos que poderiam advir das transações desta economia moral e de trocados. Abandonar temporariamente o patrulhamento e meter-se numa discussão embaixo de São Bento, para o comandante aparentava indisciplina e desordem (P, ordem 2448, 1847), mas para o cabo, o soldado e o sargento – sucedem-se denúncias de casos como estes – poderia ser o ajuste de um negócio malfeito ou mal-entendido, aproveitando a posição elevada que a patente dava.

Assim como para as elites, a patente era um valor aristocratizante para os segmentos populares, e a farda os elevava socialmente no contexto de suas relações, revestindo-os de *status* e autoridade. A baixa patente, além disso, combinada ao ofício, ampliava as possibilidades de ganho.

7
CONVIVÊNCIA NA CIDADE MOVEDIÇA

Timbre doméstico

A formação da capitania de São Paulo foi peculiar, marcada por uma população pródiga que, partindo ininterruptamente da vila – o núcleo-mãe –, fundou pontos de povoamento adiante, logo retornando para o núcleo original.

São Paulo, portanto, sedimentou-se através da dispersão humana, num ir-e-vir incessante que visava saciar o "equilíbrio vital".[1] Essa têmpera andeja foi relativamente contida pelas medidas tomadas pelo governo de D. Luís Antonio de Souza Botelho Mourão, o morgado de Mateus, no final do século XVIII, estimulando condições para a fixação da população.

Esta característica dispersiva, somada à presença débil do Estado português, diluído no poder da Câmara (Blaj, 2002; Kuznesof, 1986),

---

1 "Rompendo a aparência e tentando chegar à essência o que temos é uma população em busca de terras e de mão-de-obra indígena para garantir a sua sedimentação num quadro de aparente dispersão. Sérgio Buarque de Holanda ... enfatiza o que denomina ... 'equilíbrio vital', articulando a fixação e o crescimento populacional à obtenção de terras aráveis e ao acesso fácil e constante à mão-de-obra indígena. Assim, no movimento dialético povoamento–despovoamento–povoamento o que imperaria seria a fixação provisória e não o nomadismo perene" (Blaj, 2002, p.71).

controlado pelas famílias de fortuna e prestígio, fortaleceu os elos domésticos entre pessoas e segmentos sociais. A organização política na América portuguesa, portanto, nasceu sob a sina do privatismo que alimentou hábitos como o de porte de armas, de fogo ou cortante.

Desde os primórdios da colônia cada homem, como garantia de sobrevivência, deveria ser miliciano ou juiz de si mesmo. Armava-se para proteção, para trabalhar, para manipular os recursos disponíveis. Em grande medida, sempre precisou associar-se, de algum modo, à personalidade mais próxima que detivesse maior poder material ou político, fosse uma autoridade que representasse os interesses metropolitanos ou alguém que concentrasse riqueza.

Esta situação fortaleceu, ao longo das décadas, uma necessidade intrínseca de filiações e os personalismos, herança ibérica que encontrou condicionantes favoráveis no Brasil. Escreveu-se que em Portugal a organização municipal prolongava, até a esfera da *res publica*, o conjunto e a massa de interesses e sentimentos da vida e da organização privada.

> A família constituía a base do regime municipal, porque o homem casado e com filhos, ou pelo menos com casa e familiares, era o verdadeiro *bonus-homo*, o que enfim tinha a capacidade política para exercer magistraturas. (Duarte, 1966, p.11)

A ordem política portuguesa, portanto, tinha índole privada e baseada nos elos domésticos, no caso a família. Assegurava, fomentava e estimulava a idéia, o sentimento e o interesse privado (ibidem, p.13).

Mesmo com população pulverizada pelas capitanias, movida por relações provisórias, dada sua mobilidade como mecanismo de alcance do "equilíbrio vital", na sociedade paulista os elos domésticos viabilizavam vida material e social: eram formas de poder, proteção, auxílio, alimentação, trabalho, divertimento, religiosidade. Em todas as partes da então América portuguesa e depois Estado nacional brasileiro era possível verificar – e ainda hoje é – o peso destes elos,[2] pois

---

2 Richard Graham (1997) analisa o peso da família e da casa influenciando a política, as estruturas de governo nacional e as eleições. Nestor Duarte (1966) con-

sobrepuseram emoção e sentidos à razão e às abstrações introspectivas e individuais.

Numa sociedade predominantemente rural, posições de poder e prestígio dependiam também de uma rede afetiva e moral tecida com trabalhadores livres, sitiantes das redondezas e pequenos comerciantes das vilas. Esta rede era cerzida de várias maneiras, viabilizando também o "equilíbrio vital": através de favores mútuos, parentescos fictícios e demonstrações recíprocas de afeto.

Entre os de posse, do meio agrário ou comercial, parentescos fictícios, apadrinhamentos, fortes e excludentes vínculos de amizade, obrigações morais e afetivas mútuas vigoraram com objetivos que não eram o da sobrevivência material, mas o da manutenção de privilégios e poder político e econômico.

Esses elos domésticos se estenderam até o plano do sobrenatural, na religiosidade, com a atribuição de maternidade às santas – Nossa Senhora Aparecida aparece em muitos discursos como a mãe do Brasil –, a incumbência de andanças intermináveis aos santos – não só nas festas e folias do Divino Espírito Santo, mas de muitos outros, como a Nossa Senhora da Penha, em São Paulo, que ao longo de todo o século XIX, em virtude das secas, não sossegava na capela da freguesia de mesmo nome, sempre se deslocando para a Sé –, sua submissão a mil e uma sanções, humanizando-os.

A religiosidade brasileira, portanto, não se caracterizou pela introspecção meditativa, precisando certificar-se da existência dos santos e do próprio Cristo no toque e na visão das imagens. A festa religiosa foi oportunidade para testar e fortalecer fidelidades vicinais, de parentes e amigos, através do odor e do sabor da comida e do que se ouvia numa conversação incessante à hora das manifestações litúrgicas.

---

trapôs a esfera privada da família, na formação brasileira, ao Estado. Numa crítica à sociedade oligárquica que se realojava no poder com a Revolução de 1930, Sérgio Buarque de Holanda (1991) também dissecou num ensaio a herança rural, personalista e doméstica da sociedade brasileira.

A prevalência dos sentidos nas relações familiarizava ininterruptamente, rompendo o estranhamento dos distanciamentos formais. Por isso, o costume das relações emocionais com o outro, algo que ainda persiste na sociedade brasileira contemporânea. Exemplificam os diminutivos e expressões como "irmão", "amigo(a)", "querido(a)", "filho(a)" dirigidos facilmente a desconhecidos, se não a rivais.

Historicamente, as relações sociais foram introduzidas na casa por meio de palavras e atitudes de familiarização como "gostar como a um filho(a)", "gostar como a um pai (mãe)", ser primo ou tio por consideração. Mais ainda do que dispensar tamanha estima, aparentava-se o outro, como aconteceu entre dois negociantes. Um deles "já depois de moço foi criar-se em casa" do sogro de seu companheiro, chamando as moças da casa de irmãs e a este próprio de irmão, porque casado com uma destas moças (AC, ordem 3903, 1850).

Os "primos distantes" proliferavam nas famílias, dindinhas e padrinhos faziam do amigo um parente ou estabeleciam vínculos mais sólidos entre parentes, como a responsabilidade simbólica e moral de assumir o papel do pai ou da mãe na sua ausência.

Assim, o plano doméstico e a família forneciam as diretrizes fundamentais das sociabilidades (DaMatta, 1987). O caráter era dimensionado pelas filiações, pelo domicílio certo e pela família. Os rapazes recrutados para a Guarda Nacional, na segunda metade do século XIX, desdobravam-se em autos de justificação para provar que eram arrimo de família (Moura, 1998).

Comprovando este argumento, atestavam sua boa moral, livrando-se, assim, de um serviço no qual eram engajados quando, em certa medida, vítimas do personalismo dos senhores de poder e posse da localidade, que usavam a instituição militar com fins pessoais. O plano doméstico e a família mediavam as ações e concepções de um e outro segmento. Para uns era meio de afirmar poder e interesses, para outros uma forma de lidar com esse poder.

Um ajudante preso na cidade de São Paulo, em 1818, num pedido de relaxamento de prisão, enfatizava em seu ofício ser pobre, casado e "onerado de família" (PJ, ordem 313, 1818). O problema é que muitas vezes a prisão de um trabalhador era fruto de uma revanche doméstica. A justiça incriminava os trabalhadores das ruas, fossem quitandeiras ou comerciantes ambulantes, acusando-os de não ter domicílio certo. Ressaltavam-se situações como a de uma negra forra, suspeita de sondar a marcha das patrulhas para informar aos escravos fugidos, que "sem domicílio vagava de noite" (JP, ordem 4844, 1832-78).

Alguém que confessasse não ter casa poderia despertar piedade, mas também desconfiança. Criminalizar os que não tinham endereço certo, ou seja, os que não dispunham da base fundamental do plano doméstico, a casa, ganhou força com a intensificação do processo de urbanização e modernização da sociedade no final do século XIX, acirrando as tensões sociais numa sociedade na qual os trabalhadores pobres sempre precisaram ocupar a rua com veemência, para trabalhar, morar ou se manifestar.

Esse vigor da esfera doméstica transformou a emoção em código de conduta, graças ao qual as elites rurais e comerciais, da colônia ao Império, conquistaram condição de mando e mantiveram poder econômico e político. Os segmentos populares, livres ou cativos, alcançaram seu "equilíbrio vital" por meio deste código. Quando possível usaram-no para atingir esferas que as elites sempre procuraram manter distante de suas mãos, como a justiça.

Um código de conduta doméstico permeava a relação entre homens e mulheres na sociedade paulista da primeira metade do século XIX, fazendo-a tão violenta quanto a de qualquer outra região, no mesmo período. Toda sociedade baseada na emoção e cujas diretrizes de suas esferas de organização social estão assentadas no plano doméstico é visceralmente violenta e autoritária.

Num meio no qual os homens precisavam ombrear a faina com seus cativos, quando os tinha, e aproveitar as circunstancialidades dos ganhos, numa economia fortemente comercial, elos familiais assumiram maior importância do que a própria família como instituição. Inúmeros estudos já mostraram que, entre os segmentos populares, as uniões informais prevaleceram, em virtude dos custos das relações matrimoniais oficiais.[3]

Dilatadíssimos, portanto, eram esses elos, tanto no meio pobre como no remediado e mais abastado, pois, como se entendia, "nem um dedo faz mão, nem uma andorinha verão" (Oliveira, 1935). Nas cidades, o convívio dos senhores com seus cativos era bastante estreito. Num contexto urbano no qual prevaleceu a condição de escravo de senhor ou senhora pobre, mais acentuadas foram as ligações familiares entre os mundos cativo e livre. Como dizia uma senhora sitiante, vivia "mansa e pacificamente [com] sua família de filhos e escravos" (ACi, ordem 3972, 1818).

Senhores e senhoras defendiam seus negros e negras não só pelo que representavam em termos econômicos e como trabalhadores, mas pelas vinculações afetivas que a vivência muito próxima provocava. O rancor pela agressão recebida por um deles podia vir à tona em situações muito diferentes, como num caso de adultério, no qual o marido traído fazia referência ao fato de um dos amantes de sua esposa já ter espancado um negro seu na festa do Espírito Santo. No mesmo processo, uma das testemunhas dizia que "o réu em certa ocasião dera umas cipoadas em um escravo do autor pelo o haver desatendido e por esta causa o mesmo autor sempre lhe foi mal afeiçoado" (ACi, ordem 3672, 1818).

Vida e trabalho se estruturavam em torno de relações familiares, consangüíneas ou "por consideração". Sociedades em negócios podiam ser feitas sob este mesmo referencial, o que não implicava, necessariamente, estabilidade do empreendimento, fosse qual fosse sua dimensão. Dois negociantes convencionados para a abertura de um armazém de molhados, ferraria e venda de seleiro terminaram com seu negócio na justiça. Nas cartas que trocaram, em meio à descrição de valores, ganhos e gastos, mandavam "lembranças à comadre", enfatizavam a amizade – "e aqui fico a sua ordem por ser de

---

3 Ver as várias pesquisas desenvolvidas no Centro de Demografia Histórica (CEDHAL – USP), sob orientação da Profa. Eni de Mesquita Samara.

vossa mercê amigo" – e o afeto – "e sou com o mais sincero amor" (AC, ordem 3915, 1850).

Nos conflitos cotidianos traduzidos em processos judiciais, réu e vítima mais comumente aparecem inseridos nesta órbita de relações. No desentendimento entre dois indivíduos pelo atamento de um cavalo a um esteio, de um lado um estava acompanhado por filhos e genro e, de outro, por irmão e primos (ACi, ordem 3672, 1819). Um código de conduta doméstico fazia e obrigava uma ofensa dirigida a um membro da família ser assumida coletivamente. Foi por esta razão que Salvador, da Santa Ifigênia, procurou a justiça, por ter um vizinho que, com palavras injuriosas, descompôs sua mulher e sua família. A justiça os fez assinar termo de reconciliação (ACi, ordem 3675, 1826). Tal vivência estreita dava margem à formação de amplos quadros de tensão que se mantinham latentes, mas sempre em via de manifestar-se em conflitos. Nada tranqüilos e harmoniosos eram os elos familiais, quase inescapáveis, numa sociedade em que era difícil viver sem eles.

Em razão disso, sempre aconteciam situações como a de "um preto que era compadre de um homem branco e havia morto a este" (AC, ordem 3921, 1850). Um cunhado acoitou-o, pois na lógica de um código de conduta doméstico e familial algumas atitudes tinham fundamentação moral, cabendo ao parente acolher um outro que cometia suposto delito.

A intimidade exacerbada, quase estrangulando a individualidade, abriu frestas para o ilícito familiar: o abuso sexual – que as pesquisas atuais comprovam principiar no seio doméstico –, a agressão e o roubo, como aconteceu com um furriel, que se meteu com outros para roubar seu tio, um tenente. Dizia-se que, "como era comensal de seu tio, sabia de todos os cantos e esconderijos da casa" (ACi, ordem 3674, 1823).

O referencial familiar era tão decisivo que servia – e talvez ainda possua essa influência – para enfatizar a periculosidade ou a boa índole de alguém. A própria instância jurídica incorporava e manipulava esse argumento. Em muitos processos, era comum a referência:

"o réu vive em boa união com sua família" (ACi, ordem 3670, 1813). Em outra querela enfatizava-se que, numa briga à porta de uma venda, nada fazia sossegar um dos contendores, nem "instâncias que fazia o pai" (Q, ordem 6019, 1803-1831). A ênfase neste detalhe por várias testemunhas funcionava como prova de culpabilidade.

Talvez surpreendesse e deixasse bem malvisto o indivíduo, dos segmentos populares aos mais abastados, afirmações como "é inimigo de seu próprio irmão e irmã e os irmãos se queixam deles" (ACi, ordem 3670, 1813). Era opinião corrente de que quem se voltava contra sua própria família poderia ser capaz de qualquer coisa. Isto fica expresso na conclusão tirada de um galé que assassinou um guarda nacional num quintal ao lado do Pátio do Palácio. Exclamava-se que "quem matou a seu pai é capaz de matar qualquer um". Indagava-se ainda, ao outro galé que o acompanhava, "por que tinha amizade com um homem que matara o próprio pai". (AC, ordem 3915, 1850), o que sugere a própria condição de desclassificação social que era imposta àquele que rompesse tão abruptamente o elo familiar.

Como a família fornecia os princípios de um código de conduta, aquele que os transgredia – matando o pai – era punido com o isolamento na teia de relações locais. Aparecer desamarrado de filiações era algo desconfortável, como demonstram certos ditos populares que enfatizam o valor da vivência junta, tais como "abelha procura parelha" (Oliveira, 1935).

Mesmo na própria relação cotidiana era difícil conceber o outro em si. Comum era ser filho(a) de alguém (ACi, ordem 3672, 1818). Muitas testemunhas em processos judiciais preocupavam-se em não aparecer como indivíduos isolados, desatados de família. Logo que alguém sentava defronte ao escrivão confirmava ser "filho de pais e seus ascendentes" (ACi, ordem 3671, 1815). Associar o outro a um grupo ou família também era um precavido elemento identificador: tratava-se de alguém para admirar, temer, ignorar, respeitar, aproximar, distanciar. Os segmentos socialmente superiores sempre fizeram questão de estampar suas filiações, mesmo as remotas, como meio de perpetuar ou manter hierarquias, *status* e poder.

Ainda nos dias atuais, um sobrenome, o nome de um pai ou mãe, mesmo que bem distante na árvore genealógica, pode dilatar a pupila ou não causar o mínimo franzimento de qualquer músculo facial. Sabendo disso, os que podiam arcar com custas judiciais, pagavam por autos de justificação que comprovavam por escrito suas ligações por relações de parentesco, consangüíneas ou fictícias, como as de padrinho. Uma mulher quis justificar que quem a batizara fora o tenente Francisco Bueno Garcia Leme (ACi, ordem 3672, 1817).

Num outro auto, lia-se

> Diz Francisco de Assis Barreto... que é filho legítimo de Francisco Paulino de Aguiar e D. Barbara Maria de Aguiar... que a mãe do justificante *é filha legítima* de Francisco de Paula Barreto que faleceu *no posto de Tenente do Corpo de Dragões que o dito Tenente Francisco de Paula Barreto é filho do sargento Mor Miguel Pedrozo Leite* e irmão do desembargador Miguel Pedrozo Barreto e do sargento mor Francisco Barreto Pereira Pinto e que o sargento mor Francisco Barreto Pereira Pinto *é pai* do Brigadeiro Francisco Barreto Pereira Pinto e Marechal João de Dias Mena Barreto... que o pai do justificante foi professor público das primeiras letras nesta cidade... (ACi, ordem 3390, 1840, grifo nosso)

Neste caso, o justificante conseguiu provar que possuía filiações diretas com oficiais militares, inclusive dois primos de segundo grau com a mais alta patente: um marechal e o outro brigadeiro. Munia-se assim das teias associativas necessárias para circular com desenvoltura e aceitação entre a elite local. Em certas situações, no entanto, as filiações podiam despertar rancor e ódio, como nos conflitos das oligarquias familiares no Nordeste desde tempos remotos, opondo-as em confrontos sanguinários por gerações.

Numa cidade como São Paulo, isso também acontecia, em proporções muito menores, mas levando estudantes, comerciantes ou trabalhadores comuns, em certas circunstâncias, a se envolver em agressões físicas. Esta foi a justificativa de um estudante em relação à indisposição que tivera com um outro, por "se ter pronunciado partidário dos Pintos, pessoas estas de quem ele" tinha asco (AC, ordem 3913, 1848).

Filiações familiais podiam também incriminar e desqualificar, como reconhecia a sabedoria popular em provérbios ainda hoje pronunciados como alerta e conselho: "quem com porcos se mistura farelos come" ou o bíblico "diga-me com quem tu andas e eu te direi quem és". Um subdelegado processado por arbitrariedades cometidas contra um subordinado devia conhecê-lo bem, pois disse em sua defesa, sobre seu acusador: "para se ajuizar a qualidade deste meu acusador basta relatar as pessoas com quem constantemente ele vive e anda em suas viagens que são os criminosos de morte, facínoras e outras pessoas desta natureza" (ACi, ordem 3682, 1847). Em casos como este era mais prudente dizer "que se conhecia de vista", sem nunca ter conversado ou estado na casa (AC, ordem 3919, 1850), tanto se envolvesse relações verticais como horizontais.

As elites usavam o referencial familiar em seus embates de posses e posições. Nas muitas demandas de terrenos que passaram a acontecer no cenário social da capital, a alusão a parentes vivos ou já falecidos justificava litígios judiciais – pais e sogros geralmente eram "antigos donos das terras ocupadas" (ACi, ordem 3672, 1919) – e incriminava um dos contendores. Num destes processos dizia-se "que o autor e seus parentes são costumados a lavrar terras alheias e dizem que o falecido tio do autor trazia várias demandas sobre terras" (ACi, ordem 3670, 1813). O embrionário arcabouço jurídico sobre uso e ocupação do solo reacomodava o referencial personalista e familiar.

Também os segmentos populares estiveram inseridos na dinâmica das filiações, segundo finalidades específicas de suas condições. Escravos sabiam que pelas filiações podiam amansar a mais profunda fúria de seus senhores. Um preto forro e uma escrava fugida, desejando retornar para junto de seu senhor, procuraram uma vendeira pedindo-a que "a fosse apadrinhar" (Q, ordem 6019, 1803-1831). Esta vendeira deveria manter relações bastante estreitas com este senhor, o que implicaria a obrigatoriedade moral de não castigar a escrava, como pediria "a madrinha" de ocasião.

Essa necessidade moral, prática e cultural de agregar-se e mostrar-se filiado difundiu pelos vários níveis de organização da sociedade – político, jurídico-legislativo, policial, econômico, religioso – um vigoroso teor pessoal e uma tendência a pessoalizar, evitando, sempre que possível, relações mais distanciadas e formais.

Mesmo a relação com o espaço da cidade ocorria segundo diretrizes pessoais e domésticas. Como testemunhava um ferreiro, sobre a prisão de uma mulher que trazia uma faca de ponta ao seio, subia, junto com a ré, "a esquina da rua nova onde tem armazém Henrique alemão e subindo para o lado de São Francisco fronteando a casa de Joaquim José Ferreira" (AC, ordem 3902, 1850).

Outro, na Santa Ifigênia, testemunha de um assassinato, referendava este mesmo raciocínio vicinal: "seguindo ele testemunha para sua casa, vizinha com a chácara do finado cônego Antonio Joaquim de Araújo, onde mora Maria Antonia da Luz" (AC, ordem 3906, s.d.). Tão intensos eram o senso e a relação de vizinhança, mesmo em meio a vigorosa itinerância, que mesmo a morte não excluía o vizinho, parente ou amigo dos referenciais de localização. Como dizia um que muito sabia sobre os ferimentos feitos num viajante, tudo havia acontecido "na Itaquera, na estalagem da finada Quitéria" (AC, ordem 3914, 1850).

O senso pessoal e de filiação, na passagem do alvará à lei, reacomodou-se na lei. Assim, em vez de se constituir em mecanismo informal e regulador da ação social, a ler tendia, em certas situações, a orientar-se pelos extensos elos familiares.[4] Mesmo na Academia Jurídica – território dos filhos das elites agrárias e comerciais de várias províncias, promessa de segmento burocrático e de fincar as bases de um arcabouço jurídico autônomo – a lei, a justiça, a autoridade policial ainda tinham interpretação personalista e doméstica. O estabelecimento dos cursos jurídicos no Brasil interiorizou a formação de um segmento social que, em certa medida, sofisticou sua atuação doméstica e familial, no plano político, por meio de um discurso erudito e inacessível para a maioria da população.

---

4 Esta discussão é bem exemplificada numa frase atribuía ao presidente Getúlio Vargas: "Aos amigos tudo, aos inimigos, a lei". Cf. os estudos de Roberto DaMatta sobre esta questão (espec. 1997).

Isso era sinalizado em pequenas ações cotidianas. Nos idos de 1848, um grupo de estudantes passou a insultar um outro estudante, que fora um dos examinadores do exame de inglês. O motivo era o mau resultado obtido por um companheiro, também estudante. A popularidade de ambos despertou os ânimos dos colegas, cada qual tomando partido de um. Desceram para o pátio de São Francisco como soldados prontos para a guerra, armados de bengalas e paus.

Contidos pelos guardas policiais, um justificou: "que esses insultos se iam reproduzir em maior escala, sem que as autoridades públicas dessem a menor providência, o que resolveu a ele ... dirigir-se à Academia com o intuito de apaziguar qualquer conflito que aparecesse". Por isso, resolveram "empregar a força em defesa" do colega estudante e examinador.

As autoridades chegaram a indagar de um estudante se ele desconhecia que quando do receio de algum crime dava-se parte às autoridades. Respondeu que sabia, mas como não vira as autoridades tomarem providências entendeu também que aquele conflito não era da sua alçada. Por isso, as pessoas se "incumbiram de administrar a justiça" (P, ordem 2452, 1848).

Esta manipulação da justiça com as próprias mãos não dizia respeito apenas aos episódios de linchamento cometidos pela população em fúria contra um criminoso. Remetia também às ações personalistas visando "justiçar" alguém que gravitava em torno do dilatado círculo doméstico. Nesta justiça pessoal, alguém podia ser preso por trazer um estoque, mas logo em seguida ser solto pelo subdelegado, por ser seu inspetor de quarteirão (DE, EO1493).

Com a emergência de uma nova ordem político-institucional, critérios pessoais e domésticos continuaram a se chocar com tendências para firmar o poder público e formal, como pode ser acompanhado em jornais do século XIX – e mesmo nos atuais – na sucessão de denúncias de situações como a de um juiz de paz que largou momentaneamente suas funções para pescar nas bandas de Santos (Oco, 31.12.1830).

Em certa medida, vinham à tona tendências que propugnavam pela formalidade do plano legal, mas esbarravam em atitudes enraizadas de fazer do cargo público um bem privado, manipulado conforme interesses personalistas. Atitudes de índole privada reacomodaram-se em muitas esferas da sociedade, mas não deixavam de entrar em conflito com forças sociais de direção oposta.

N'*O Observador Constitucional*, jornal liberal da época, um artigo criticava o fiscal por não ter prendido alguns supostos infratores de postura, em razão do que lhe havia sido contado. Não se tratava de ouvir testemunhas, mas de orientar-se pelo diz-que-diz das relações pessoais.

A postura do fiscal – recusar o critério personalista – recebeu críticas veementes, levando-o a defender-se:

> não bastava que se me contasse que fulano tinha infringido a postura soltando busca-pés, era necessário que se verificasse o caso, para se poder impor as condenações, e como verificá-lo senão por meio das testemunhas? ... como multá-las sem prova suficiente? ... salvo se me fosse permitido multar ao bel-prazer, e sem as formalidades da lei. (Oco, 23.9.1831)

Diante de ações como a do delegado que soltou um infrator de postura apenas por ser seu inspetor de quarteirão, algo muito mais comum na rotina da cidade, a expectativa dos segmentos sociais era a de que o critério pessoal devia conduzir certas ações do poder público. Este poder foi constituído nos moldes de um código de conduta no qual o personalismo permeava a ação das autoridades.

A sobreposição da lei a critérios privados percorreria um longo caminho, já que os agentes sociais, ricos ou pobres, tinham um sólido senso de relação que os impedia – e impede – de testemunhar contra um infrator, especialmente se fizesse parte do contexto de relações vicinais e de amizade. Como argumentava o fiscal, se as pessoas "não recusassem a depor contra ... só pelo medo de se comprometerem, mas como assim não acontece, nada mais pode se fazer" (ibidem).

O mesmo código de conduta que permeava a ação pública de muitas autoridades, com o intuito de favorecer seus aliados, circulava por outras esferas sociais, com o objetivo de preservar filiações afetivas e familiares. O medo da represália de uma potencial testemunha, outro fator de silenciamento, mostra quão violentas eram tais relações sociais, muito cúmplices e misturadas.

A relação se sobrepunha à lei pelo medo da vingança, pelo desconforto moral da inimizade. A denúncia e o testemunho, neste caso, pareciam justos apenas na evidência de rompimento de algum princípio do convívio pelo denunciado. Caso contrário, era muito difícil obter a boa vontade do testemunho. Esta situação em certa medida dificultou a implantação dos processos normativos municipais. Certas posturas quase não foram aplicadas, como a de matar cães soltos pelas ruas, pois era acentuado o senso de relação, mesmo num ambiente social de relações provisórias.

Como dizia um fiscal da época, as testemunhas sempre diziam "não sei, não vi". Quando diziam "foi fulano de tal, ignorando talvez o fim, quando chegavam a juízo afirmavam o contrário". Muitas vezes o que diziam servia mais para absolver, como acontecera num juízo de Santa Ifigênia, "onde as testemunhas disseram o contrário do que haviam antes declarado".

Situações como a de um tiro dado à noite contra a porta da casa de alguém ou a agressão contra um furriel perpetrada por um pároco preservavam-se no âmbito de "ninguém sabia quem foi", "pousava na casa, mas estava dormindo e não viu", "não tem ouvido dizer quem foi". Como se tratava de uma sociedade oral, de intensa conversação, sempre se ouvia dizer, na casa de alguém, como convém a todo meio de forte cunho pessoal e doméstico, mas se tomavam as devidas precauções para não emitir nomes – "alguém que não se lembra o nome" (ACi, ordem 3670, 1811-13; ordem 3672, 1819).

Um dos acusados de um crime de morte confessava "que sabia quem tinha feito a morte, mas que não queria descobrir para não deixar mal a ninguém" (ACi, ordem 3682, 1842). Mesmo os inspetores de quarteirão não denunciavam (PA, 1834), afinal estavam profundamente emaranhados nas teias associativas locais.

Esta perspectiva personalista no lidar com a esfera pública fez a aplicação da justiça ou a reivindicação de direitos serem entendidas como inimizade. Os trâmites legais e formais da justiça muitas vezes foram aplicados mais em razão de desafeições. Ao ser impedido judicialmente por um fiscal que pertencia à sua rede de relações de fechar uma rua em Mboy, de trânsito antigo, intenso e costumeiro, um senhor de posses saiu alardeando que o tal fiscal era seu inimigo, quando, segundo o próprio fiscal, "[era] constante e certo em toda freguesia que jamais entre [ele] e Antonio de Camargo ... houveram os mais pequenos motivos de inimizade" (OC, ordem 868, 1832). Principalmente os de posses sentiam-se imunes à aplicação formal da lei, confiantes nas suas filiações aos que ocupavam postos públicos e de poder, estando mais propensos a confundir lei com inimizade, quando surpreendidos por alguém preocupado em aplicá-la.

Primado da emoção

Segmentos populares e abastados manipulavam códigos pessoais e domésticos de modo geral, mas com fins e recursos diferentes. Em certas situações, a circularidade desses códigos podiam irmaná-los. Assim ocorria no trato cotidiano com os religiosos, camada social tão presente na vida de boa parte da população.

Na freguesia da Penha de França chegou-se a fazer um abaixo-assinado contra um vigário encomendado. Justificavam que ele não tinha "a menor afabilidade e amizade que [eram] próprios do caráter de um pároco para seus fregueses", pois na administração espiritual era preciso ter "fé, confiança e amizade" (ibidem). Os segmentos sociais eram, assim, movidos pela expectativa de certas atitudes familiais em relação ao pároco, ao inspetor de quarteirão, ao juiz de paz, ao príncipe.[5]

O primado da emoção, contudo, ao mediar as relações sociais[6] tornou-as potencialmente tensas, violentas, autoritárias e hierár-

---

5 Ver a metáfora do coração associada a D. Pedro I, figura que remete ao sentimento mais íntimo e fraternal, assim como aos mais violentos, como o rancor e o ódio. Fala também da representação de uma América domesticada associada ao príncipe, porque a população o respeitava como a um pai (cf .Souza, 1999, p.50 e 225).
6 Sérgio Buarque fala do desconhecimento, na vida brasileira, de qualquer forma de convívio que não seja ditada por uma ética de fundo emotivo. *Raízes do*

quicas. Um universo social orientando pelo plano afetivo, doméstico e da família não significa de modo algum a prevalência de um convívio adocicadamente benevolente entre os segmentos sociais.

Solidariedades vicinais, favores mútuos, o senso de pessoalização e familarização, criando parentescos fictícios, e os referenciais emocionais encetavam ações verticalizantes, marginalizadoras, criadoras de dependências morais. Por se tratar de um meio inigualitário, hierárquico e de relações provisórias, tais dependências moral-afetivas não eram sólidas, mas voláteis o suficiente para agudizar tensões latentes, facilmente traduzidas em violência.

A intriga pessoal era uma dessas tensões latentes em toda relação doméstica, com ressonâncias, em grande medida, nas instituições de poder, erguidas sob um código de conduta familial e doméstico, como o privatismo e o personalismo. Os que pertenciam aos poderes municipal, provincial ou imperial faziam uso das prerrogativas de seus cargos como instrumento de reparação de desafeições pessoais.

Os que não exerciam diretamente estes poderes, embora concentrassem poder econômico, estavam intimamente relacionados com quem os exerce. Isso influenciou a direção tomada por boa parte das ações de recrutamento para a Guarda Nacional e, anteriormente, para as milícias ou ordenanças. Os que tinham condições de arcar com as custas judiciais de processos tiravam proveito do trânsito indiscriminado de animais por terrenos alheios, quase nunca cercados, para levantar acusações de furto contra um desafeto (ACi. APESP, ordem 3376, 1827).[7]

Brasil, contudo, deve ser entendido como um clássico elaborado num momento específico da história do Brasil Republicano, marcado por crise política e econômica interna e externa, que gerou a desagregação de antigas estruturas oligárquicas e a emergência do Estado corporativo (Cf. Holanda, 1991, p.109).

7 Thompson (1987) afirma que as autoridades não usam seu poder só para defender os interesses de *uma classe, mas para realizar suas vinganças pessoais.*

Os populares também manejavam o recurso da intriga pessoal, inspirados pelas prisões arbitrárias e de cunho personalista de que eram vítimas. Num contexto de intensa efervescência política, os que estavam alijados do poder se apropriavam da intriga pessoal para vinganças miúdas do cotidiano, invocando o nome do governo num momento no qual muito se falava sobre as instituições políticas.

Um ajudante juntou dez pessoas para prender um porteiro e carroceiro e seu irmão, meirinho de campo. Ambos estavam na casa do alcaide, quando foram surpreendidos com a chegada destes homens, invocando o nome do governo, "por intrigas que eles tinham" (PJ, ordem 313, 1818).

Situações assim evocam o histórico caráter arbitrário e autoritário da sociedade, pois as elites dirigentes, no âmbito local e da Corte, se posicionaram nos postos públicos com sentido doméstico, de modo que leis ou regras foram devidamente ajustadas ao círculo familial, vicinal e personalista, gerando reações como a de um juiz de paz cujo escravo fora cortar madeira nas matas fechadas de um senhor de chácara. Revidando a repreensão que seu cativo recebera, foi até a porteira da chácara com dois parentes e mais quatro escravos, todos armados de porretes e foices, para desafiar seu proprietário. Gritava o juiz que iria ensiná-lo a conhecer a lei e fazer respeitar a sua autoridade, ameaçando-o, ainda, com cadeia.

Emblemático é que o próprio proprietário da chácara alimentava a expectativa de que o cargo de juiz dava liberdade de atuação irrestrita a quem o ocupava, estando, portanto, acima do bem coletivo, pois, na sua fala, teve a preocupação em dizer que "conhecendo que o escravo era do juiz de paz, não usou do direito que a lei lhe [dava] e por bons modos representou-lhe que sendo a propriedade sua porque razão não lhe veio pedir licença para tirar madeiras" (PA, 1832). O contexto era de amplo curso dos referenciais de cidadania, legalidade e constituição, mas nas sociabilidades locais estes recebiam um timbre pessoal e familiar.

A lei era compreendida no âmbito pessoal. Os segmentos que ocupavam postos de poder, portanto, agiam autoritariamente, mas os segmentos abaixo ou fora destes postos, tivessem posses ou não, traduziam a lei como castigo e como algo não aplicável às próprias autoridades, o que contribuía para alimentar ainda mais o autoritarismo das elites e difundi-lo nas pequenas hierarquias cotidianas.

Os que ocupavam cargos de mando se acostumaram ao arrogo de poderes ilimitados, já que a posição confundia-se com a casa, na qual era franqueada a entrada daqueles que gravitavam em torno da órbita de sua confiança e travada a porta para os que estavam, por várias razões, fora desse círculo. Formados sob a noção do senhorio, afinal tratava-se de fato de uma sociedade senhorial, se atribuíam amplos poderes de legislar, mesmo sobre a vida das pessoas, especialmente dos subordinados, como fez um comandante da guarda da Sé (DE, E1493, 1842).

Violenta e autoritária era a dependência moral que, em certas situações, acuava os segmentos mais humildes, obrigando-os a atitudes que os faziam perder o mínimo que tinham conquistado. Num processo por posse de terreno, um dos contendores descreveu como o pai fora obrigado a passar papel de venda da terra onde vivia: um dos que a cobiçavam,

> valendo-se da amizade e compadres e nimia intimidade que tinha com o capitão Salvador Pires de Oliveira Mendes, mandou chamar a sua casa o pai ... e constranger este a passar o escrito ... o que com facilidade o conseguiu o dito Salvador Pires, por ser o capitão daquele distrito e de cuja companhia era soldado o pai ... e portentoso e por isso respeitoso, servindo-se da mesticidade, acabrunhamento, humildade e animo [sic] simples do pai ... que sucumbiu à passagem do dito escrito, receoso e temeroso do dito capitão... (ACi, ordem 3399, 1821)

A hierarquia fazia da posição de maior poder e prestígio meio de dominação, e era fartamente utilizada não só por quem a ocupava, como por aqueles que giravam ao seu redor através da intimidade e dos parentescos fictícios. A necessária ligação dos bem menos abastados com as elites da cidade era ambivalente, porque se em certa medida aqueles se serviam dos favores destes, como trabalho e proteção, por outro lado ficavam sujeitos a seus desmandos e autoritarismos. Em muitas situações se viram obrigados a ceder, em virtude da obrigação moral, para só num segundo momento recuar da atitude tomada.

No caso citado, foi preciso uma geração para que o filho reconhecesse "estar roubado com semelhante e tão clandestina manobra ... de que era espoliado e achando não dever perder o que legitimamente era seu, recorreu ao Exmo. Sr. Gov. e Capitão Provincial ... Franca e Horta" (ibidem). Embora manipulando uma infinidade de meios de resistência à dominação, os segmentos menos favorecidos foram submetidos a um histórico e violento processo de espoliação respaldado numa formação cultural fundada no plano doméstico, na qual o público aderiu ao privado. Cargos e posições foram domesticamente assumidos e desta maneira emanavam suas ações, incubando tensões e prorrogando confrontos.

Sociedades inigualitárias e hierárquicas, como a brasileira, têm sua malha social entrecruzada incessantemente por ações autoritárias, não só por parte das elites dirigentes, mas por aqueles que ocupam algum tipo de posição que lhes fornece o mínimo poder sobre outros, fermentando um quadro de tensão em contínua iminência de explodir em violência.

Demonstrações de autoritarismo geravam pequenos confrontos cotidianos, como as de um juiz que determinou a um sexagenário, que ocupava "os cargos da República", "serviços próprios de homens peões, como pegar e conduzir animais bravos". Indignou-se o homem, dizendo que tal serviço não era próprio de suas funções e forças.

Solicitando dispensa da tarefa, não foi atendido. O juiz ainda desatendeu-o, "injuriando-o, e infamando-o em altas vozes de palavras as mais indecorosas, causando por isto um público escândalo", desabonando e desacreditando sua pessoa (ACi, ordem 3671, 1814-16). A apropriação doméstica e personalista dos cargos de mando legitimava e alimentava um temperamento autoritário, que se propagava em ações impositivas, impulsivas e dominadoras, independentemente da camada social. Variavam, sem dúvida, seu campo de ação e sua intensidade, já que as elites dirigentes, à diferença de um funcionário público local, possuíam muito mais poder de influência, decisão e recursos relacionais e econômicos que as imunizavam das cobranças jurídicas legais.

O sentido privado atribuído à função pública acostumou os que a assumiam, fosse no âmbito local, provincial ou nacional, arrogar-se poderes dilatados. Tal costume, contudo, vem historicamente confrontando-se com forças de oposição, como demonstra a decisão de um cunhado de um comandante de polícia, preso arbitrariamente pelo subdelegado, que procurou a justiça, acusando este de ter "infringindo a constituição e mais leis que garantem a liberdade individual, permitindo prender somente em flagrante" (ACi. APESP, ordem 3682, 1847).[8]

Ao aderir à noção de público, o privado gerava situações corriqueiramente miúdas, mas de forte autoritarismo, como a de um subdelegado que segundo a linguagem corrente na época, era puro "despotismo". Ordenava que seus subordinados exercessem funções fora de suas áreas de atuação, preferia "destratá-los publicamente", submetendo-os a prisões sem razão aparente.

Como entre os segmentos dirigentes existem densas redes de solidariedade mútua, com finalidades específicas, com o intuito de manter e fortalecer seu poder, o subdelegado conseguia amplo aval do delegado, que o defendia com argumentos familiais: "o subdelegado morou na minha casa e na minha companhia perto de vinte anos, servindo-me de caixeiro ...". Este vínculo doméstico pode tê-levado àquele posto.

Tais vinculações eram marcadas por estados latentes de tensão, pois se apoiavam na expectativa de cumprimento de certas regras moral-afetivas. Isso explica por que as recolhidas da Luz, desejando fechar uma passagem ao lado do convento, primeiro enviaram uma carta ao capitão da vizinhança pedindo que ele tomasse a providência.

---

8 Já foi visto que a apropriação da noção de lei, direito, constituição obedece a critérios pessoais e familiais. A violência dirigida a um indivíduo pode atingir o grupo ou a família, levando-os a manipular a linguagem da justiça com este sentido.

Advertiam que não fechavam para que ninguém pensasse que havia desavenças entre eles, "sendo certo que a casa era muito obrigada com ele pelo muito que lhes favorecia". Assinava a regente como "muito devedora e obrigadíssima" (AP, 1830). Cumpriam assim, uma regra do convívio doméstico, não tomando à frente numa decisão que cabia a alguém a querer muito deviam moralmente.

Estes vínculos e dependências moral-afetivos, contudo, eram essencialmente hierárquicos. Senhores tinham seus cativos, principalmente no meio urbano, como filhos ou como pessoas da família. Estes, por sua vez, viviam metidos pelos interiores da casa, devassando cada detalhe da vida íntima de seus senhores e senhoras, misturados aos brancos livres em festejos e procissões, pátios e pontes, de modo que qualquer observador mais descuidadamente otimista pensaria estar numa sociedade igualitária, democrática e desprovida de tensões.

Senhores pobres tinham consciência da posição que ocupavam na hierarquia social e, se viviam metidos em solidariedades, favores e cumplicidades com seus cativos, era acima de tudo numa perspectiva hierárquica. Exemplar é o caso de um casal de senhores que vendeu uma carta de liberdade a um seu ex-escravo por 70$650. e sob duas condições: o forro deveria pagar a quantia restante do valor da carta a uma mulher, do bairro de Santana, credora do casal, por serviços prestados. Esta mulher, na verdade, era casada com o forro. Outra condição era que deveria acompanhá-los até o fim de suas vidas e para tanto davam "faculdade ao dito escravo para plantar somente nas terras de [seu] sítio para sustentar sua mulher e filhos".

Acontece que com o falecimento da esposa o senhor vendeu parte de seu sítio e foi hospedar-se com seu filho, em Conceição de Guarulhos, por dois meses. Depois disso, passou para a companhia de um preto liberto ferreiro. Inconformado, o forro dirigiu-se ao Corregedor da Comarca para trazer novamente para junto de si seu antigo senhor. Contudo, este revoltou-se e recusou-se, dizendo "que depois de ser senhor não podia ser criado" (ACi, ordem 3673, 1822).

Dependências morais também eram hierárquicas, relativamente sólidas, pois sempre podiam desfazer-se em situações de confronto cotidiano.⁹ Ilustrativo é o caso de um soldado que saiu em defesa da mulher de um vendeiro agredida por um escravo que entrou nervosamente aos berros em sua venda. O soldado empurrou-o ao chão e em seguida levou-o à presença de sua senhora, que prometeu jurá-lo. Antes, ao cair ao chão, o escravo disse ao soldado "que com aquilo lhe negava o tempo que o servia quando estava preso" (ACi, ordem 3673, 1821). O soldado, além de homem livre, ocupava uma posição de poder na cidade, ou seja, o poder de polícia. Tinha, de fato, uma antiga dependência moral com o cativo, mas no momento do conflito optou em sair a favor de alguém livre como ele, evidenciando o caráter hierárquico da sociedade.

Vínculos de amizade entre livres e escravos, contudo, punham em funcionamento constantes trocas de favores, como quando um furriel e um outro livre contaram com a cumplicidade de um escravo para roubar o tio do primeiro; em ajustes de ganhos e negócios; quando depositários "mancomunavam-se" com escravos ou escravas que tinham guarda provisória, para tirá-los de seus reais senhores (ACi. APESP, ordem 3674, 1823).¹⁰

Hierarquias também eram estabelecidas entre os livres, gerando manifestações de tensão. Um soldado, amigo do subdelegado, estando em casa deste, "aproveitou a ocasião para pedir o pagamento" ao seu comandante de certa quantia que este lhe devia. A resposta imediata que recebeu, na presença do subdelegado, foram "injúrias,

---

9 Num estudo fundamental, as fidelidades pessoais compunham uma base institucional mínima a suportar contatos instáveis. Precárias e transitórias eram as relações de dependência, e permitiam a consciência do dominado de transgressões virtuais aos costumes. "Essa noção substitui a passiva imagem da imutabilidade sagrada dos compromissos, rompidos que foram justamente pelo lado respeitado como superior." A autora se remete à relação senhor *versus* agregados e camaradas, situando-se, portanto, no meio rural. Contrariamente, tenho me remetido ao ambiente urbano e percebo a vulnerabilidade da instituição pessoal e, portanto, dos laços de dependência nas relações verticais e horizontais (cf. Franco, 1983, p.100-1).

10 Cf. também o caso de um caipira que ajustou com um escravo da Fazenda Nacional a venda de suas galinhas na cidade (ACi. ordem 3675, 1825-27; ACi. APESP, ordem 3677, 1830).

qualificações afrontosas, como a de ladrão". O soldado, depois de retirar-se foi acometido com agressões físicas pelo mesmo comandante. Acontece que o subdelegado, no exercício de sua obrigação, não efetuou o corpo de delito na vítima, nem no dia em que a agressão ocorreu, nem quando ela retornou com o mesmo pedido, três dias depois. No dia do ocorrido, o subdelegado prendeu a ambos, porém o agressor foi levado para a casa do genro do subdelegado e o agredido conduzido preso pela escolta. Neste caso, mesmo os vínculos de amizade entre o soldado e o subdelegado não atenuaram hierarquias, de forma que o militar superior, mesmo sendo o agressor, saiu favorecido (ACi. APESP, ordem 3915, 1850).[11]

Laços de dependência não eram frágeis apenas por questões hierárquicas. Como se tratava de uma sociedade de diretrizes familiais-domésticas, decisões e atos tinham de pender para um lado da relação, implicando o esgarçamento do outro, quando se tratava de prestar um favor. Assim acontecia nas negociações de assassinatos, quando os incumbidos de tal tarefa tinham ligações moral-afetivas tanto com a vítima como com quem planejava o crime.

Num caso destes, um senhor apalavrou três outros, que viviam de favor nos baixos de sua casa, sem pagar aluguel, para matar seu cunhado. Dois regatearam o quanto puderam e somente o terceiro recusou incisivamente. O primeiro "não lhe deu resposta decisiva... panteando [zombando] haver se ele se desenganava"; ao constatar que não adiantava, o "desenganou violentamente, que não fazia semelhante coisa e o devaneceu [meditar vagamente] que se deixasse disso". O segundo chegou a ir ao local do crime, mas ao "pegar... na pistola levantou a carculeta, sem que o dito João Paes percebesse, e caiu a escova e então ele... disse... que a pistola estava desescovada". João Paes, então, lhe deu dinheiro para comprar pólvora. Foi e não voltou mais. No dia seguinte, ao encontrá-lo, "se desculpou" e nas outras três vezes em que foi convidado para matar o cunhado

---

11 Não foi possível saber a patente deste militar. Cheguei à conclusão de que era superior porque em certo momento de seu depoimento confessa a rixa entre ambos, por já ter mandado prender o soldado, em outra ocasião.

concordou em ir, porém em todas faltou (AC, ordem 6377, 1830). Os três titubearam em desagradar João Paes, evitando romper abruptamente os laços que os prendiam, já que estavam em jogo dependências morail-afetivas.

Código de bem viver

Nas relações sociais na cidade vigorava um código de conduta que qualificava a moral, delimitava regras, obrigações e sanções costumeiras, com base nas noções familiais e vicinais. Por meio desse código os menos abonados agregavam-se aos mais abonados, favorecendo-se do princípio da proteção filial, até quando durasse a relação. Um fiscal não conseguia arredar um pardo arranchado numa passagem. Julgava-o "protegido" do juiz de paz, pois a "mulher do dito pardo [era] sua comadre, que batizou uma filha do dito juiz de paz", e ele dizia "que nada se [fazia] sem que ele [decidisse] na sua audiência" (PA, 1832).

Esse código de conduta pautado por princípios familiais e vicinais alimentou personalismos, arbitrariedades e favoritismos pessoais. Permeabilizou-se aos conceitos de lei, direito, justiça e constituição em formação. Como conseqüência, as determinações de interferência no espaço público, inaugurando um processo civilizador da mobilidade e do desenho público, traziam exceções pessoais, como as da freguesia da Sé, na qual se lia: não consentirão depois do toque de recolher pessoa alguma parada na rua em qualquer lugar, "e só consentirão neste estado pessoas muito conhecidas e inteiramente fora de suspeita ... aos mais darão ordem que se recolham ..." (FP, 18.3.1829).

Os critérios para definir pessoas fora de suspeita eram pessoais e hierárquicos. Um coronel dificilmente seria suspeito parado num beco escuro, a não ser nos rebeldes tempos de movimentações liberais. Uma negra perambulando pelas ruas, suada pela ardência do sol, em arranjo de seus negócios ou um grupo de moleques esquecidos da vida em torno de uma fonte d'água seriam quase sempre, na fala oficial, potenciais perpetradores de desordens e crimes. Com o tempo, tais exceções pessoais seriam assumidas tacitamente, dispensando o registro na lei.

O vigor com que a família, como valor e sentimento, e o plano doméstico impregnaram a cultura e as relações sociais na América portuguesa, prosseguindo no Império, além de ter condicionado a formação de uma sociedade personalista e autoritária, ergueu os pilares de um código de conduta que demarcou regras de convívio, expectativas de comportamento e a moral. Elaborou mesmo, uma justiça costumeira e informal, aplicada conforme as prescrições do meio social a que se pertencesse.

Este código de conduta foi formado sob influência do plano doméstico, da família como valor e sentimento, perpassando, matizadamente, as relações sociais, constituindo, historicamente, de alto a baixo, princípios que mediavam o convívio. Reajustou-se às esferas sociais, políticas, econômicas e culturais. Propagou-se, ainda, com tenacidade mesmo num meio de sedimentação dispersiva e relações provisórias como o da província e capital paulista. Talvez até mesmo pela característica provisória das relações, os princípios deste código fossem a base fundamental do "equilíbrio vital", viabilizando o trabalho, o morar ou pousar, o curar, a proteção, o exercício da religiosidade e o divertimento.

Não somente as elites, mas principalmente os segmentos populares foram os que mais intensamente compartilharam os princípios deste código, já que submetidos a uma infinidade de imprevistos e carências materiais que os impulsionavam com mais tenacidade aos socorros mútuos. Por essa razão, a aflição tomou conta de um dos contendores numa briga: "pois não hei de estar aflito com um bofetão que me deu o Bento da Penha, sendo meu amigo?" (Q, ordem 6019, 1803-1831).

Em boa parte dos autos-cíveis e crime, réus e vítimas chamavam a atenção para o fato de que entre eles "nunca houvera inimizade". Quando confrontados nos tribunais, não era raro desistirem das demandas, diante do amortecimento dos rancores nos princípios da amizade (AC, ordem 3672, 1818; ACi, ordem 3682, 1848). Quando dois galés planejaram fugir, um deles fiou-se na amizade que tinha com soldados de linha (AC, ordem 3915, 1850).

O processo de realinhamento dos terrenos urbanos na capital, com o fechamento de becos, passagens costumeiras e a implantação de divisões, ocorreu, em grande medida, pelo uso dos vínculos de amizade dos que tinham melhor posição econômica e prestígio local, para arredar os pobres dos domínios que lhes interessavam. A amizade com um capitão, um juiz de paz ou alguma autoridade da Câmara poderia garantir uma venda forçada de terreno ou o levantamento de uma cerca (ACi, ordem 3399, 1821).

Para os de menos recursos, elos de amizade com um potentado poderiam ser a garantia de um teto para viver e uma porção de terra para plantar, como ocorreu com um casal. O texto do título de doação de terra previa que poderiam "viver ali enquanto a sua vida irem toda sua família trabalhar e plantar como suas próprias".

Estes papéis informais, muitas vezes escritos de próprio punho, escoravam-se em vínculos moral-afetivos e de amizade que iriam ser motivo de muita tensão e conflito num cenário de redefinição de limites e intensificação da vida econômica da cidade.

Posteriormente, os concessores do título de doação venderam seu terreno para um capitão que não concordou com a permanência do casal favorecido, movendo-lhe demanda judicial para sair (ACi, ordem 3407, 1839). Havia, portanto, um código de conduta mediando a questão da posse de terrenos, e seus princípios – amizade e dependências moral-afetivas –, embora agregassem e favorecessem, traziam embutido um teor conflituoso. O casal, de fato, se favoreceu da amizade com seus concessores, mas num contexto de posses provisórias ocupou um terreno potencialmente propenso a novo senhorio, que não necessariamente reconheceria seu título de doação e posse.

No que diz respeito à questão dos terrenos urbanos, a ressonância dos princípios de amizade promoviam, portanto, a filiação entre os segmentos dotados de cabedais contra os mais humildes, para subtrair-lhes uma posse costumeira, e destes com aqueles, em certas situações, para a obtenção do direito de uso de um terreno.

O princípio da amizade também orientava a solução das miúdas demandas cotidianas, horizontais ou verticais. Foi em nome dele que um alferes mandou chamar um caipira, que tranqüilamente carpia sua roça, para pagar a quantia que devia ao reverendo padre. Como não dispunha do valor que devia, justou um outro negócio com o alferes e ficou combinado que estaria pago (ACi, ordem 3682, 1842).

Os elos de amizade verticais também eram para os mais humildes uma forma de atenuar punições emanadas das esferas normativas. Foram a *conhecença* e a amizade de um escravo com um inspetor de quarteirão que evitaram a sua prisão quando se envolveu numa briga, com arma de ponta – uma tesoura –, com um indivíduo livre, na rua do Rosário. No mesmo dia, o escravo jantou na casa do inspetor, algo que contribuía para reforçar seus vínculos afetivos e compromissos morais. Como disse o escravo ao inspetor:

> venho lhe agradecer o favor que me fez ontem, porque eu não sou um preto malcriado, que não saiba respeitar os brancos e por isso me perdoe se lhe disse alguma palavra que ofendesse, mas se vossa mercê não fizesse o que fez, eu decerto tinha jurado processo.

Estes vínculos e não o poder de autoridade levaram o escravo a interromper a agressão que empreendia contra seu contendor, quando ordenou o inspetor.

Existia, de fato, um código de conduta familiar e doméstico que teia reciprocidades verticais mas não apagava o teor tensamente hierárquico das relações sociais. Como no caso de um forro que, por maior cumplicidade que tivesse com o filho de seu ex-senhor, emprestando-lhe seu cavalo,[12] contando com sua ajuda para matar bois

---

12 Emprestar o cavalo era uma grande demonstração de estima, já que o animal encerrava vários significados em termos morais e de cortesia. Segundo Câmara Cascudo era distinção notável o empréstimo a um amigo ou visitante ilustre (cf. Cascudo, 1998). Entre as possíveis razões para uma contenda com agressão física entre dois estudantes, uma era o pedido não atendido de empréstimo do cavalo, "sem uma razão satisfatória". A quebra deste princípio de estima e amizade criou um clima de bastante animosidade por parte do agressor (cf. AC, ordem 3913, 1848).

de sua criação e tendo-o como credor na compra de um outro cativo, que deu a seu pai para ficar "livre do cativeiro", ainda continuava sendo dado pelo rapaz no seu rol de bens, levando-o a entrar com demanda judicial.

Além da amizade, a confiança era outro princípio recíproco e fundamental no exercício desse código. Uma confiança que dispensava papéis e fiadores, bastando a palavra empenhada, o fato de se conhecer há muito, de já se ter feito negócios, de ser filho de um compadre ou amigo. Foi a relação de "irmãos por consideração" que fez um negociante embaraçar-se com a justiça, ao adquirir um mulatinho posteriormente reconhecido como livre. Dissera-lhe o irmão por estima que o havia comprado nas bandas do sul e "o vendia porque tinha falta de animais para o giro que tinha de fazer a fim de receber uma herança". O negociante deu pelo mulatinho dez bestas e "não se fez entrega de nenhum título" (AC, ordem, 3903, 1850), ficando tudo na confiança.

Esse sentimento fermentava nas frestas da convivência doméstica, como mostra o que aconteceu com o avô de um capitão, que depositava toda a confiança num "carijó do gentio da terra", casado com uma sua mulata. Cabia a ele ir à paróquia fazer os batizados, enterros e casamentos dos escravos. Contudo, lançava nos assentos dos livros não só seus filhos, como seus afilhados, filhos de escravos e "todos aqueles que ele podia, mesmo sem ser padrinho". Isto estava trazendo problemas com o capitão, porque os descendentes destes escravos estavam tocando para a frente este caso e reivindicando a condição de livres (ACi, ordem 3680, 1835).

Foi sob a confiança creditada ao subdelegado e sua mulher que um padre, "não receando da sua sinceridade e boa-fé", passou-lhes os títulos de sua morada e sítio de recreio. A confiança derivava de o padre homiziar-se na casa do subdelegado, em virtude da "rebelião de Sorocaba" e das agitações liberais do período. A própria autoridade convenceu o padre a passar-lhe os títulos, advertindo-o que com a perseguição empreendida contra os rebeldes todos seus bens podiam ser seqüestrados. Acontece que ao findar o clima de tensão o subdelegado não lhe devolveu os títulos, alegando "seu legítimo e verdadeiro domínio na referida casa e cercado" (ACi, ordem 3376, 1847).

Pelos princípios de um código de conduta doméstico podia-se esconder um rebelde, pertencente ao círculo vicinal e afetivo, na própria casa, mesmo correndo-se o risco da acusação de cumplicidade e omissão de informação. Mas a intimidade exacerbada, com as vidas em quase completa simbiose, também esgarçava os domínios de cada um, levando à apropriação da coisa alheia e a muito desentendimento.

Como se vê, o ritmo da vida na capital não era o de uma comunidade. Sua geografia de caminhos e trânsito ininterrupto de tropas e mercadorias teimava em não deixar sua rotina cair na modorra de um vilarejo. Mas as cumplicidades, assim como as dos moradores de uma comunidade, amarravam moradores e passageiros por laços afetivos, vicinais e de amizade.

Tinham necessidade de tudo saber da vida de um e outro, até como demonstração de estima e confiança. Contar um segredo de si ou alheio evocava estes sentimentos, princípios fundamentais num código de conduta familial-doméstico.

Muitas práticas e usos conspiravam para essa cumplicidade quase forçada: a janela treliçada, as rótulas, os largos parapeitos das janelas, convidando a permanências demoradas, a mantilha, que ainda persistiria disfarçando o olhar indagador das senhoras mais humildes, fazendo-as sabedoras de tudo o que a vista e o ouvido conseguiam alcançar. Aos homens, as abas largas dos chapéus pendendo sobre a face permitiam-lhes tudo ver, confundindo o observador.

O apego aos sentidos ganhou força com o histórico exercício das cumplicidades. Sob a opacidade dos lampiões de azeite aprenderam a reconhecer o outro pelo cheiro, pela voz, pelo barulho dos passos, pelo modo de pigarrear, pelo farfalhar do poncho ou da saia. Um estudante surpreendido pelas bengaladas de outro "não tinha dúvida quanto a seu ofensor ... conheceu o modo de andar, os trajos e a fala, quando disse: – é agora filho de tal ..." (AC, ordem 3913, 1848).

Conhecer o outro dessa maneira implicava aguda observação, convívio intensamente estreito e, por isso, cúmplice. Por saber da vida de uns e outros, às vezes até os detalhes inconfessáveis, terminavam por munir-se de argumentos pessoais que poderiam ser usados em episódios de conflito.

A organização da vida em diretrizes de cumplicidade fazia que portas não parassem fechadas, portões e fechos inexistissem nos quintais, valos tivessem dimensões e profundidades imperceptíveis. Tais costumes facilitaram a introdução de um estudante agredido por "alguma das casas da rua do hospital" (ibidem). Em contendas, é surpreendente perceber, pela leitura dos documentos, como os agressores penetravam sem dificuldades nas casas de seus alvos, sobressaltando-os com tapas, bofetões e o que servisse para a agressão. Se alguém não compartilhava esse hábito, logo despertava suspeita.

Numa ocasião, três pessoas foram denunciadas como suspeitas de conduzir fábrica de cunhagem de moeda falsa. A suspeita veio de um denunciante: "e que a sua suspeita sobre tais pessoas nasceu somente de uma delas lhe não abrir a porta em ocasião de comprar um pão" (OC, ordem 870, 1834).

Cúmplices exacerbados eram os dois estudantes que se desentenderam numa república, moradia coletiva dos acadêmicos geralmente em casas próximas ao Pátio São Francisco. O estudante agredido confessava já ter se dado muito com o agressor: "a ponto de ser seu hóspede e utilizar-se por tempos da casa, mesa e mais objetos dele". Contudo, depois de certo tempo tornou-se "político" – formal –, atitude que atribuía ao fato de ele e um amigo "não consentir ... em algumas coisas que não eram muito de seu agrado". Além disso, "tendo ocorrido uma briga entre um cadete ... e vários outros ... inclinara-se a favor dos adversários de seu agressor ... chegando a declarar os seus sentimentos a alguém".

O princípio da cumplicidade criava obrigação de concordância mútua e de ser sempre aliado. Desnorteava, contudo, os limites de cada um, e era causa da emergência de conflitos. Se entre os segmentos mais favorecidos, residentes nos poucos sobrados da cidade e nas muitas chácaras dos arredores, tais cumplicidades eram forçadas em tetos sem forros e portas larguíssimas, entre os populares aconteciam nos contatos externos, face a face.

Ao se recusar a continuar jogando, um indivíduo foi perseguido por filho e pai armados. Tomaram como ofensa sua desistência, já que estavam havia horas apostando. O estar junto traduzia-se em quase obrigação, nos divertimentos e sociabilidades, desandando em rusga quando desfeito.

A intimidade da casa era facilmente transplantada para a venda, acontecendo diante de outros, o que favorecia desentendimentos. Bento Gonçalves saiu da freguesia da Penha para receber "um pouco de dinheiro" de uns negócios seus "na casa e armazém de Joaquim Manoel ... na rua do Chafariz". Acontece que o filho de Manoel José, que estava também no armazém,

> entrou a querer baralhar o dinheiro que [ele] estava recebendo e contando e sendo advertido ... que não o atrapalhasse, pediu-lhe queria beber e ... pelo o acomodar lhe deu quatro vinténs e porque queria mais, disto se originou rixa entre ambos, de maneira que [o filho e Manoel] puxou uma faca de ponta a [ferir-lhe].

No interrogatório disse que baralhava o dinheiro de Bento "pela confiança e amizade que com o mesmo tinha" (Q, ordem 6019, 1803-1831). Era como se a cumplicidade entre ambos autorizasse todo tipo de brincadeiras e debochas.

A convivência numa intensa parceria, sempre para dentro das portas de uns e outros, ao ofuscar os limites de cada um, confundia as noções de "meu" e "seu". Foi o que aconteceu na negociação de um escravo de um senhor falecido. Posteriormente, tal negociação foi contestada pela mulher deste senhor. Dizia que quando o escravo subira a serra com quem o vendera, "não foi para o vender e nem como vendido". Na realidade, o que unia os opositores, neste caso, era uma relação de compadrio, de forma que o compadre arrogou-se a condição de senhor do escravo, já que seu compadre havia falecido. Nas palavras da comadre: "grande admiração me causou o dizer meu compadre ter comprado o escravo José de meu marido, pois semelhante coisa nunca sucedeu". Cumplicidades intensas, costuradas por extrema confiança, podem ter levado o responsável pela venda do escravo a tomar conhecimento da inexistência de papel de propriedade deste cativo, pois seu antigo senhor, de Limeira, não o passou para seu compadre, tendo ocorrido negociação na base da confiança. Talvez por isso, tenha forjado um, no qual estava escrito que o comprara "na mão" de sua comadre. Lamentava esta: "nunca pensei que um compadre fosse capaz de pôr em dúvida o caráter e honra de meu marido e muito menos a minha, pois devia ser mais agradecido aos favores que de nós sempre recebeu" (ACi, ordem 3682, 1847).

Este mesmo tenso princípio da cumplicidade orientou a formação de uma sociedade mercantil de armazém de molhados, ferraria e oficina de seleiro. Nenhum contrato foi feito inicialmente, funcionando apenas pela confiança. Posteriormente, um dos sócios arrogou-se a tarefa de escrevê-lo, "sem que ainda tivessem acertado nada". O outro sócio indignou-se e empreendeu demanda judicial: "é quando se apresenta o mesmo Guedes com um livro e nele escriturado por própria letra um artigo que diz convencionados entre ele e o suplente, sem que nunca isso o suplente interviesse e ainda com a firma do suplente", que acusava ser falsa e arranjada pelo sócio (AC, ordem 3915, 1850). Como a firma funcionou por um longo período sem contrato, um dos sócios, possivelmente fiando-se na amizade no compadrio e em compromissos morais, sentiu-se na liberdade de escrevê-lo.

Compromissos morais previam uma infinidade de gestos, da comida à bebida, do trabalho à diversão, do dizer "não" a custo, negaceando e procurando não desagradar, da ajuda mútua nos mais diversos aspectos da vida. Tais gestos eram implicitamente sabidos, tanto que podiam ser cobrados, como fez um escravo agredido por um soldado, relembrando-o do tempo em que o servia quando estava preso (ACi, ordem 3673, 1821).

Se horizontalmente estes compromissos eram intensos, verticalmente também o eram. Um forro, por exemplo, não saía da casa de seu ex-senhor, para seu filho "não ser puxado para soldado" (ACi, ordem 3670, 1811-13). Neste caso, iria ele em seu lugar, demonstrando a intensidade da estima e do afeto que os unia. Mas senhores depositários podiam "mancomunar-se" com os escravos que mantinham como depósito contra seus legítimos senhores. Por razões econômicas, mas também afetivas, o que mostra as ressonâncias deste código de conduta que, ora agregava, ora opunha, horizontal e verticalmente.

Talvez mais infindáveis fossem as obrigações morais e os compromissos entre parentes – fictícios, por consideração ou consangüinidade. O denunciante de um assassinato justificava-se a denúncia "por estar convencido" dos autores do crime, "apesar de seu próximo parentesco". Era como se o compromisso moral-afetivo entre parentes implicasse a omissão (ACi, ordem 3682, 1842).

Demandas eram assumidas em conjunto com membros da família ou com seus escravos. A relação de vizinhança os estreitava ainda mais, inserindo-os num cumprimento e numa observância rígidos dos princípios de um código de conduta doméstico. Costumeiramente, parentes dividiam o mesmo terreno, no qual criavam seus animais, gado vacum e cavalos (ACi, ordem 3972, 1818). Pelos animais, apertavam seus nós familiares e suas dependências morais.

Este código de conduta doméstico forneceu as diretrizes da própria constituição do trabalho livre, agregando-o aos laços de amizade. Um dos interrogados sobre a movimentação liberal de 1842/43 confessou que a "amizade" dele com um dos suspeitos de agitar as tropas nos quartéis da cidade "nascia de que este tinha empregado um seu irmão em tropas de seu negócio" (P, ordem 2442, 1843).

Um outro contou com a proteção do subdelegado, por ser camarada de um genro seu. Quando preso, foi conduzido até sua casa, em vez de ir para a cadeia, "porque ambos [eram] muito amigos" (AC, ordem 3915, 1850). Amizade e família amalgamavam-se numa sociedade na qual o trabalho não surgiu como algo formal e sistemático. Fora dos grandes domínios rurais, com plantéis de escravos a perder de vista, as relações de trabalho livre entre senhores remediados e entre os próprios pobres obedeceria a esse critério.

O mutirão,[13] forma de trabalho coletivo combinado à sociabilidade festiva, reajustou-se ao longo de décadas, com base nos elemen-

---

13 O mutirão é uma forma de trabalho livre e coletiva que se associou, silenciosamente, ao sistema escravista das propriedades rurais médias e pequenas das zonas cafeeiras de São Paulo (cf. Moura, 1998).

tos importantes de um código de conduta doméstico, como a amizade, a dependência e obrigação moral-afetiva. Mesmo entre os oficiais de patente, a elite da cidade, o mutirão era recurso amplamente empregado para limpar um terreno, colher uma roça ou dar andamento às demandas pessoais. Muitas vezes associavam-se a escravos.

Quando um capitão e um tenente chamaram conjuntamente a posse de um terreno, um deles levou consigo várias pessoas, "com instrumentos de agricultura ... levou escravos seus, de seu irmão, de seu genro e ... também levou o tambor ... para fazer espertos e alegrar os negros". Mais adiante, afirmou que "usava o tambor para marcar o princípio e o fim do serviço" (AC, ordem 3670, 1813).

No seu interrogatório, o tenente apontou o costume do mutirão entre as próprias elites locais, que recorriam, num meio de escravidão rala, ao princípio da reciprocidade familial para reunir os escravos de que precisavam para seus serviços. Participavam do ambiente de trabalho, manipulando recursos de uma prática popular como o mutirão, ou seja, não deixavam de levar o tambor, que tanto podia marcar o início e o fim do serviço como acompanhá-lo com batuque e cantoria animadores. Elites locais também entendiam o trabalho na perspectiva de um código de conduta doméstico.

Um outro capitão fez uso do mesmo recurso do mutirão, agregando "vários escravos e negros (pretos) muitos não eram seus: libertos da Vila de Parnaíba" e escravos de vários conhecidos. Na realidade este não foi um mutirão propriamente de trabalho, mas para empreender desforra contra a roça de um inimigo, arrancando o milho que ainda espigava (AC, ordem 3672, 1817). Interessante é perceber essa mobilização dos segmentos de posse em torno de uma instituição antiga, costumeira e tida como recurso essencial de ajuda mútua entre as populações pobres rurais.[14]

Como o trabalho era exercido segundo os princípios de um código de conduta doméstico, envolvia, em muitas situações, a visita vi-

---

14 Era comum o mutirão entre os caipiras dos arredores da capital, mobilizando vizinhos e seus escravos, quando os havia, para o arrancamento de mandioca (cf. ACi, ordem 3677, 1834).

cinal, não só para negociar, mas também quando se estava de passagem. Um soldado da Penha que vinha para o destacamento, no caminho demorou-se na casa do subdelegado, porque o conhecia havia muito tempo. Como neste dia fora dispensado do serviço, na volta resolveu parar na casa do alemão João (AC, ordem 3915, 1850). Havia uma população pequena de imigrantes alemães na cidade, concentrados em Santo Amaro, mas também pulverizados pelas várias freguesias que tenderam a compartilhar os princípios de um código de conduta doméstico, reelaborando, assim, seus valores culturais.

O compromisso das visitas vicinais era poderoso meio de fortalecimento dos elos necessários para o equilíbrio social e material no meio, embora não anulasse hierarquias e a intrínseca tensão das relações. Homens e mulheres não deixavam de visitar-se: um caipira que veio à capital negociar umas aves "pousava na casa de seu primo, no Barro Branco" (ACi, ordem 3675, s.d.). Posteriormente, as elites cafeeiras, mais prontamente ocupadas em reabilitar o trabalho como algo disciplinado, associaram esse costume à vadiagem.

Quanto a estas costumeiras visitas vicinais, um vendedor de peneiras, sob suspeita de assassinar seu cunhado, deixou-nos o registro desta sua via-sacra enquanto continuava com seu trabalho

> ... na Terça-feira em que foi morto seu cunhado ele pousou na cidade em casa de Francisco Rafael ... na Quarta-feira saiu da cidade de Santos e foi pousar pelo Rio dos Couros ... em uma casa pegada a outra aonde mora um aleijado, e na Quinta-feira foram a Serra do Cubatão aonde ele ... recebeu o dinheiro que lhe deviam de seu trabalho ... e veio pousar neste mesmo dia na Varginha em casa de um alemão. (ACi, ordem 3682, 1842)

O bater perna na casa de um e outro não ocorria apenas por razões de trabalho. Havia também o compromisso moral de troca de visitas, movido pelos princípios da amizade e cumplicidade que teciam os fios de um denso e entrecruzado tecido social. Nos processos judiciais, os depoentes, em boa parte dos casos, diziam ter testemunhado ou ouvido dizer sobre o acontecido, durante sua permanência na casa de um vizinho ou parente. Como alegou um sobre o conflito entre dois estudantes: "já viu o estudante Benício armado, na casa de sua sogra, aonde costuma ir por estreita amizade" (ACi, ordem 3913, 1848).

A atividade comercial de lojas e armazéns, das mais intensas na cidade, geralmente tendo à frente um oficial de milícias, orientou-se pelos ditames desse código de conduta, apoiando-se no compadrio e na amizade para a "convenção" dos negócios, dispensando, num primeiro momento, qualquer tipo de "papel de sociedade".

Posteriormente, na elaboração dos artigos do contrato, preocupações financeiras se amalgamaram a princípios domésticos que marcaram toda a constituição do trabalho no país: deveriam estar incluídas despesas com "comidaria", porque se considerava "indispensável dar-se de comer a alguns trabalhadores, não só por morarem longe como porque já terão alguns essa condição"; também despesas com "hóspedes, como sejam alguns fregueses que compram que quando voltam é indispensável dar-lhes cômodo do qual cômodo a Casa possui interesse" (AC, ordem 3915, 1850).

Sanções do costume

Comida e bebida[15] são elementos decisivos num código de conduta familial, independentemente da camada social. Rivais não comem juntos. "A comida é um pacto, uma aliança tácita de cordialidade afetuosa" (Cascudo, 1985, p.192). Quando um capitão e um sargento-mor discutiram numa venda, este último se prontificou mais rapidamente a fazer as pazes. Ofereceu, então, ao capitão um copo de vinho. Foi recusado. Em seguida, ofereceu um cacho de uvas. Também foi recusado (OC, ordem 870, 1834). Só depois

---

15 Existe uma literatura vastíssima sobre festas, de cunho folclorístico e monográfico, sobre o papel da comida e da bebida no estabelecimento e no rompimento de vínculos obrigacionais. Cf. os trabalhos de Martha Abreu (1999). Muito sobre este assunto foi discutido no seminário "Festa: cultura e sociabilidade na América Portuguesa", realizado no Departamento de História da USP, de 6 a 11 de setembro de 1999.

deste gesto indicou seu ressentimento e sua indisposição em reatar amizade.

Num processo de agressão verbal, uma das testemunhas afirmou que o grande insulto havido entre dois alemães foi que, estando um deles na casa de um alfaiate, quando o outro chegou, recusou tomar café com eles, "apesar do dono da casa lh'o ter oferecido".[16] Para o observador, havia ocorrido explícita infração de um código de hospitalidade e cortesia.

Por intermédio da bebida, fosse cachaça,[17] café ou qualquer outra, compromissos moral-afetivos, de amizade e vicinais eram estabelecidos, reforçados ou agradecidos. Quando um soldado encontrou-se com um companheiro, incumbido de pedir sua dispensa do serviço para um capitão, disse-lhe "que o deixasse montar na garupa de seu cavalo para irem beber um copo de pinga por ter ele ... se empenhado com o capitão a seu favor, ao que ele ... acedeu" (AC, ordem 3917, 1850).

---

16 O café é um elemento decisivo de hospitalidade. Muitos folcloristas identificaram seu lugar de destaque nas festas tradicionais como aferidor de hospitalidade dos festeiros. O Divino, ao chegar na casa de um devoto, também pede café e com isto atesta a boa vontade e consideração do devoto com o santo, que representa a comunidade ou a vizinhança. Festeiro que não distribuísse café à vontade, nas festas do interior de São Paulo, não era bem considerado pelos outros: perdia seu *status*, desmoralizava-se. Minguado o café, minguado o prestígio. Sempre servia-se café nos intervalos das danças das festas do Divino. O café aparece ainda nos mutirões, velórios, casamentos, reuniões festivas familiares. Se é um elemento agregador, também pode criar ou expressar desafeições (cf. Araújo, 1957).

17 Muitos folcloristas escreveram sobre a cachaça, por exemplo, produzida e consumida sob o nome de aguardente até o segundo terço do século XVI. Isto mostra sua importância não só por ser derivada de um produto que ocupou posição central na economia agroexportadora, mas por seu caráter simbólico e cultural. Sem dúvida é "a mais difundida e vulgar bebida brasileira no âmbito popular", Saint-Hilaire dizia, em 1819 – "a cachaça é a aguardente do país". Vários outros viajantes coevos sentiram-se atraídos pelas propriedades sociais e curativas da cachaça. Diz ainda: "tornou-se nacional com os movimentos políticos em prol da independência. Bebida dos patriotas, recusando os vinhos estrangeiros, especialmente portugueses". Note-se que a rua da Quitanda, na cidade de São Paulo, foi o Beco da Cachaça (cf. Cascudo, 1998).

A bebida, portanto, compunha uma das peças de um amplo repertório de gestos de um código de conduta doméstico que demonstrava afeto ou hostilidade. Antes de atracar-se em rixa, um passante entrou num armazém, por avistar um conhecido, e "pediu-lhe queria beber", testando a amizade, pois num meio social de cunho pessoal intenso os códigos do convívio eram necessários e persistentemente exercitados. Neste encontro gerou-se uma briga, tendo um dos envolvidos confessado que a "dúvida ... foi por causa de quatro vinténs para meio quartilho de vinho" (Q, ordem 6019, 1803-31). Um outro motivo para a briga foi o fato de um dos contendores ter pedido para beber mais. Provavelmente o outro recusou, provocando ruptura momentânea dos compromissos moral-afetivos que os uniam. Princípios de um código de cortesia costumeiro foram quebrados, criando o clima para o confronto.

Situação semelhante foi a da inimizade surgida entre um escravo e um vendeiro, nascida da oposição deste em abrir a porta, numa noite, ao primeiro, na qual queria beber e "como ele ... não quisesse abrir nem dar-lhas o mesmo ... descompôs a ele ... com palavras (AC, ordem 3919, 1850).

Compromissos moral-afetivos não eram marcados por rígida fidelidade, fossem quais fossem. Eram imprescindíveis, correntes e tenazes num meio de relações sociais provisórias, mas frágeis. Um caipira que se recolhia com seu cargueiro de aves para casa encontrou no caminho um mulato de sua conhecença. Disse-lhe: "é você que vai, eu também vou, e aí ... dera de beber aguardente ao dito mulatinho e saíram juntos". Saudaram-se com a bebida e estabeleceram o vínculo obrigacional e de amizade que os uniria no trajeto para casa. Contudo, isso não impediu que o mulato, a meio caminho, matasse o caipira e lhe roubasse as patacas que trazia da venda das aves (ACi, ordem 3675, s.d.). Do mesmo modo, a relação de compadrio entre dois homens não impediu que um deles matasse o outro (AC, ordem 3921, 1850).

A bebida criava vínculos obrigacionais entre uma vasta rede de práticas que compunham o repertório moral de um código de conduta doméstico. Quando dois galés tramaram fugir, primeiro seduziram o guarda nacional que os acompanhava, estreitando-se a ele, bebendo aguardente juntos no beco das Casinhas. Em certo momento do dia, quando o convidaram para acompanhá-los até um quintal ao lado do Pátio do Palácio, obtiveram com prontidão a resposta: "que estava pronto para tudo" (AC, ordem 3915, 1850). A bebida, no caso, selou um compromisso moral, forçando o guarda a coadjuvar os galés.

Os mesmos fundamentos de um código de conduta doméstico que orientaram as relações sociais constituíram um corpo de sanções costumeiras voltado para transgressões dos princípios desse código do convívio. Aplicando-o, acreditavam piamente que "não tinham crime", mesmo quando se tratasse de agressões verbais ou físicas, públicas e contra quem quer que fosse.

Bastavam um dito mal compreendido, uma desconsideração, um negócio malfeito, um desacordo vicinal, uma traição, uma intromissão indevida nas questões domésticas de outro para acionar a sanção costumeira. Assim aconteceu com um inspetor de quarteirão que se meteu a apartar desordens numa família, terminando por ser agredido quando seguia para o trabalho. O acusado confessou que quem desse no inspetor "não tinha crime" (ACi, ordem 3682, 1848).

O provérbio antigo, "em briga de marido e mulher não se mete a colher", advertia em relação a assuntos com os quais não se devia envolver. Algo muito difícil de ser cumprido à risca, porque se vivia em simbiose, mesmo com os que apenas passavam pela cidade ou mais viviam metidos em viagem do que estacionados em suas freguesias.

Este tipo de convivência legitimava muitas ações aparentemente violentas, como aconteceu com uma mulher que apareceu defronte ao inspetor de quarteirão "toda ensangüentada, com vários ferimentos na boca e nariz". Apanhara na casa da irmã de "quem se dava com ela", conforme disse. Essa irmã contou que seu irmão fazia isto sempre que "ela [merecia]". (AC, ordem 3903, 1850). Havia uma noção de justiça nesta agressão – e em outras – quando se tratava das questões do convívio.

Quando um alemão teve seu cavalo roubado, não hesitou em espancar o ladrão, na casa de uma mulher, no Acu (região do atual Anhangabaú). Espancou-o com tal violência que este veio a falecer pelos traumatismos. Este alemão não se preocupou em ocultar o que fez e mobilizou toda a sua rede de vizinhança, indagando em casa por casa sobre onde encontrar o rapaz que o havia roubado (AC, ordem 3906, 1849).

Como se tratava de relações fortemente assentadas no contato frente a frente e nas reciprocidades, o senso de opinião pública tinha peso significativo. O que o outro pensaria ou deveria pensar preocupava e as sanções do costume exploravam esse pudor.

Diante das arbitrariedades de um tenente do Batalhão, na freguesia de Santo Amaro, um indivíduo, por conta própria, decidiu afixar uns pasquins pelos cantos mais movimentados da freguesia. Depois, "ele mesmo ... confessou ter pregado os ditos pasquins". Suas linhas continham deboches ao oficial, denunciavam que "assolava a freguesia", desejavam que fosse embora e não retornasse mais, ameaçavam-no (JP, ordem 4842, 1829).

Entre os populares, demonstrações públicas de vinganças pessoais escolhiam dias santos por serem os de maior freqüentação de povo nas ruas, e quanto mais gente para assistir ao "público enxovalhamento" mais eficiente seria a aplicação dessa justiça ordinária. Um rapaz escolheu um dia desses para cumprir o pedido de sua mãe. No pátio da Igreja do Brás, tomou uma mulher pelas mãos, "enchendo-a de bofetadas com a mão aberta, pela face, espancando-a por todo o corpo com um chicote, deixando-a assim publicamente enxovalhada e maltratada em um dia santo, a vista e face de muitas pessoas". O uso do chicote foi simbólico, por associar-se ao castigo de escravos, o que humilhava ainda mais a mulher (Q, ordem 6019, 1831).

Um estudante do curso jurídico envolvido num conflito com outro, no Pátio São Francisco, tinha como uma de suas maiores preocupações, não se "deixar enxovalhar" (P, ordem 2452, 1848). Para tanto, ameaçava usar sua arma, se fosse preciso, o que mostra a circularidade dessa justiça ordinária, irmanando a trabalhadora ambulante ao acadêmico.

Descobrir a moradia envolvia uma outra forma de sanção costumeira que vingava o rancor pessoal e dispensava tribunais, guardas e delegados. Não importava a posição que se ocupasse na sociedade, podiam-se manipular muito bem tais recursos de justiça ordinários. Assim fez o próprio abade do Mosteiro de São Bento, que por razões desconhecidas juntou alguns escravos e os colocou para arrancar as telhas e portas da casa de uma mulher (Q, ordem, 6019, 1830-31).[18] Levaram-na ao nível mais profundo da humilhação e do "enxovalhamento", perante os outros, mostrando-a como uma destelhada, mulher sem casa e, portanto, desprovida de um dos mais importantes códigos culturais numa sociedade movida por um código de conduta doméstico: a casa.

O nível da ofensa seria como o de arrancar o chapéu da cabeça de alguém, já que, simbolicamente, um dos significados da exposição desta parte do corpo era a submissão. Na cultura popular, o equivalente disso é o saci, que ao perder ou ter roubada sua carapuça – seu chapéu – perdia todos os poderes, tornando-se suscetível a todo tipo de subjugação.

Foi movido por esse espírito de não se submeter a um almotacel que um ourives apareceu na audiência que tinha com ele "de capote, sem tirar o chapéu da cabeça" (PA, 1817). Além disso, disse que comparecia por política, não por obrigação de obedecê-lo. Ao cobrir-se, simbolicamente se protegia e não se apresentava em posição submissa.

Uma confusão por um chapéu levou um homem à condição de réu por uma desordem ocorrida na rua do Mata Fome (atual Epitácio Pessoa). Conforme ele mesmo narrou: "estando ... brincando com um menino ... filho de Ana de tal, tirou-lhe o chapéu da cabeça e deitando ao chão ali aparecera Bento José ... tomando satisfação daquele brinquedo que em si nada era de mal" (ACi, ordem 3912, 1850). Não se tratava de uma briga por embriaguez, mas por uma ofensa simbólica, já que o chapéu preenchia um código de honra e

---

18 E. P. Thompson (1998, p.65) fala do ritual de destelhamento da casa.

gentileza nas relações sociais, a ponto de mobilizar relações de amizade – outros tomaram como ofensa a brincadeira feita com o menino –, criar animosidade e chegar a tornar o autor de uma brincadeira réu de crime.

Na tensa vicinalidade, o princípio da cumplicidade pelos quintais devassados gerava outros veios de microvinganças pessoais que atingiam os animais, cavalares ou muares, pois desorientavam os limites individuais, de modo que, como aconteceu na freguesia de Santo Amaro, um réu de crime "contra a propriedade alheia" apanhava todas as éguas estranhas que se incorporavam às suas bestas e degolava outras, cortava-lhes os nervos, os tendões e outras furava "com taquara ou paus agudos no lugar mais brando dos cascos de forma que não pudessem correr". Também matava "vários cães de diversas pessoas, dizendo que o [fazia] porque [estavam] na repartição de suas terras" (ACi, ordem 3672, 1818). Assim fez com o cão do primo de uma das testemunhas, matando-o com um tipo de arma de fogo quando passou pelo terreiro de seu sítio.

Mesmo nas discórdias entre parentes, essa forma tradicional de sanção era empregada: um rapaz que administrava um "campo de criações" vizinho ao de sua irmã não hesitou em matar um de seus animais, uma vaca, com dois tiros de munição, por ter passado para o campo sob sua administração (ACi, ordem 3376, 1826).

Um forro que se introduziu nas terras de um sítio, fiando-se na permeabilidade da posse, já que inexistia um aparato jurídico que a regulamentasse, plantava tranquilamente sua roça de alimentos no campo onde pastavam os animais de sua vizinha. Envolvido no sentido de vicinalidade que orientava as relações sociais, não se preocupou em erguer obstáculos. Com o tempo começaram a aparecer gados com a cabeça cortada, outros feridos e um porco desapareceu (ACi, ordem 3972, 1818). A sanção costumeira aplicada pelo forro indicava o fluxo contínuo de tensões no cerne de vicinalidades exacerbadas que não concebiam cercas e limites.

A circularidade dessa justiça ordinária expressava-se em sua incorporação pela Câmara: a proibição de morte de animais cavalares (PA, 1830) invasores de roça alheia. Matar animais era um princípio contestatório e de justiça fundamental, principalmente entre os segmentos populares,[19] mas os cavalares, segundo as ordens camerárias, deviam ser excetuados.

O respeito dispensado ao cavalo alheio melindrou prontamente um senhor de chácara. Assim que encontrou um cavalo em seus pastos, procurou informar-se sobre o dono e mandou fazer ainda um auto de justificação, afirmando que, apesar do cavalo estar em suas terras, nem ele, nem seu caseiro se serviam dele (ACi, ordem 3362, 1845).

Punia-se também pela alimentação, atingindo um elemento vital na cultura dos que estavam diretamente voltados para a produção de seus meios de vida, como acontecia, em certa medida, com a própria classe de posses da capital. Quando dois capitães se desentenderam por demandas de terreno, um deles reuniu escravos seus e de parentes, uns libertos e foram arrancar das terras do vizinho "o milho que estava em flor e o feijão gramando, prometendo ... uma colheita abundante pela estação do tempo" (ACi, ordem 3672, 1817).

Mesmo a elite local usava os recursos de uma justiça costumeira e ordinária. Na briga entre dois oficiais de milícias, um reclamava: "tem dito publicamente e mesmo pelas tabernas, que ... roubou a loja do seu irmão e de um sargento-mor" (OC, ordem 864, 1825). Discórdias pessoais não eram contidas em círculos restritos, mas precisava se espalhar no denso circuito das sociabilidades, de modo que "justiçassem" com eficácia as transgressões de princípios do convívio. Foi o que levou um senhor a alardear sem descanso sobre um "mau depositário" de escrava, "capaz de dar-lhe fim", ou seja, combinava-se à negra para afastá-la de seu senhor (OC, ordem 864, 1825).

O costume das vozes altas e da gritaria, que os esforços civilizatórios muito combateram, não era algo compartilhado apenas por negros e negras em torno do chafariz ou de uma roda de capoeira no Pátio São Francisco. Funcionava em meio aos conflitos hierárquicos dos que ocupavam postos de poder e mando, como parte de um tipo

---

19 O conhecidíssimo caso do massacre de gatos narrado e analisado por Robert Darton, na França do século XVIII, é o maior exemplo disto (cf. Darton, Graal, 1986).

de sanção informal e tradicional. Quando o subdelegado passou pela casa do comandante de polícia para saber como havia sido a ronda do dia, este "saiu à rua e principiou a gritar em vozes muito altas e a [insultá-lo] muito fortemente ... no dia seguinte desde cedo principiou ... a continuar a gritar pelas ruas e a [insultá-lo] do mesmo modo" (ACi, ordem 3682, 1847).

Difamar pelas tabernas talvez fosse umas das formas de punição que mais desagradavam, já que o taberneiro era um "leva-e-traz", foco transmissor de informações. Tabernas eram passagem obrigatória numa sociedade na qual a privacidade acontecia com as portas abertas e em que as relações domésticas transcorriam mais em trânsito e na rua do que dentro de casa.

Punia-se também pela manipulação de referenciais familiares, o que era mais ofensivo e demonstrava a gravidade da desafeição, com tramas de "serões indecorosos" contra a reputação de alguém com pessoas de sua própria família. Um casal metido em desavenças com um vizinho foi até suas irmãs tramar maus enredos contra sua conduta, enervando-o sobremaneira (ACi, ordem 3679, 1811-13).

A justiça ordinária não podia ser aplicada aleatoriamente, sob pena de se ficar malvisto no meio. Usá-la indevidamente seria como romper um código do convívio. Assim procedeu um fiscal da Penha, ficando muito malquisto porque se dizia que era "de língua solta, que tem por costume falar das vidas alheias" (PA, 1829). Não era inconveniente falar da vida alheia. Aliás, era o que mais se fazia, por se tratar não só de uma cultura predominantemente oral, mas intrinsecamente doméstica. Pelo falar da vida alheia, elos de confiança e cumplicidade eram criados. O desentendimento surgia quando falar do outro ocorria por mau uso de um código da justiça costumeira, o que gerava situações como a de um tenente em demanda de terreno, "malquisto no bairro pela maior parte", porque, segundo todos diziam, era de "venenosa língua e [difamava] o crédito de algumas pessoas" (ACi, ordem 3670, 1813).

Outro, tido como de "péssima língua", apesar de estar movendo um processo de adultério contra sua mulher, teve boa parte da vizinhança contra si, num tipo de processo delicado, cuja acusação muitas vezes era forjada pelo marido, por interesses específicos, e do qual dificilmente a mulher saía inocentada.

Acontece que este marido vinha tendo "trato ilícito com uma escrava de certa casa", espalhando, porém, "ser com a senhora da mesma, sendo esta uma donzela irrepreensível e de conhecida virtude". Este marido que se intitulava traído, portanto, conquistou a antipatia no meio. Mas esta antipatia já vinha de um certo tempo. Antes das núpcias com a mulher que processava "tratou casamento com uma moça gravíssima, filha de pais honrados, pessoas de bem e da mesma freguesia, estando já tudo preparado para os desponsórios, a deixou e apresentou um pasquim difamatório contra ela".

Quando casou com a mulher que então processava, esta tinha 11 anos, e na ocasião anunciou, conforme disse uma testemunha: casava-se com ela "porque pela tenra idade não estaria corrompida como as mais daquela freguesia e isso sem excetuar uma só que fosse, havendo ali tantas de exemplar costume". Com tais dizeres cutucava uma das posses mais primorosamente zeladas, principalmente entre os segmentos populares: a honra.

Este marido supostamente traído, além de violar o núcleo doméstico da vizinhança, rompeu um de seus mais fundamentais princípios, o familial, porque, como se dizia: "[era] uma moral tão pouco ajustada que [tratava] sua mãe como se fosse sua escrava, o que [se fazia] público pelas amargas e dolorosas queixas da mesma" (ACi, ordem 3672, 1818). Numa sociedade familial, malvista era a ingratidão contra pai ou mãe. No caso da difamação, conforme a intensidade da benquerença da pessoa no meio, o difamador poderia angariar sensível rancor do círculo social que o rodeava.

A força dos nexos vicinais fazia da malquerença no meio uma forma de aplicação de uma justiça costumeira, implicando um desconfortável isolamento. A conduta transgressora das ligações vicinais era prontamente publicizada: "é público e notório que ... sempre estão em dúvidas com os vizinhos"; "é notório que ... é desinquietador da paz entre os vizinhos" (ACi, ordem 3670, 1811-13; ordem 3672, 1919). Este era um elemento cultural que parece ter sido comum aos de posse e aos de poucos recursos, tanto que numa carta de doação de terreno, "não fazer mal aos vizinhos" era uma das prerrogativas, orientando uma das formas de acesso e concessão costumeira dos terrenos (ACi, ordem 3407, 1839).

Falar mal da vida alheia sem um fundamento legítimo de sanção tradicional pela transgressão de um código costumeiro assumia tamanha gravidade no convívio porque a honra sempre foi um dos recursos fundamentais de alcance do "equilíbrio vital", principalmente dos que não dispunham de cabedais. O nome era – e talvez ainda seja – crédito de aceitação em outras esferas sociais e na sua própria.

Neste mesmo processo de adultério, os acusados de adultério com a mulher deste viajante faziam questão de salientar sua honra. Manipularam, inclusive, o princípio das filiações, recorrendo a pessoas com as quais já haviam feito negócios, mobilizando-as num esforço por afirmar sua honestidade e sua honra. Diziam eles:

> que os réus são pessoas de todo conceito e tanto assim que o primeiro ... foi incumbido de várias diligências de conduzir dinheiros de partes bem como do Coronel José Vaz de Carvalho do Rio de Janeiro para esta cidade a importância de dois créditos do Tenente Antonio Cardoso Nogueira da Serra da Estrela para a cidade do Rio de Janeiro, seis mil réis. Foi encarregado pelo Ten. Matheus Fernandes Coutinho da venda de uma tropa de bestas muares para a mesma cidade e de tudo deu boa conta ... .

O sistema escravista deixou aos pobres e livres oportunidades de ganho incorporadas por seu léxico como "negócios", ou seja, uma infinidade de atividades, com durações variáveis e através de uma intricada rede de acertos e tratos, o que implicava uma imprescindível gama de conhecenças e amizades. A combinação dos "negócios" com a relação pessoal fez que moral e caráter fossem medidos pelo plano dos acordos informais de ganho feitos com alguém.

Quanto mais ramificados os "negócios", incluindo figuras de poder e prestígio local, melhor a qualificação da moral e do caráter no meio, tornando mesmo a pessoa, mais "creditada" e estimada. Uma testemunha ressaltou, sobre um dos rapazes acusados de adultério, que presumia "ser homem de verdade e sã consciência, apesar de nunca ter feito negócio com ele". Pela esfera dos "negócios" a moral e o caráter poderiam ser qualificadas para o bem ou para o mal, já que punham em jogo o desempenho dos princípios de um código de conduta, como a confiança, a amizade, o empenho da palavra, o afeto, o favor, a reciprocidade.

Para se desvencilhar da acusação de adultério movida por um tropeiro de Santana do Parnaíba, homem que vivia metido em viagens para as bandas de São Carlos, os dois rapazes contaram com o reconhecimento desta questão pelas testemunhas, como vimos.

A confiança amealhada pelos réus vinha desta ampla rede de ajustes informais que tinham na localidade, inclusive com oficiais de milícias. Era de parecer comum entre os depoentes que,

> pelo pleno conhecimento ... [eram] os mesmos de reconhecida honra e probidade, sendo o réu Manoel Joaquim de tanto crédito e confidência, que [era] procurado por pessoas principais desta cidade para se encarregar de conduções de dinheiros e cobranças de quantias avultadas. (ACi, ordem 3672, 1818)

No código de conduta doméstico, a pecha de ladrão era um modo de sanção costumeiro, empregado inclusive nas discórdias pessoais e vicinais. Numa animosidade sem fim entre vizinhos, um não cansava de "ultrajar a família do outro", reclamando o ofendido que "até de ladrão chamou" (ACi, ordem 3675, 1826). Um negócio malfeito em certo momento da relação poderia vir à tona tempos depois, num desacordo de outro âmbito, mas mobilizando a tão ofensiva acusação de ladrão.

Carregar esta acusação num contexto social pontilhado de oportunidade de sobrevivência e ganho combinadas às sociabilidades era quase o mesmo que ter fechadas muitas de suas vias de acesso. Chamar alguém de ladrão, como um tipo de sanção costumeira, acontecia numa festa, em torno de uma fogueira, numa venda, na casa de alguém. O caso não era segregado entre quatro paredes, mas espalhado o mais possível, sem preocupação com ofensas, porque era preciso punir aquele que passava por cima de certos princípios do convívio.

Entre os de poucos cabedais, amargar o isolamento e a diminuição da estima e do conceito no meio era ter as possibilidades de sobrevivência muito restringidas, num meio de orientação doméstica, familial e vicinal. Na casa de um tabelião, "com várias outras pessoas e sem que houvesse provocação alguma", um dos presentes "prorrompeu em altas vozes", chamando um outro de "ladrão, caboclo". Dirigiu-lhe "aquelas expressões afrontosas a deprimir a fama e crédito ... principalmente a primeira que [era] uma das mais afrontosas que se [podia] proferir na sociedade" (ACi, ordem 3673, 1831). Havia, portanto, consciência das implicações de tais expressões, traduzidas em perdas morais e conseqüentemente materiais e sociais.

O exercício deste código de conduta implicou a renovação, o fortalecimento e o rompimento de seus princípios, condensados em provérbios que serviram como bússola para orientar a vida e o convívio. Com a quase dissolução dos limites de cada um, com a ampla realização da casa nos espaços públicos, advertia-se: "a ovelha mansa mama na sua teta e na alheia".

A tradição oral deu as diretrizes do convívio, fortalecendo a conversação até como princípio de um código de conduta, tornando quase exigência compartilhar informações da vida própria ou alheia. A estima podia ser aferida pelas revelações ou omissões e pelos segredos próprios, do vizinho ou do parente. Por isso o conselho "guarde de homem que não fala e de cão que não ladra". Não havia lugar e era mesmo inquietador o silêncio numa cultura assentada em sólidas vigas orais. Os reformismos municipais do início do século XIX não conseguiram calar homens e mulheres nos espaços públicos e nos interiores das vendas. Do cerne do próprio conversar incessante, como costume e princípio de um código de conduta, fermentavam os germes das tensões do convívio simbiótico, pois, como se dizia, "em boca fechada não se entram moscas" ou "pela boca morre o peixe".

Embora a capital não fosse uma comunidade no sentido idílico, na mobilidade e a partir de relações provisórias, homens e mulheres manipularam um código de conduta costumeiro que viabilizava sua existência material e social. As diretrizes domésticas e familiais deste código, demarcando um convívio fortemente pessoal e estreito, engendraram tensões que se mantiveram latentes e se concretizaram em conflitos quando princípios dele eram rompidos.

Recomendável, contudo, era frear vinganças e ódios, como alertava o provérbio: "por uma besta dar um coice, não se lhe corta a perna".[20] Numa sociedade de índole privada e familial, de alto a baixo pairava a consciência de que ligações vicinais, de parentes e amizade eram decisivas para a sobrevivência material e social.

---

20 Estes provérbios foram colhidos no texto de Sebastião de Almeida Oliveira (1935). Muitos deles ouvi, ligeiramente modificados, mas guardado o mesmo sentido, de minha avó Maria da Glória, atualmente com 81 anos, o que indica os resíduos reelaborados na cultura.

CONSIDERAÇÕES FINAIS

As idéias discutidas nos capítulos anteriores dão seqüência à tradição de pensamento de Caio Prado Jr. (1972) e Sérgio Buarque de Holanda (1966) sobre a problemática do movimento para a compreensão da sociedade paulista, justificando o título do livro: sociedade movediça.

A escolha da cidade de São Paulo, sob o recorte temporal 1808-1850, contexto de esgarçamento definitivo do organismo Metrópole–Colônia, afirmação da soberania e implantação de nova ordem político-institucional, deveu-se ao interesse de dialogar com vertentes da historiografia responsáveis por sedimentar visões sobre a dinâmica econômico-sociocultural da cidade que não pareciam de acordo com o próprio ambiente de transformações em vigor no período.

Investigações pioneiras sobre a economia paulista (Monteiro, 1994; Blaj, 2002), numa perspectiva contestadora da tese da pobreza, embora para um período mais distante, como o século XVII e início do XVIII, foram importantes incentivos para o andamento deste estudo, pois apresentaram um cenário socioeconômico para a capitania de São Paulo mais dinâmico, voltado para o comércio interno. Estes circuitos internos de abastecimento na primeira metade do século XIX são fortemente sugeridos pela documentação.

Na medida em que a sociedade paulista, até o assentamento definitivo da civilização do café, organizou-se com base na economia comercial interna, o movimento tornou-se elemento explicativo da realidade sociocultural paulista. A história desta sociedade está nos caminhos e qualquer abordagem que desconsidere este aspecto continuará a repetir as teses da pobreza, do despovoamento, do valor apenas geopolítico da capitania, da cidade de mulheres sós e maridos ausentes.

Captar a dinâmica de uma sociedade cuja população organiza-se em função da mobilidade, tanto extra como intraperímetro urbano, já que o foco de pesquisa foi especificamente a cidade de São Paulo, não é tarefa fácil, especialmente quando os recursos teórico-metodológicos são aqueles que priorizam instituições, grupos, classes. Optei por fazer um inventário das práticas sociais dos vários segmentos sociais, procurando identificar as nuanças no interior destes mesmos segmentos e as contradições dos processos normativos para compreender toda a complexidade e diversidade possível do meio investigado.

Acompanhar contextos individuais, submetidos a contínuas interferências normativas, resultantes do contexto mais amplo de mudanças vivido pelo período, mostrou-se mais promissor para o entendimento de uma sociedade específica como a de São Paulo, para além de argumentos que explicam com bastante eficiência realidades socioeconômicas solidamente inseridas nos circuitos atlânticos.

Na geografia do perímetro urbano foram identificados vários elementos que empurravam para o movimento, como os rios, as inúmeras pontes, a ação da Câmara para preservar as vias fluviais. Com isto foi possível acompanhar na documentação o trânsito rotineiro de inúmeros cargueiros de alimentos e animais pelas ruas da cidade, constituindo uma estrutura econômica geradora de recursos e voltada para o comércio interno.

Na retaguarda desta economia disseminou-se uma economia de trocados, baseada na venda ambulante e nas ruas, de alimentos e serviços necessários para as tropas e cargueiros. Esta microeconomia de negócios articulava-se às sociabilidades de homens e mulheres livres, forros e escravos, e por conseguinte propiciou uma forma de uso e apropriação do espaço urbano baseada em valores grupais e vicinais, nem sempre de acordo com as perspectivas normatizadoras das autoridades.

O tema da ordem sempre esteve presente no discurso das elites e autoridades, mas em momentos de reordenamento político-institucional adquire relevo. Este processo coincidiu com a expansão da economia de tropas e cargueiros na cidade, ampliando também as perspectivas de trabalho e ganho para aqueles que viviam da economia de retaguarda nas ruas. Com isto, ruas, pátios, pontes passaram a ser mais intensamente ocupados, gerando maior ação ordenadora de instituições antigas, como a Câmara Municipal, e novas, como a Polícia.

Na análise dos confrontos entre segmentos populares e instâncias normativas, contudo, foi vislumbrado um contexto mais complexo, de tolerância permissiva, arbitrariedades, concessões, autoritarismo, tensões e violências.

A economia de tropas e cargueiros, bem como a de retaguarda foram responsáveis por promover a sedimentação dispersiva da cidade, ou seja, com base no ininterrupto ir-e-vir de homens, mulheres e animais tanto a partir de dentro como de fora do perímetro urbano. A relação entre mobilidade da população e economia comercial definia a sociedade como movediça. Os recursos da cidade e os ganhos de homens e mulheres eram gerados nos caminhos e através do movimento.

Esta expansão econômica gerou maior ocupação do espaço público pelos segmentos sociais de posses, interessados no aproveitamento econômico dos terrenos do perímetro, que montaram pastos de aluguel e pousos. No cerne de acirrada disputa por estes terrenos, tanto pelos que tinham interesse de uso comum como por aqueles interessados no uso privado e mercantil, foi possível perceber percepções costumeiras, baseadas no direito consuetudinário de uso antigo e familiar. Referências vicinais e de parentesco definiam o conceito de direitos em pleno contexto de interiorização e afirmação de instituições jurídicas e policiais, indicando um processo de mercantilização da terra mais matizado por traços costumeiros da cultura local.

A problemática dos direitos, tônica dos discursos da geração envolvida no conflituoso processo de implantação de uma nova ordem política, interferiu no cotidiano de negros livres e africanos que percorriam diariamente as ruas da cidade, envolvidos em ganhos próprios, por meio de prisões arbitrárias geradas pelo impasse de uma constituição que os definia como cidadãos numa sociedade senhorial-escravista. Na passagem do alvará à lei, estes segmentos recorreram com freqüência às instâncias oficiais para endossar argumentos tomados tanto do texto constitucional, como da experiência de trabalho e das relações locais para firmar sua condição de cidadãos.

Compartilhando a proposta de entender o social como instância formada por múltiplos contextos, conforme previsto pela micro-história (Revel, 1998), a investigação também se voltou para o segmento dos letrados. Estudantes da Academia Jurídica e as elites locais foram responsáveis por manifestações literárias, dramáticas e associativas que tanto os mobilizaram em torno de problemáticas próprias do período, relativas à identidade e as novas instituições jurídico-políticas, como funcionaram como novos espaços de distinção e prestígio.

Às camadas populares, que também compartilhavam referenciais hierárquicos, fardas e patentes permitiam *status* no meio no qual viviam. Como o contexto era de constituição de novas instâncias normativas, a Polícia tornou-se nova oportunidade de ganho e elevação social. Na medida em que a farda combinava-se com o ofício e tinha esta finalidade de distinção, o universo de relações sociais de parentesco e vicinalidade confundiu-se com a ação normativa, tornando-a tensa e intensamente contraditória.

Entre livres ou cativos, mais abastados ou trabalhadores, referenciais domésticos permearam as relações sociais, o que significou minimização da violência, herança de toda sociedade senhorial-escravista. Solidariedades hierárquicas e dependências moral-afetivas constituíram o tecido social da cidade, e por intermédio de um código de conduta costumeiro os segmentos populares, livres ou cativos, impunham sanções àqueles que transgrediam princípios de parentesco e vicinalidade. Entre as elites, estes referenciais domésticos impregnaram a condução de seus negócios econômicos e políticos, aumentando-lhes o prestígio e as possibilidades de ampliação do poder.

A investigação amiudada em pesquisa empírica, portanto, permitiu captar a especificidade, a complexidade e as contradições de um meio movediço e de relações sociais que, mesmo provisórias, se organizaram mediante referenciais domésticos.

ANEXOS

Lista de livros vendidos na cidade entre 1827 e 1830*

Tipografia da cidade e casa do Capitão Gabriel Henrique Pessoa
- Compendio Scientifico para a Mocidade Brazileira destinado ao uso dos dois sexos, ordenado de 9 estampas accomodadas às artes e sciencias de que nelle se tracta, tiradas por litographia
- Dialogo constitucional Braziliense: contêm todas as leis e disposições regulamentares da Contituição política do Império, e das eleições: os regimentos do Conselho d'Estado e um mui bem ornado mappa de todas as garantias, que a mesma constituição offerece efftectivas aos cidadãos brazileiros pela divizão e harmonia dos países políticos, pela responsabilidade dos ministros d'Estado e mui empregados públicos, pela liberdade da imprensa, pelo juízo por jurados, comprehendendo-se no mesmo as respectivas limitações

Rua Direita, do Comércio e Rosário
- Collecção de posturas da Câmara Municipal...até 9.2.1832

---

* Conforme levantamento feito no jornal *O Farol Paulistano*, 1827-30.

Rypographia da cidade
- Resposta às parvoíces, absurdos, impiedades e contradições do sr. Pde. Luiz Gonçalves dos Santos, na sua intitulada defeza do celibato clerical contra o voto separado do pde. Diogo Antonio Feijó, membro da comissão eclesiástica da Câmara dos Deputados.

Rua Direita, Loja de ferragem
- Mappas das garantias do cidadão brasileiro
- Alguns livros franceses de bons autores

Rua do Commercio, n.31
- Dissertações da existência de Deus, immortalidade e espiritualidade da alma

Rua do Commercio, n.38
- Princípios de moral philosofica, e extraídos de Edme Ponelle, José Droz e outros autores

Relojoeiro na Rua da Quitanda, n.16
- Obras inteiras de Voltaire, encadernadas

Loja da Rua do Rosário, n. 13 e 14
- Memórias (?) de Brilhantes
- Cadernos intitulados trabalhos médicos: por José Maria Bom Tempo

Loja de Madame Josefina, na Rua do Rosário, n.65
- Código Criminal
- Flore Medicale, 6 volumes

Casa de Negócio, na Rua do Rosário, n.52
- Obras de Mdme. d' Stael 2 dictos
- Psicologia de Laro

- Miguiere em 3 volumes
- Ponelle, 1 volume
- Parnazo Luzitano, 5 volumes
- Poesias do padre Caldas 2 dictos
- Tractado Moderno de Anatomia Geral e Descriptiva por Joaquim José Marques 3 dictos
- Collecção Chronologica Systematica de Legislação de Fazenda do Império do Brazil 1 volume e Apendix
- Livros em branco
- Dictos riscados de diferentes tamanhos

Loja na Rua do Rosário, n.9

- Cathecismo Montpellier, 5 volumes
- Voz de Jesus Christo, 2 volumes
- Paraíso Perdido, 2 volumes
- Elevação a Deos sobre todos os mistérios da religião, 2 volumes
- Jornada interessante de Jocozeria, 1 volume

Rua do Ouvidor, n.35

- Comentário Crítico a ley novíssima da liberdade de imprensa com instruções práticas sobre o juízo dos jurados, pelo Doctor Saturnino de Souza Oliveira

Rua do Rosário, n.6

- Obra grande de Condillac, Fillangier, Montesquie
- M. Vattel, Droit dês gens
- Dês gens
- Droiz Application de la Morale
- Becaria Délits
- Dês Peines
- Pages Droit
- Politique
- Exbel, jus Ecclesias
- Oeuvres de Requasd
- Mapoas

Rua do Commercio, n.3

- O último adeos de Washington
- Nova lei de liberdade de imprensa
- Folhinhas de algibeira para o ano de 1831: contem a constituição do Império, os nomes dos srs. Deputados e senadores, as leis das Câmaras municipais e dos juízes de paz
- Projecto da lei sobre abuzos de liberdade de imprensa
- M. Vattel., Doit de gens
- Manual diplomático pelo B. de Martins
- Pagés
- Lanjuinais
- La Romiguiere
- O que é código civil
- Contracto Social
- Diálogo Constitucional com as leis até 1829
- Compendio de História com as leis até 1829
- Compendio de História dos EUA d'America
- Constituição do Império
- Guia das Câmaras Municipais e dos juízes de paz
- Euclides
- Superstições descobertas
- Lobão
- Fylinto Elysio
- Obras de Mirabeau
- Diccionario Francez-Portuguez
- Folhinhas para o ano de 1831, com anedoctas
- Livros militares de jurisprudência, medicina e história
- Felice
- Lepage
- Vattel
- Torombert
- Lanjuinais
- Pages
- Manual Diplomático por Martins

- Ganill Economia Política
- Dicto Renda Publica
- Montesquie
- Benjamin Constant obras diversas
- Dicto política constitucional
- Dicto de la religion
- Becaria Delictos e penas
- Biakston
- Guizot pena ultima
- Curso de história
- Dicionário Francês-Português
- Collecção da Constituição
- Madame d' Stael obras completas
- J. B. Say Catecismo de Economia Política
- Filangieri
- José Dròz, folosofia
- Degerando
- Silvestre Pinheiro
- Bonia, Doutrina Social, Cosin
- Massias
- Creuzer
- Abbot Leis Marítimas
- Pascoal José Mello
- Silva Lisboa
- Repertório das leis de Manoel Fernandes Thomas

Loja Rua Direita
- Filinto Elizio, 11 volumes

Rua do Rosário, n. 2 e 6 e na Rua do Commercio, n.10
- folhinhas de reza, de algibeira e de porta

Locais de Pesquisa

- Arquivo Histórico Municipal de S. Paulo (AHMSP)
- Arquivo Multimeios do Centro Cultural S. Paulo (AMCCSP)
- Arquivo Público do Estado de S. Paulo (APESP)
- Centro de Apoio a pesquisa em História (CAPH – USP)
- Biblioteca de Guita e Sr. José Midlim
- Biblioteca Mário de Andrade (BMA)
- Biblioteca do Dep. de História e Geografia da USP
- Biblioteca da ECA – USP
- Biblioteca da Letras – USP
- Biblioteca de Ciências Sociais – USP
- Biblioteca da Faculdade de Direito – USP
- Biblioteca Nacional – Rio de Janeiro
- Casa da Memória – Divisão do Arquivo Histórico Municipal de S. Paulo
- Instituto de Estudos Brasileiros (IEB – USP)
- Instituto Histórico e Geográfico de S. Paulo (IHGSP)

Revistas e jornais de época

- *O Farol Paulistano*, 1827-1831.
- *O Novo Farol Paulistano*, 1832.
- *O Observador Constitucional*, 1831-32.
- *Revista da Sociedade Philomathica*. São Paulo, Typ. Do Novo Farol Paulistano, 1833, v.1-6. (Edição fac-similiar patrocinada pela Metal Leve, 1977).

Documentos manuscritos do Arquivo Público do Estado de São Paulo

- Polícia, 1842-1850
- Ofícios da Capital, 1822-1850

- Querelas, 1803-1831
- Poder Judiciário, ouvidor, juízes da capital e Parnaíba, 1818-1820
- Juízes de Paz, 1828-1832

Documentos manuscritos e impressos do Arquivo Histórico Municipal de São Paulo

- Actas da Câmara da cidade de S. Paulo, 1808-1850
- Registro Geral da Câmara, São Paulo, 1808-1850
- Papéis Avulsos, 1808-1850
- Guarda Policiais – relação dos indivíduos aptos para as guardas policiaes de todo o município, 1835-1840
- Livro de Correições, 1833
- Aferição de pesos e medidas, 1823
- Impressos, oficinas de impressão, litografias e gravuras, termos de responsabilidade por jornaes, 1832.
- Imprensa, Oficinas de Impressão, litografia e gravuras. (Termo de responsabilidade por jornais). AHMSP, 1831-1839)
- Registro de Alvarás e petições da Câmara da Cidade de São Paulo, AHMSP, 1742-1832.

REFERÊNCIAS BIBLIOGRÁFICAS

Peças teatrais

ANDRADE, M. F. R. *Januario Garcia, o sete orelhas*. São Paulo: Typ. do Governo, 1849.

PENA, M. *O juiz de paz da roça* (1833). São Paulo: Klick, 1997.

VALLE, P. A. do. Elogio dramatico (1833). *Revista da Sociedade Philomathica*. São Paulo: Typ. do Novo Farol Paulistano, 1833.

_____. Capitão Leme ou a palavra de honra (1850). In: *Ensaios dramáticos*. São Paulo: Typ. Imparcial, 1869a.

_____. As feiras de Pilatos (1849). In: *Ensaios dramáticos*. São Paulo: Typ. Imparcial, 1869b.

_____. Caetaninho ou o tempo colonial (1848). In: MOURA, C. E. M. de. *Vida cotidiana em São Paulo no século XIX*: memórias, depoimentos, evocações. São Paulo: Ateliê Editorial/UNESP/Imprensa Oficial/Secretaria de Estado da Cultura, 1998.

Relatos de viajantes e outros cronistas

ALMEIDA, M. A. de. *Memórias de um sargento de milícias*. São Paulo: O Estado de S. Paulo/Klick, 1997.

AZEVEDO, A. de. *Macário/Noite na taverna*. São Paulo: Martins, s.d.

BEYER, G. Ligeiras notas de viagem do Rio de Janeiro à capitania de São Paulo, no Brasil, no verão de 1813. *RIHGSP*, v.12, p.275-311, 1907.

D'ALINCOURT, L. *Memória sobre a viagem do Porto de Santos à cidade de Cuiabá*. Belo Horizonte/São Paulo: Itatiaia/Edusp, 1975 (Reconquista do Brasil, 25).

DEBRET, J-B. *Viagem pitoresca e histórica ao Brasil*. Belo Horizonte/São Paulo: Itatiaia/Edusp, 1978.

D'ORBIGNY, A. *Viagem pitoresca através do Brasil*. Belo Horizonte/São Paulo: Itatiaia/Edusp, 1976.

EWBANK, T. *A vida no Brasil*. Belo Horizonte/São Paulo: Itatiaia/Edusp, 1976 (Reconquista do Brasil, 28).

GUIMARÃES, B. *Rozaura, a enjeitada*. Rio de Janeiro: Garnier, 1914. 2 v.

_____. *O ermitão de Muquém*: história da fundação da romaria de Muquém na província de Goiás. São Paulo: Saraiva, 1967.

KIDDER, D. P., FLETCHER, J. C. *O Brasil e os brasileiros* (esboço histórico descritivo). São Paulo: Companhia Editora Nacional, 1941 (Brasiliana, 205). 2 v.

MAY, W. H. *Journal of William H. May, of his travel...from Botafogo by to the south of Brazil*. s. l., 1810 (Manuscrito inédito).

MULLER, D. P. *Ensaio d'um quadro estatístico da província de São Paulo*: ordenado pelas leis provinciais de 11 de abril de 1836 e 10 de março de 1837. São Paulo: Typ.Costa Silveira, 1838. (Reedição literal seção de obras d'*O Estado de S. Paulo*, 1923).

SAINT-HILAIRE, A. de. *Segunda viagem do Rio de Janeiro a Minas Gerais e a São Paulo (1822)*. Belo Horizonte/São Paulo: Itatiaia/Edusp, 1974 (Reconquista do Brasil, 11), 125 p.

_____. *Viagem à província de São Paulo*. Belo Horizonte/São Paulo: Itatiaia/Edusp, 1976.

SANTOS, L. G. dos. *Memórias para servir à história do reino do Brasil*. Belo Horizonte/São Paulo: Itatiaia/Edusp, 1981. 2 v.

SPIX, J. B. von. *Viagem pelo Brasil: 1817-1820*. Belo Horizonte/São Paulo: Itatiaia/Edusp, 1981. 3 v.

TSCHUDI, J. J. *Viagem às Províncias do Rio de Janeiro e São Paulo*. Belo Horizonte/São Paulo: Itatiaia/Edusp, 1980. (Reconquista do Brasil, 14) (Nova série), 218 p.

Artigos de periódicos, publicações avulsas e capítulos de livros

ABREU FILHO, O. de. Parentesco e identidade. *Anuário antropológico*. Rio de Janeiro/Fortaleza, v.80, p.95-118, 1982.

AGUIRRA, J. B. C. Tombamento de 1817: propriedades rurais na capitania de São Paulo. *RAMSP*, v.10, p.57-64, s.d.

ALMEIDA, J. Todas as festas, a festa? In: SWAIN, T. N. (org.). *História no plural*. Brasília: Ed. UnB, 1994, p.153-87.

ALMEIDA Jr., A O convívio acadêmico e a formação da nacionalidade brasileira. *Revista da Faculdade de Direito*, v.47, p.271-92, 1952.

ARANHA, M. A. A. B. de S. Lendas indígenas. *RIHGSP*, v.59, p.397-409, 1961.

ARAUJO, A. M. *Ciclo agrícola*. São Paulo: Departamento de Educação e Cultura, 1957.

_____. As festas do Divino Espírito Santo no estado de São Paulo. *RIHGSP*, v.57, p.267-409, 1959.

BANDECCHI, Brasil. Os paulistas e a independência. *RIHGSP*, v.57, p.303-10, 1959.

BARREIRO, J. C. A rua e a taberna. Algumas considerações teóricas sobre cultura popular e cultura política. Brasil, 1820-1880. *História*, v.16, p.157-72, 1997.

BOURROL, E. L. A typographia e a lythographia no Brazil. *RIHGSP*, XIII, p.5-39, 1908.

BRANCO, J. Festas populares de Santo Antonio, São João e São Pedro. *RAMSP*, v.23, p.217-222, 1936.

BREFE, A. C. F. A cidade das memórias: São Paulo dos relatos memorialistas. *História*, n.15, p.161-74, 1996.

CANDIDO, A. Dialética da malandragem. *Revista do Instituto de Estudos Brasileiros*, n.8, 1970.

CASTRO, Hebe. História Social. In: CARDOSO, C. F., VAINFAS, R. *Domínios da história*: ensaios de teoria e metodologia. Rio de Janeiro: Campus, 1997. p.45-59.

AS CAVALHADAS. *RAHMSP*, v.13, p.169-71, s.d. (Publicado originalmente em *O Estado de S. Paulo*, 26 abr. 1935).

CLARK, S. French Historians and early Modern Popular Culture. *Past and Present*, n.100, p.62-99, 1983.

COUTINHO, V. São Paulo de nossos avós: as festas do Divino. *RAMSP*, v.1, p.109-10, 1934.

DAMATTA, R. A família como valor: considerações não-familiares sobre a família à brasileira. In: ALMEIDA, A. M. de et al. *Pensando a família no Brasil*: da colônia à modernidade. Rio de Janeiro: Espaço e Tempo/Ed. UFRJ, 1987. p.115-36.

DARTON, Robert. Inferno da Biblioteca Nacional de Paris. *Folha de S.Paulo*, São Paulo, 9 jul. 1995.

DIÁLOGOS com E. P. Thompson. *Projeto História*, São Paulo, n.12, 1995 (Revista do Programa de Estudos Pós-graduados em História do Departamento de História da PUC-SP).

DIAS, M. O. L. da S. Aspectos da ilustração no Brasil. *Revista do Instituto Histórico e Geográfico Brasileiro*, Rio de Janeiro, n.278, p.105-70, 1968.

_____. Ideologia liberal e construção do Estado do Brasil. *Anais do Museu Paulista*. v.30, p.211-25, 1980-81.

_____. Hermenêutica do quotidiano na historiografia contemporânea. *Projeto História. Trabalhos da Memória*, n.17, p.223-58, nov.1998.

EGAS, E. Teatros e artistas. *RAMSP*, v.8, p.113-19, 1935.

ELLIS, M. São Paulo: de capitania a província. Pontos de partida para uma história político-administrativa da capitania de São Paulo. *Revista de História*, n.103, p.145-91, 1975.

EUGÊNIO, A. Lazer e devoção: as festas do Rosário nas comarcas de Mariana e Ouro Preto no período escravista. *Estudos de História*, v.3, n.1, p.111-32, 1996.

FAZENDA, V. Gustavo Beyer, viajante sueco (1813). *RIHGSP*, v.12, p.665-9, 1907.

FENELON, D. R. Cultura e história social: historiografia e pesquisa. *Revista Projeto de História*, n.10, p.73-102, dez. 1993.

FREITAS, A. A. de. Folganças populares do velho São Paulo. *RIHGSP*, v.21, p.9-31, 1924.

_____. Folias do Espírito Santo. *RIHGSP*, v.23, p.177-129, 1925a.

_____. A cidade de São Paulo no ano de 1822. *RIHGSP*, v.23, p.133-57, 1925b.

_____. D. Anna curandeira. *RAMSP*, v.7, p.13-15, 1934a.

FREITAS, A. A. de. As "casinhas". *RAMSP*, v.3, p.23-26, 1934b.
GAETA, M. A. J. da V.Redes de sociabilidade e de solidariedade no Brasil colonial: as irmandades e confrarias religiosas. *Estudos de História*, v.2, n.2, p.11-36, 1995.
GASPAR, B. Ruas principais de São Paulo no ano de 1822. *Revista do Arquivo Municipal*, v.176, p.85-101, 1969.
HOLANDA, S. B. de. Movimentos de população em São Paulo no séc. XVIII. *Revista do Instituto de Estudos Brasileiros*, n.1, 1966
_____. O Brasil Monárquico. 1. O processo de emancipação. In: _____. (Org.). *História geral da civilização brasileira*. Rio de Janeiro: Bertrand Brasil, 1993a.
_____. A herança colonial – sua desagregação. In: _____. (Org.). *História geral da civilização brasileira*. Rio de Janeiro: Bertrand Brasil, 1993b. t.2, v.1, p.9-39.
_____. São Paulo. In: *História geral da civilização brasileira*. 6. ed. São Paulo: Difusão Européia do Livro, 1995. t.2, v.2, p.415-72.
ISHERWOOD, R. M. Entertainment in the Parisian Fairs in the Eighteenth Century. *The Journal of Modern History*. The University of Chicago Press, v.53, n.1, p.24-48, mar. 1981.
LEVI, G. Sobre a micro-história. In: BURKE, Peter (org.). *A escrita da história*: novas perspectivas. 2. ed. São Paulo: Ed. UNESP, 1992. p.133-62.
LIMA, M. de O. As notas de viagem no Brasil, em 1813, de Gustavo Beyer. *RIHGSP*, v.12, p.669-76, 1907.
LIMA, R. T. de. Folguedos populares de São Paulo: congada, moçambique, caiapó e folia de reis. *IV Centenário da cidade de São Paulo*. São Paulo: Gráfica Municipal, p.259-74, 1954.
MACHADO, B. Trovas populares. *RAMSP*, v.XV, p.133-138, s.d.
MATOS, O. N. A cidade de São Paulo no século XIX. *Revista de História*. São Paulo, n.21-22, jan.-jun. 1955.
MEZNAR, J. E. The ranks of the poor: military service and social differentiation in Northeast Brazil, 1830-1875. *Hispanic American Historical Review*, v.72: 3, p.335-51, 1992.
OLIVEIRA, S. A. Provérbios e afins nos domínios da fauna. *RAHMSP*, v.17, p.181-94, 1935.
_____. Vestígios de hábitos aborígenes nos usos e costumes sertanejos. *RIHGSP*, v.35, p.183-97, 1938.

OZOUF, M. A festa sob a revolução francesa. In: Le GOFF, J., NORA, P. *História: novos objetos*. 4. ed. Rio de Janeiro: F. Alves, 1995. p.216-32.

PÁDUA, C. T. de. O negro no planalto (do séc. XVI ao séc. XIX). *RIHGSP*, v.41, p.128-91, 1942.

PIZA, A. de T. Chronicas dos tempos coloniaes. O suplício do Chaguinhas. *RIHGSP*, v.5, p.3-47, 1899/1900.

―――. E. R. A Bernarda de Francisco Ignacio. *RIHGSP*, v.7, p.1-147, 1902a.

―――. Considerações sobre logar onde, nos campos do Ypiranga, D. Pedro proclamou a independência a 7 de setembro de 1822. *RIHGSP*, v.7, p.458-69, 1902b.

―――. Chronicas dos tempos coloniaes. Episódios da independência em São Paulo. *RIHGSP*, v.9, p.346-57, 1904.

―――. A Bernarda de Francisco Ignacio: suas causas e suas consequencias. *RIHGSP*, v.10, p.126-77, 1905.

PRADO, D. de A. O teatro em São Paulo. In: MARCONDES, J. V. F. *São Paulo: espírito, povo, instituições*. São Paulo: Pioneira, 1968. p.431-45.

―――. A evolução da literatura dramática. In: COUTINHO, A. *A literatura no Brasil*. Rio de Janeiro: Sul Americana, 1971. v.6.

PRADO, J. F. de A. Iconografia paulista. *RIHGSP*, v.32, p.299-313, 1935.

RABELLO, E. D. Os ofícios mecânicos e artesanais em São Paulo na segunda metade do século XVIII. *Revista de História*, n.112, p.575-88, 1977.

REZENDE, C. P. de. O velho sino da Academia de Direito. *Investigações*, v.17, p.85-92, 1950.

―――. Música e motim na Franca do Imperador. *Revista do Instituto Histórico e Geográfico de Minas Gerais*, v.12, p.27-37, 1965-66.

―――. Algumas páginas sobre a velha academia de Direito de São Paulo. *Revista da Faculdade de Direito*, v.72, 1° fasc., p.31-81, 1977.

SANT'ANNA, N. As casinhas (o primeiro mercado de São Paulo – 1773). *RAMSP*, v.14, p.59-128, 1935.

SILVA, N. D. Libero Badaró (contribuição para sua biografia). *RIHGSP*, v.28, p.465-577, 1930.

VAINFAS, R. Da história das mentalidades à história cultural. *História*, n.15, p.129-41, 1996.

VAMPRÉ, J. Factos e festas na tradição: o São João e a procissão de Corpus Christi em São Paulo. *RIHGSP*, v.13, p.287-310, 1908.

VILLALTA, L. C. O que se fala e o que se lê: língua, instrução e leitura. In: SOUZA, L. de M. (Org.). *História da vida privada no Brasil* – cotidiano e vida privada na América portuguesa. São Paulo, Companhia das Letras, 1997.

Memorialistas, teses e livros

ABREU, M. *O Império do Divino*: festas religiosas e cultura popular no Rio de Janeiro, 1830-1900. Rio de Janeiro: Nova Fronteira/FAPESP, 1999.

ADORNO, S. *Os aprendizes do poder*: o bacharelismo liberal na política brasileira. Rio de Janeiro: Paz e Terra, 1988.

ALGRANTI, L. M. *O feitor ausente*: estudos sobre a escravidão urbana no Rio de Janeiro – 1808-1822. Petrópolis: Vozes, 1988.

ALMEIDA, A. de. *Vida e morte do tropeiro*. São Paulo: Martins/Edusp, 1981.

ALMEIDA, J. de. *Foliões*: festas em São Luís do Paraitinga na passagem do século – 1889/1918. São Paulo, 1987. Tese (Doutorado) – Faculdade de Filosofia Letras e Ciências Humanas, Universidade de São Paulo.

AYMARD, M. (Org.). *Le temps de manger*: alimentation, emploi du temps et rythmes sociaux. Paris: Ed. de la Maison des sciences de l'homme/Institute national de la recherche agronomique, 1993.

AZEVEDO, E. F. C. R. *Um palco sob as arcadas*: o teatro dos estudantes de direito do largo S. Francisco em São Paulo no século XIX. São Paulo, 1995. Dissertação (Mestrado) – Escola de Comunicações e Artes, Universidade de São Paulo.

BAKHTIN, M. *A cultura popular na Idade Média e no Renascimento*: o contexto de François Rabelais. São Paulo, Hucitec/Ed. UnB, 1987.

BARMAN, R. J. *Brazil: the Forging of a Nation*: 1798-1852. Stanford: Stanford University Press, 1988.

BELLOTTO, H. L. *O governo do Morgado de Mateus*: primórdios da restauração da capitania de São Paulo (1765-1775). São Paulo, 1976. Tese (Doutorado) – Faculdade de Filosofia Letras e Ciências Humanas, Universidade de São Paulo.

BLAJ, I. *A trama das tensões*: o processo de mercantilização de São Paulo colonial (1681-1721). São Paulo: Humanitas, 2002.

BRUNO, E. da S. *Memória da cidade de São Paulo*: depoimentos de moradores e visitantes: 1553-1958. São Paulo: Dep. do Patrimônio Histórico, 1981. 218 p.(Registros, 4).

_____. *História e tradições da cidade de São Paulo*. 4. ed. São Paulo: Hucitec, 1991. 3 v.

BURKE, P. *A cultura popular na Idade Moderna*. Europa, 1500-1800. São Paulo: Companhia das Letras, 1989.

_____. *O mundo como teatro*: estudos de antropologia histórica. Lisboa: Difel, 1992.

CACCIAGLIA, M. *Pequena história do teatro no Brasil*. São Paulo: T. A. Queiroz /Edusp, 1986.

CALÓGERAS, Pandiá. *A política monetária no Brasil*. São Paulo: Companhia Editora Nacional, 1960.

CANDIDO, A. *Formação da literatura brasileira* (momentos decisivos). 3. ed. São Paulo: Martins, 1969.

_____. *Literatura e sociedade*: estudos de teoria e história literária. 5. ed. São Paulo: Companhia Editora Nacional, 1976.

CASCUDO, L. da C. *História dos nossos gestos*. Uma pesquisa na mímica do Brasil. São Paulo: Melhoramentos, 1976.

_____. *Superstição no Brasil*. São Paulo/Belo Horizonte: Edusp/ Itatiaia, 1985.

_____. *Dicionário do folclore brasileiro*. Rio de Janeiro: Ediouro, 1998.

CASTELO, J. A. *A introdução do romantismo no Brasil*. São Paulo, 1950, cap. 3. Tese (Doutorado) – Faculdade de Filosofia, Letras e Ciências Humanas, Universidade de São Paulo.

CASTRO, J. B. de. *A milícia cidadã*: a Guarda Nacional de 1831 a 1850. São Paulo: Companhia Editora Nacional, 1979.

CERTEAU, M. de. *A invenção do cotidiano*. Petrópolis: Vozes, 1994. v.1. Artes de fazer.

CHALHOUB, S. *Visões da liberdade*: uma história das últimas décadas da escravidão na Corte. São Paulo: Companhia das Letras, 1990.

CHARTIER, R. *A história cultural entre práticas e representações*. Lisboa: Difel, 1992.

DAMACENO, D. T. *Os "facciosos" de São Paulo* (considerações acerca da Bernarda de Francisco Ignácio) 23.05.1822-25.08.1822. São Paulo, 1993. Dissertação (Mestrado) – Faculdade de Filosofia Letras e Ciências Humanas, Universidade de São Paulo.

DAMATTA, R. *Carnavais, malandros e heróis*. Para uma sociologia do dilema brasileiro. 6. ed. Rio de Janeiro: Rocco, 1997a.

_____. *A casa & a rua*: espaço, cidadania, mulher e morte no Brasil. 5. ed. Rio de Janeiro: Rocco, 1997b.

DARTON, Robert. *O grande massacre de gatos*: e outros episódios da história cultural francesa. 2. ed. Rio de Janeiro: Graal, 1986.

_____. *O beijo de Lamourette*: mídia, cultura e revolução. São Paulo: Companhia das Letras, 1990.

_____. *Edição e sedição*: o universo da literatura clandestina no século XVIII. São Paulo: Companhia. das Letras, 1992.

DAVIS, N. Z. *Culturas do povo*: sociedade e cultura no início da França moderna. Rio de Janeiro: Paz e Terra, 1990 (Oficinas de História).

DIAS, M. O. L. da S. *Cotidiano e poder em São Paulo no século XIX*. 2. ed. São Paulo: Brasiliense, 1995.

DICK, M. V.P.A. *A dinâmica dos nomes na cidade de São Paulo*: 1554-1897. 2. ed. São Paulo: Annablume, 1996.

DOLHNIKOFF, M. *Construindo o Brasil*: unidade e pacto federativo nos projetos das elites (1820-1842). São Paulo, 2000. Tese (Doutorado) – Faculdade de Filosofia, Letras e Ciências Humanas, Universidade de São Paulo.

DUARTE, N. *A ordem privada e a organização política nacional*. 2. ed. São Paulo: Companhia Editora Nacional, 1966 (Brasiliana, 172).

ELAZARI, J. M. *Lazer e vida urbana*. São Paulo, 1850-1910. São Paulo, 1979. Dissertação (Mestrado) – Faculdade de Filosofia, Letras e Ciências Humanas, Universidade de São Paulo.

ELIAS, N. *O processo civilizador*: uma história dos costumes. Rio de Janeiro: J. Zahar, 1990. 2 v.

FALCON, F. C. *A época pombalina*: política econômica e monarquia ilustrada. São Paulo: Ática, 1982.

FAORO, R. *Os donos do poder*: formação do patronato político brasileiro. 5. ed. Porto Alegre: Globo, 1979. 2 v.

FERNANDES, F. *O folclore em questão*. 2. ed. São Paulo: Hucitec, 1989.

FERNANDES, H. R. *Política e segurança*. Força pública do Estado de São Paulo: fundamentos histórico-sociais. São Paulo: Alfa-Ômega, 1974.

FERREIRA, A. C. *A epopéia bandeirante*: letrados, instituições, invenção histórica (1870-1940). São Paulo: Ed. UNESP, 2002.

FLANDRIN, J-L. *Chronique de Platine*: pour une gastronomie historique. Paris: Odile Jacob, 1992.

FLEIUSS, M. *História administrativa do Brasil*. 2. ed. São Paulo: Melhoramentos, 1925.

FRANÇA, J. A. *Lisboa pombalina e o iluminismo*. 3. ed. Lisboa: Bertrand, 1987.

FRANCO, M. S. de C. *Homens livres na ordem escravocrata*. 3. ed. São Paulo: Kairós, 1983.

FREITAS, A. A. de. *Tradições e reminiscências paulistanas*. Belo Horizonte/São Paulo: Itatiaia/Edusp, 1985 (Reconquista do Brasil, 92) (Nova série).

FREYRE, G. *Sobrados e mocambos*: decadência do patriarcado rural e desenvolvimento urbano. Rio de Janeiro: J. Olympio, 1951. 3 v.

_____. *Casa-grande & senzala*. 25. ed. Rio de Janeiro: J. Olympio, 1987.

GASPAR, B. *Fontes e chafarizes de São Paulo*. São Paulo: Conselho Estadual de Cultura, 1970.

GEERTZ, C. *Negara*: the theatre state in nineteenth-century Bali. New Jersey: Princeton University Press, 1980.

_____.*A interpretação das culturas*. Rio de Janeiro: Guanabara, 1989.

_____. *O saber local*: novos ensaios em antropologia interpretativa. Petrópolis: Vozes, 1997.

GINZBURG, C. *O queijo e os vermes*: o cotidiano e as idéias de um moleiro perseguido pela Inquisição. 3. ed. São Paulo: Companhia das Letras, 1987.

_____. *Os andarilhos do bem*: feitiçaria e cultos agrários nos séculos XVI e XVII. São Paulo: Companhia das Letras, 1988.

_____. *Mitos, emblemas, sinais*: morfologia e história. São Paulo: Companhia das Letras, 1989a.

GINZBURG, C. *A micro-história e outros ensaios*. Lisboa: Difel, 1989b.

GIRARDET, R. *Mitos e mitologias políticas*. São Paulo: Companhia das Letras, 1987.

GLEZER, R. *O cavalo na formação do Brasil*. São Paulo: Letras e Artes, 1964.

_____.*Chão de terra*: um estudo sobre São Paulo colonial. São Paulo, 1992. Tese (Livre-docência) – Faculdade de Filosofia, Letras e Ciências Humanas, Universidade de São Paulo.

GODOY, J. F. A. *A província de São Paulo*: trabalho estatístico, histórico e noticioso. 2. ed. facsímile. São Paulo: Governo do Estado de SP, 1978.

GOULART, J. A. *Tropas e tropeiros na formação do Brasil*. Rio de Janeiro: Conquista, 1961 (Temas Brasileiros, 4).

GRAHAM, R. *Clientelismo e política no Brasil do século XIX*. Rio de Janeiro: Ed. UFRJ, 1997.

GRINBERG, K. *O fiador dos brasileiros*: cidadania, escravidão e direito civil no tempo de Antonio Pereira Rebouças. Rio de Janeiro: Civilização Brasileira, 2002.

HAROCHE, C. *Da palavra ao gesto*. Campinas: Papirus, 1998.

HOBSBAWM, E. J. *A era do Capital*: 1848-1875. Rio de Janeiro: Paz e Terra, 1977.

_____.*A era das revoluções*:1789-1848. 7. ed. Rio de Janeiro: Paz e Terra, 1989.

_____. *Monções*. 3. ed. São Paulo: Brasiliense, 1990.

HOLANDA, S. B. de. *Raízes do Brasil*. 23. ed. São Paulo: J. Olympio, 1991 (Doc. Brasileiros, v, n.1).

_____. *Caminhos e fronteiras*. 3. ed. São Paulo: Companhia das Letras, 1994.

HOLLOWAY, T. H. *Polícia no Rio de Janeiro*: repressão e resistência numa cidade do século XIX. Rio de Janeiro: Ed. Fund. Getúlio Vargas, 1997.

HUIZINGA, J. *Homo ludens*: el juelgo como elemento de la cultura. Lisboa: Azar, 1943.

HUNT, L. *A nova história cultural*. São Paulo: Martins Fontes, 1992 (O Homem e a História).

KOGURUMA, P. *Conflitos do imaginário*: a reelaboração das práticas e crenças afro-brasileiras na "metrópole do café", 1890-1920. São Paulo: Fapesp/Annablume, 2001.

KUZNESOF, E. A. *Household Economy and Urban Development*, São Paulo, 1765 to 1836. Boulder: Westview Press, 1986.

LADURIE, E. Le R. *Montaillou*: cátaros e católicos numa aldeia francesa – 1294-1324. Lisboa: Edições 70, 1975.

LAGO, P. C. *Iconografia paulistana do século XIX*. São Paulo: BM & F, 1998.

LEVI, G. *A herança imaterial*: trajetória de um exorcista no Piemonte do século XVIII. Rio de Janeiro: Civilização Brasileira, 2000.

LIMA, O. *Dom João VI no Brasil*. 2. ed. Rio de Janeiro: J. Olympio, 1945 (Documentos Brasileiros, 49). 3 v.

_____. *O movimento da independência*: 1821-1822. 6. ed. Rio de Janeiro: Topbooks, 1997.

LOPES, E. C. *O revelar do pecado*: os filhos ilegítimos na São Paulo do século XVIII. São Paulo: Annablume/Fapesp, 1998.

LOURENÇO, J. C. *A cidade de São Paulo* (1808-1821). São Paulo, 1978. Dissertação (Mestrado) – Faculdade de Filosofia Letras e Ciências Humanas, Universidade de São Paulo.

LUSTOSA, I. *Insultos impressos*: a guerra dos jornalistas na independência, 1821-1823. São Paulo: Companhia das Letras, 2000.

MACHADO, J. de A. *Vida e morte do bandeirante*. Belo Horizonte/São Paulo: Itatiaia/Edusp, 1980.

MAGALDI, S. *Panorama do teatro brasileiro*. 3. ed. São Paulo: Global, 1997.

MALERBA, J. *A corte no exílio*: civilização e poder no Brasil às vésperas da independência (1808 a 1821). São Paulo: Companhia das Letras, 2000.

MARCÍLIO, M. L. *A cidade de São Paulo*: povoamento e população, 1750-1850. São Paulo: Pioneira/Edusp, 1973.

_____. *Crescimento demográfico e evolução agrária paulista*, 1700-1836. São Paulo: Hucitec/Edusp, 2000.

MARINS, P. C. G. *Através da rótula*: sociedade e arquitetura urbana no Brasil, séculos XVII-XIX. São Paulo: Humanitas, 2001.

MARQUES, M. E. de A. *Província de São Paulo*. Belo Horizonte/São Paulo: Itatiaia/Edusp, 1980 (Reconquista do Brasil, 3-4) (Nova série).

MARTINS, A. L. *Gabinetes de leitura da província de São Paulo*: a pluralidade de um espaço esquecido (1847-1890). São Paulo, 1990. Dissertação (Mestrado) – Faculdade de Filosofia Letras e Ciências Humanas, Universidade de São Paulo.

MARX, M. *Nosso chão*: do sagrado ao profano. São Paulo: FAU–USP/ Edusp, 1989.

MATTOS, H. M. Laços de família e direitos no final da escravidão. In: SOUZA, L. de M. (Org.). *História da vida privada no Brasil*: Império. São Paulo: Companhia das Letras, 1997.

_____. *Das cores do silêncio*: os significados da liberdade no sudeste escravista. 3. ed. Rio de Janeiro: Nova Fronteira, 1998.

_____. *Escravidão e cidadania no Brasil monárquico*. Rio de Janeiro: Jorge Zahar, 2000 (Descobrindo o Brasil).

MENEZES, R. de. *Histórias da história de São Paulo*. São Paulo: Melhoramentos, 1954.

MEYER, M. *De Carlos Magno e outras histórias*: cristãos e mouros no Brasil. Natal: Ed. Universitária CCHLA (UFRN), 1995 (Humanas Letras).

MONTEIRO, J. M. *Negros da terra*: índios e bandeirantes nas origens de São Paulo. São Paulo: Companhia das Letras, 1994.

MORAIS FILHO, M. *Festas e tradições populares do Brasil*. 3. ed. Rio de Janeiro: F. Briguiet, 1946.

MORSE, R. M. *Formação histórica de São Paulo* (De comunidade a metrópole). São Paulo: Difusão Européia do Livro, 1970.

MOTA, C. G. (Org.). *Brasil em perspectiva*. 2. ed. São Paulo: Difusão Européia do Livro, 1969 (Corpo e Alma do Brasil).

_____.*1822: dimensões*. São Paulo: Perspectiva, 1972.

MOURA, C. E. M. de. *Vida cotidiana em São Paulo no século XIX*: memórias, depoimentos, evocações. São Paulo: Atêlie Editorial/ Fundunesp/Imprensa Oficial do Estado/Secretaria de Estado da Cultura, 1999.

MOURA, D. A. S. de. *Saindo das sombras*: homens livres no declínio do escravismo. Campinas: Área de Publicações CMU/ Unicamp/ Fapesp, 1998 (Campiniana, 17).

MOURA, P.C. de. *São Paulo de outrora* (evocações da metrópole). Belo Horizonte/São Paulo: Itatiaia/Edusp, 1980. (Reconquista do Brasil, 25)

NABUCO, J. *O abolicionismo*. São Paulo: Nova Fronteira/Publifolha, 2000 (Grandes nomes do pensamento brasileiro).

NAZZARI, M. *O desaparecimento do dote*: mulheres, famílias e mudança social em São Paulo, Brasil, 1600-1900. São Paulo: Companhia das Letras, 2001.

NOGUEIRA, J. L. de A. *A Academia de São Paulo*. Tradições e reminiscências. São Paulo: Saraiva, 1977. 3 v.

NOVAIS, F. *Portugal e Brasil na crise do sistema colonial*. 5. ed. São Paulo: Hucitec, 1989.

OLIVEIRA, C. H. S. *Astúcia liberal*: relações de mercado e projetos políticos no Rio de Janeiro (1820-1824). Bragança Paulista: EDUSF/Ícone, 1999.

PALLARES-BURKE, M. L. G. *As muitas faces da história*: nove entrevistas. São Paulo: Ed. UNESP, 2000.

PETRONE, M. T. S. *A lavoura canavieira em São Paulo*. Expansão e declínio (1765-1851). São Paulo: Difusão Européia do Livro, 1968.

_____. *O Barão de Iguape*: um empresário da época da independência. São Paulo/Brasília: Companhia Editora Nacional/INL, 1976 (Brasiliana, 361).

PINTO, M. I. M. B. *Cotidiano e sobrevivência*: a vida do trabalhador pobre na cidade de São Paulo: 1890-1914. São Paulo: Edusp/Fapesp, 1994.

PRADO, D. de A. *Teatro de Anchieta a Alencar*. São Paulo: Perspectiva, 1993.

_____. *História concisa do teatro brasileiro* (1500-1908). São Paulo: Edusp, 1999.

PRADO, P. *Paulística* etc. 4. ed., São Paulo: Companhia das Letras, 2004.

PRADO Jr., C. *História econômica do Brasil*. 2. ed. São Paulo: Brasiliense, s.d.

_____. *Formação do Brasil contemporâneo*. Colônia. São Paulo: Martins, 1942.

_____.*Evolução política do Brasil e outros estudos*. 8. ed. São Paulo: Brasiliense, 1972 (1.ed. 1933).

QUEIROZ, S. R. R. de. *São Paulo*. Madrid: Mapfre, 1992.

RABELLO, E. D. *Os comerciantes na sociedade paulistana na primeira metade do século XIX*. Assis, SP, 1988. Tese (Livre-docência), Universidade Estadual Paulista (UNESP).

REVEL, J. (org.). *Jogos de escalas*: a experiência da microanálise. Rio de Janeiro: Fund. Getúlio Vargas, 1998.

RIBEIRO, D. *O povo brasileiro*: a formação e o sentido do Brasil. 2. ed. São Paulo: Companhia das Letras, 2000.

RIBEIRO, R. J. *A etiqueta no Antigo Regime*: do sangue à doce vida. 3. ed. São Paulo: Brasiliense, 1990 (Tudo é história, 69).

SAMARA, E. de M. *As mulheres, o poder e a família*. São Paulo, século XIX. São Paulo: Marco Zero/Secretaria de Estado da Cultura, 1989.

_____. *Família e vida doméstica no Brasil*: do engenho aos cafezais. São Paulo: Humanitas/FFLCH/USP, 1999 (Estudos CEDHAL, 10).

SANT'ANNA, N. *São Paulo histórico*: aspectos, lendas e costumes. São Paulo: Dep. de Cultura, 1944. 6 v.

SANTOS, C. J. F. dos. *Nem tudo era italiano*: São Paulo e pobreza (1890-1915). São Paulo: Fapesp/Annablume, 1998.

SÃO Paulo em quatro séculos. IV Centenário da fundação da cidade de São Paulo. São Paulo, s.n., 1954. 2 v.

SCHWARCZ, L. M. *As barbas do imperador*: D. Pedro II, um monarca nos trópicos. São Paulo: Companhia das Letras, 1998.

SILVA, J. T. da. *São Paulo, 1554-1880*. Discurso ideológico e organização espacial. São Paulo, 1980. Tese (Doutorado).

SILVA, L. O. *Terras devolutas e latifúndio*: efeitos da lei de 1850. Campinas: Ed. Unicamp, 1996.

SILVA, M. B. N. da. *Cultura e sociedade no Rio de Janeiro*: 1808-1821. 2. ed. São Paulo: Companhia Editora Nacional, 1978 (Brasiliana, 363).

_____. *Vida privada e quotidiano no Brasil na época de D. Maria I e D. João VI*. Lisboa: Estampa, 1993.

SILVEIRA, M. A. *O universo do indistinto*. São Paulo: Hucitec, 1997.

_____. *Fama pública*: poder e costume nas Minas setecentistas. São Paulo, 2000. Tese (Doutorado) – Faculdade de Filosofia, Letras e Ciências Humanas, Universidade de São Paulo.

SOARES, C. E. L. *A negregada instituição*: os capoeiras na corte imperial. 1850-1890. Rio de Janeiro: Access, 1999.

SOUSA, J. G. de. *O teatro no Brasil*: evolução do teatro no Brasil. Rio de Janeiro: Ministério da Educação e Cultura/Instituto Nacional do Livro, 1960.

SOUSA, O. T. de. *José Bonifácio*: história dos fundadores do Império do Brasil. Rio de Janeiro: J. Olympio, 1972 (Documentos Brasileiros, 51).

_____. *Fatos e personagens em torno de um regime*. Belo Horizonte/São Paulo: Itatiaia/Edusp, 1988 (História dos Fundadores do Império do Brasil, 9; Reconquista do Brasil, 129) (2ª série).

SOUZA, I. L. C. de. *Pátria coroada*: o Brasil como corpo político autônomo/1780-1831. São Paulo: Ed. UNESP, 1999.

STAROBINSKI, J. *1789: os emblemas da razão*. São Paulo: Companhia das Letras, 1988.

TAUNAY, A. de E. *História da cidade de São Paulo sob o Império (1822-1831)*. São Paulo: Col. do Dep. de Cultura – Publicação da Divisão do Arquivo Histórico, 1956.

THOMAS, K. *O homem e o mundo natural*: mudanças de atitudes em relação às plantas e aos animais, 1500-1800. São Paulo: Companhia das Letras, 1988.

THOMPSON, E. P. *A miséria da teoria ou um planetário de erros*. Uma crítica ao pensamento de Althusser. Rio de Janeiro: Zahar, 1981.

_____. *Tradición, Revuelta y consciencia de clase*: estudios sobre la crisis de la sociedad preindustrial. 2. ed. s.l.: Editorial Crítica/Grupo Editorial Grijalbo, 1984.

_____. *A formação da classe operária inglesa*. Rio de Janeiro: Paz e Terra, 1987.

_____. *Costumes em comum*: estudos sobre a cultura popular tradicional. São Paulo: Companhia das Letras, 1998.

VAINFAS, R. *Micro-história*: os protagonistas anônimos da História. Rio de Janeiro: Campus, 2002.

VAMPRÉ, S. *Memórias para a história da Academia de São Paulo*. São Paulo: Saraiva, 1924. 2 v.

VARAGNAC, A. *Civilisation traditionelle et genres de vie*. Paris: Albin Michel, 1948.

VARGAS, M. T. (Coord.). *Da rua ao palco*: notas sobre a formação do teatro na cidade de São Paulo. São Paulo: Secretaria Municipal de

Cultura/Centro Cultural São Paulo (Divisão de Pesquisas), 1982 (Cadernos, 12).

VIOTTI DA COSTA, E. *Da senzala à colônia*. 3. ed. São Paulo: Brasiliense, 1989.

VOVELLE, M. *Ideologias e mentalidades*. São Paulo: Brasiliense, 1987.

WISSENBACH, M. C. C. *Sonhos africanos, vivências ladinas*: escravos e forros em São Paulo (1850-1888). São Paulo: Hucitec/História Social USP, 1998.

ZEMELLA, M. *O abastecimento da capitania das Minas Gerais no século XVIII*. 2. ed. São Paulo: Hucitec, 1990.

SOBRE O LIVRO

Formato: 14 x 21 cm
Mancha: 23 x 44 paicas
Tipologia: Horley Old Style 10,5/14
Papel: Offset 75 g/m² (miolo)
Cartão Supremo 250 g/m² (capa)
1ª edição: 2006

EQUIPE DE REALIZAÇÃO

Coordenação Geral
Sidnei Simonelli

Produção Gráfica
Anderson Nobara

Edição de Texto
Maurício Balthazar Leal (Preparação de Original)
Sandra Regina de Souza e
Jane Mathias Cantu (Revisão)

Editoração Eletrônica
Lourdes Guacira da Silva Simonelli (Supervisão)
Luís Carlos Gomes (Diagramação)

Impressão e Acabamento
Prol Editora Gráfica Ltda - Unidade Tamboré
Al. Araguaia, 1.901 - Barueri - SP
Tel.: 4195 - 1805 Fax : 4195 - 1384